Die Zukunft der Wohlfahrtsgesellschaft

Kai A. Konrad, Ronnie Schöb, Marcel Thum,
Alfons Weichenrieder (Hg.)

Die Zukunft
der Wohlfahrtsgesellschaft

Festschrift für Hans-Werner Sinn

Campus Verlag
Frankfurt/New York

Bibliografische Information der Deutschen Nationalbibliothek:
Die Deutsche Nationalbibliothek verzeichnet diese Publikation in der Deutschen Nationalbibliografie.
Detaillierte bibliografische Daten sind im Internet unter http://dnb.d-nb.de abrufbar.
ISBN 978-3-593-39922-5

Copyright © 2013 Campus Verlag GmbH, Frankfurt am Main
Umschlaggestaltung: Guido Klütsch, Köln
Satz: Maria Selmansberger, München
Druck und Bindung: Beltz Druckpartner, Hemsbach
Printed in Germany

Dieses Buch ist auch als E-Book erschienen.
www.campus.de

Inhalt

Vorwort der Herausgeber

Am 7. März 2013 begeht Hans-Werner Sinn seinen 65. Geburtstag. Er steht als Professor für Volkswirtschaftslehre und Finanzwissenschaft, als Präsident des ifo Instituts, als Direktor des Center for Economic Studies und als CEO der CESifo GmbH mitten im beruflichen Leben. Seine wirtschaftstheoretischen Arbeiten genießen national und international höchstes Ansehen. Ehrendoktorwürden, Mitgliedschaften in wissenschaftlichen Akademien, zahlreiche Orden, wissenschaftliche Preise und Auszeichnungen belegen dies eindrucksvoll. Zugleich wirkt er als wirtschaftspolitischer Berater direkt in die Politik. Über Bücher, die sich an eine breite Leserschaft richten und zu Standardwerken und Bestsellern geworden sind, über Zeitungsartikel und über die Medien spricht er die breite Öffentlichkeit an wie kaum ein anderer. In seinen Büchern über die deutsche Wiedervereinigung, über die Rettung des deutschen Sozialstaates, über die Fehlsteuerungen in der Klimapolitik, über den Kasinokapitalismus an den Finanzmärkten und über die finanziellen Risiken der Eurorettung analysiert er die großen aktuellen wirtschafts- und gesellschaftspolitischen Fragen und bietet Lösungen. Hans-Werner Sinn verbindet sein unstillbares Erkenntnisinteresse mit dem tiefen Bedürfnis, diese Erkenntnisse wirtschaftspolitisch zum Nutzen der Gesellschaft einzubringen. Vor diesem Hintergrund weicht die Idee dieser Festschrift vom üblichen akademischen Format ab. Zwar vereint sie wie üblich Beiträge von akademischen Schülern, aber sie will in einem positiven Sinne populärwissenschaftlich sein. Sie möchte aktuelle akademische Erkenntnisse transportieren und verständlich machen und teilt damit die Ambition des Jubilars, ökonomische Erkenntnisse in einen breiteren gesellschaftlichen Diskurs einzubringen.

Für das Entstehen und für die Ermunterung zu diesem Band danken wir dem Campus-Verlag in Person von Frau Dr. Judith Wilke-Primavesi und Herrn Thomas Carl Schwoerer sowie allen beteiligten Autoren. Ein besonderer Dank gilt auch Frau Maria Selmansberger, die das Manuskript in Druckform gebracht hat.

Berlin, Dresden, Frankfurt und München 2013

Kai A. Konrad
Ronnie Schöb
Marcel Thum
Alfons Weichenrieder

Einleitung

Kai A. Konrad/ Ronnie Schöb/ Marcel Thum/ Alfons Weichenrieder

Deutschland kann auf sechs Jahrzehnte wachsenden Wohlstands zurück-
blicken. Auch die Jahre seit 2007, Jahre der schwersten Wirtschaftskrise
seit dem Zweiten Weltkrieg, hat Deutschland verhältnismäßig gut verkraf-
tet, jedenfalls weitaus besser als viele Partnerländer in Europa. Dennoch ist
die deutsche Bevölkerung zunehmend besorgt. Und die Liste von bedroh-
lichen Entwicklungen ist lang: eine schwelende Bankenkrise, eine latente
Finanzmarktkrise, ausufernde Staatsverschuldung, wachsende Haftungsri-
siken Deutschlands für die Eurozone, mögliche Inflationsrisiken wegen der
riesigen Geldmengen, die die Europäische Zentralbank in den Markt
pumpt, zunehmende politische Spannungen in Europa, eine tickende De-
mografiebombe, die Herausforderungen einer radikalen Energiewende, der
Kampf mit internationalen Steueroasen um die Steuerhoheit, ein Renten-
versicherungssystem, das das Rentenniveau abgesenkt hat, um halbwegs
finanzierbar zu bleiben.

Hat in dieser Gemengelage das von Bismarck geschaffene System der
Sozialversicherung eine Zukunft? Kann der Staat weiterhin die wirtschaftlich Gescheiterten auffangen, wirtschaftliche Existenzrisiken absichern und
gleichzeitig noch Anreize schaffen für unternehmerische Risikobereit-
schaft? Oder wird in Zukunft das Prinzip Dieter Bohlens vorherrschen,
der seinen Karriereratgeber mit »Planieren statt Sanieren« überschrieben
hat und dessen Shows zum Sinnbild dafür geworden sind, dass nur der
Platz an der Spitze wirklich zählt?

Lebenschancen für den größtmöglichen Teil der Gesellschaft zu schaffen, das verstanden liberale Vordenker wie Lord Dahrendorf unter Freiheit, und sie sahen die Notwendigkeit der Verbindung dieser Freiheit mit
Solidarität. Hans-Werner Sinn (1981; 1995) hat in seiner Theorie des Wohlfahrtsstaates die Verbindung zwischen unternehmerischer Initiative und
den Institutionen sozialer Sicherung über einen versicherungstheoretischen
Gedanken hergestellt: Unternehmer sind eher bereit, chancenreiche aber

riskante Projekte anzugehen, wenn der Staat nicht nur im Falle des Gewinns über Steuern partizipiert, sondern den Unternehmer im Falle des Misserfolgs wie bei einer Versicherung auffängt. So kann ein ausbalanciertes Steuer- und Sozialversicherungssystem zum Katalysator für eine fruchtbare Wirtschaftsdynamik werden. Doch wo Unternehmer Aktivitäten entfalten können, bei denen sie den Großteil der Gewinne privat genießen, aber die Verlustrisiken beim Steuerzahler abladen dürfen, führt dies aus sozialer Sicht zu eklatanten unternehmerischen Fehlentscheidungen. Solche standen wohl am Anfang der Finanzkrise, die sich 2007 entlud, und gefährden letztendlich den Sozialstaat.

Dieser Band beleuchtet diese für den Sozialstaat so gefährliche Gemengelage aus verschiedenen Blickwinkeln. Kapitel I behandelt in zwei Beiträgen die Rolle der Finanzkrise für die Zukunftschancen des Wohlfahrtsstaates. Frank Westermann nimmt mehrere Finanzkrisen der jüngeren Zeit unter die Lupe: Wie haben sich die Krisen aufgebaut? Wie wurden sie überwunden? Wie teuer waren diese Krisen? Liegt in Krisen tatsächlich auch eine Chance? Finanzkrisen gehen zumindest kurzfristig mit hohen Wachstumseinbrüchen einher. Die breite Öffentlichkeit wirft dann sofort die Frage auf, wer die dadurch entstehenden Kosten zu tragen hat. Dieser Verteilungsfrage der Finanzkrise geht Alfons Weichenrieder in seinem Beitrag nach. Die Erfahrung zeigt, dass trotz steigender Arbeitslosigkeit und erhöhter Armutsrisiken auch höhere Einkommensschichten an den Kosten von Finanzkrisen beteiligt sind und daher vielfach die Einkommensungleichheit stagniert oder sogar zurückgeht. In der Tat gab es in der aktuellen Krise in einigen Krisenländern eine überraschende Entwicklung hin zu mehr Einkommensgleichheit.

Die Finanzkrise begann als Hypothekenkrise in den USA, hat sich dann zu einer weltweiten Finanzmarktkrise entwickelt, die letztendlich auch die reale Wirtschaft infiziert und deutlich in Mitleidenschaft gezogen hat. Erst im Anschluss daran trat zur Finanzkrise eine Krise der Finanzierung von Staatsschulden, an der seit 2010 die Eurozone zu kollabieren droht. Mit dieser Tragödie der öffentlichen Haushalte befassen sich zwei Beiträge in Kapitel II. Helge Berger, der beim Internationalen Währungsfonds die Europäische Staatsschuldenkrise miterlebt und die Lösungsstrategien mitgestaltet, macht transparent, welche Rolle dabei Konstruktionsfehler in der Architektur der öffentlichen Finanzen in Europa spielen. Diese Architektur vereinigt Prinzipien nationaler Entscheidungsgewalt mit Elementen kollektiver Verantwortung. Sie verletzt damit das fundamentale Prinzip, wonach Entscheidungsgewalt und Verantwortlichkeit für die Konsequenzen unteilbar in einer Hand sein müssen. Will man diesem Prinzip gerecht werden und die Eurozone trotzdem retten, gibt es zwei Alternativen. Man kann entweder versuchen, die Autonomie und die nationalstaatliche Verantwortung zu stärken. Das kann durch eine Härtung der gegenseitigen Nichteinstandsklausel erfolgen, wofür sich in Deutschland nicht zuletzt der Wissenschaftliche Beirat beim Bundesministerium der Finanzen ausgesprochen hat. Helge Berger beleuchtet die andere Alternative, die gerade in Deutschland für erheblichen Zündstoff sorgen könnte: eine weitgehende Vergemeinschaftung der Staatsfinanzen der Länder Europas mit ausgeprägter gemeinsamer Kontrolle auf europäischer Ebene. Probleme mit den öffentlichen Finanzen gibt es indes nicht nur auf nationaler Ebene. Ein Großteil der Fehlentwicklungen in öffentlichen Haushalten hat seine Ursache in der innerstaatlichen Architektur öffentlicher Finanzen. Spannungen zwischen Bund und Ländern, Schuldenkrisen und extreme Haushaltsnotlagen einzelner Bundesländer in Deutschland sind Symptome für einen Reformstau in Deutschland. Marko Köthenbürger geht in seiner Analyse noch eine Regierungsebene tiefer und untersucht das Finanzgebaren von Städten und Kommunen. Er zeigt, wie das Wechselspiel zwischen ökonomischen Zwängen und politischen Abwägungen zu einer anhaltenden Reformdiskussion ohne echte Reformen führte und skizziert neue Wege, den Reformstau aufzulösen.

Kapitel III wendet sich der Finanzierung der sozialen Sicherung und damit einem nicht weniger gravierenden Verschuldungsproblem zu. Rentenversicherung, Pflegeversicherung aber auch die Krankenversicherung basieren auf einem Umverteilungsprinzip, bei dem Beiträge ganz oder überwiegend von der gerade berufstätigen Generation aufgebracht werden, Leistungen aber ganz oder großenteils von der nicht mehr erwerbstätigen Generation empfangen werden. Es entsteht eine implizite Staatsverschuldung, die in Deutschland die Staatsverschuldung an den Finanzmärkten noch weit übertrifft. Wenn die Zahl der Alten im Verhältnis zur Zahl der Erwerbstätigen immer größer wird, wie es angesichts der demografischen Entwicklung in Deutschland der Fall ist, dann stößt dieses System an Finanzierbarkeitsgrenzen, weil sich die steigende implizite Staatsverschuldung auf immer weniger Köpfe verteilt. Zwei Experten der Systeme sozialer Sicherung analysieren die Problemlage. Martin Werding wagt den mutigen Sprung in das Jahr 2041 und zeichnet in einem fiktiven Rückblick die Herausforderungen und Reformen von 2010 bis 2041 nach. Robert Fenge beleuchtet die Reformoptionen in der Rentenversicherung, einem Zweig der Sozialversicherung, genauer. Er zeigt, dass die durchgeführten Reformen angesichts der rapiden Alterung der Gesellschaft zwar notwendig waren, aber nicht nachhaltig sind. Er spricht sich deshalb dafür aus, Familien stärker zu fördern, denn von deren Entscheidung, Kinder zu bekommen und in ihre Bildung zu investieren, hängt die dauerhafte Sicherung der Rentenfinanzierung ab.

Bildung und Arbeitsmärkte stehen im Zentrum des Kapitels IV. Mit Sascha O. Becker, Ludger Wößmann und Silke Übelmesser widmen sich drei führende Experten dem Zusammenhang zwischen Bildung und wirtschaftlichem Wohlstand. Sascha O. Becker und Ludger Wößmann haben durch das genaue Studium preußischer Datenquellen Bildung als die wichtigste Triebfeder für überdurchschnittliches Wirtschaftswachstum protestantischer Regionen in Norddeutschland in früheren Jahrhunderten identifiziert. Bildung ist aber nicht nur in der historischen Betrachtung von Bedeutung. Länder, die in internationalen Vergleichstests (PISA) der Schüler gut abschneiden, können auch heute mit einem höheren Wirtschaftswachstum rechnen. Beckers und Wößmanns Analyse der aktuellen Bildungssituation in Deutschland fällt ernüchternd aus. Sie zeigen die wichtigsten Missstände auf und legen eine Agenda für die notwendigen Bildungsreformen in Deutschland vor. Silke Übelmesser konzentriert ihre Analyse auf den Fachkräftemangel. Sie identifiziert Bildung und Zuwanderung als zentrale Politikoptionen und diskutiert die mögliche Regulierung und Auswahl von Zuwanderern. Die Regulierung der Arbeitsmärkte selbst ist die Thematik der Analyse von Ronnie Schöb und Marcel Thum. Sie gehen der populären Forderung nach einem Mindestlohn in Deutschland auf den Grund. Ihre Analyse macht deutlich, welche Untiefen eine Mindestlohnpolitik hat und welche Gefahren dem Wirtschaftsstandort Deutschland von einer Mindestlohnpolitik drohen. Mögliche Wachstumseinbußen durch den Mindestlohn wären vielleicht noch zu verschmerzen, wenn wenigstens die Verteilungsgerechtigkeit damit erhöht würde. Aber der Mindestlohn kann weder die Lohnarmut verhindern, noch durch eine Entlastung der Sozialkassen für mehr Gerechtigkeit sorgen.

Kapitel V verlagert den Blick vom Bildungskapital zu dem, was neudeutsch als *social capital* bezeichnet wird: Verhaltensnormen in einer Gesellschaft sind von grundlegender Bedeutung für ihre Funktionsweise. Insbesondere in der langen Frist sind soziale Normen wandelbar. Staatliches Verhalten kann darauf gerichtet sein, Verhaltensnormen zu verändern.

Dies wird in dem Kapitel anhand von zwei Beispielen verdeutlicht. Kai A. Konrad erörtert, welches fiskalische Interesse die Finanzverwaltung von Staaten an heimatverbundenen Einwohnern hat und welche möglichen Interessen für Staaten daraus erwachsen, den öffentlichen Bildungsauftrag entsprechend zu instrumentalisieren. Je größer die Identifikation der Bürger mit ihrem Staat ist, desto höher wird die Steuerehrlichkeit sein und umso eher kann man sich mit dem nationalen Steuersystem im internationalen Steuerwettbewerb behaupten. Michael Priks behandelt die Frage, ob der Erosion sozialen Kapitals und der drohenden Kriminalität und Verrohung der Gesellschaft durch zunehmende Überwachung begegnet werden kann und soll. Seine Antwort: Überwachung ist beispielsweise wirkungsvoll gegenüber Diebstahlsdelikten, versagt indes weitgehend zur Prävention von Körperverletzungsdelikten. Er weist zudem auf die unterschiedlichen Kosten hin, die mit einer Überwachung verbunden sind und die bei weitem nicht nur in den Kosten des Erwerbs und Betriebs entsprechender Systeme bestehen.

Seit dem Zusammenbrechen der kommunistischen Systeme in Osteuropa hat sich die Diskussion, wie optimale Wirtschaftssysteme aussehen sollten, gewandelt. Wie Hans-Werner Sinn (2003) in seinem Buch *The New Systems Competition* kraftvoll formuliert hat, geht es nicht mehr um die Frage Planwirtschaft oder Markt. Auch wenn Zeitungsüberschriften in Zeiten der Finanzkrise manchmal etwas anderes suggerieren mögen: Diese Frage ist längst entschieden und selbst ein Land wie China hat erst über den Markt und die Einbindung in die internationale Arbeitsteilung den Schlüssel gefunden, um der Armut zu entwachsen. Im Vordergrund steht stattdessen die Detaildiskussion um die Spielregeln von Marktwirtschaften, die sich einem immer höheren Maß an Mobilität von Menschen, Kapital und Firmen gegenüber sehen. In diesem Sinne nehmen sich die Beiträge des Buches spezifischen Problemen und Regelungen an, ohne jedoch die gesellschaftliche Komponente der Fragestellungen aus dem Blick zu verlieren. Insbesondere wollen die Autoren Denkanstöße geben, wie das in der Vergangenheit so erfolgreiche Modell Deutschland weiterentwickelt werden kann, im Sinne eines Sanierens statt Planierens des Sozialstaats.

Die Sorge um die gesellschaftlichen und sozialen Fragen gehört zur Tradition der deutschen Volkswirtschaftslehre. Die Tradition begründeten im 19. Jahrhundert die sogenannten Kathedersozialisten wie Gustav von Schmoller, Lujo Brentano, Werner Sombart oder Adolph Wagner, die sich intensiv für soziale Reformen einsetzten. Fortgesetzt wird diese Tradition durch die Arbeiten vieler heutiger Ökonomen, die sich mit der Frage auseinandersetzen, wie die sozialen Errungenschaften in einer freiheitlich organisierten Marktwirtschaft bewahrt werden können. An prominenter Stelle in dieser Tradition steht dabei Hans-Werner Sinn, der am 7. März 2013 65 Jahre alt wird. Ihm ist dieser Band gewidmet.

Literatur

Sinn, Hans-Werner (1981), Die Grenzen des Versicherungsstaates. Theoretische Bemerkungen zum Thema Einkommensumverteilung, Versicherung und Wohlfahrt, in: Hermann Göppl und Rudolf Henn (Hg.), *Geld, Banken und Versicherungen*, Königstein: Athenäum, S. 907–928.

Sinn, Hans-Werner (1995), A Theory of the Welfare State, *Scandinavian Journal of Economics*, Jg. 97, H. 4, S. 495–526.

Sinn, Hans-Werner (2003), *The New Systems Competition*, Yrjö Jahnsson Lectures, Oxford: Wiley Blackwell.

I. Die Finanzkrise und die Zukunft des Wohlfahrtsstaates

Setzt die aktuelle Finanzkrise auch positive Wachstumsimpulse?

Frank Westermann

Die aktuelle Wirtschafts- und Finanzkrise nimmt nun schon fast seit fünf Jahren ihren Lauf. Zunächst als *subprime* Krise in den USA 2007, dann als globale Bankenkrise mit dem Zusammenbruch von Lehman Brothers im Oktober 2008 und als Staatsschuldenkrise in Europa seit April 2010. Seitdem ist sehr viel Geld in die Rettung von Banken und Kreditinstituten geflossen und es ist leicht, dabei den Maßstab zu verlieren für die Größenordnungen um die es sich handelt. Auch das wirtschaftspolitische Ziel der verschiedenen Rettungsschirme – ein hohes und stabiles langfristiges Wachstum – verliert man dabei schnell aus den Augen.

Für eine Beurteilung der Geschehnisse ist es daher hilfreich, sie in eine internationale und historische Perspektive zu stellen. In den letzten drei Jahrzehnten haben insbesondere Länder mittleren Einkommens, aber auch einige Industrieländer, Finanzkrisen erlebt, die nur mit großen staatlichen Rettungsbemühungen beendet oder abgewendet werden konnten. In den meisten Fällen gab es vor einer Finanzkrise zunächst eine Periode mit starkem Wirtschaftswachstum und einer starken Ausweitung des realen Kreditvolumens. Diese endeten dann meist abrupt und überraschend, mit einem *Bust* – einem Platzen der spekulativen Blase.

Bemerkenswert an diesen Boom-Bust-Zyklen ist, dass die betroffenen Länder in einer langfristigen Betrachtung erhebliche Zuwächse im realen Pro-Kopf-Einkommen erzielen konnten. In einem großen Querschnitt von Ländern ist das langfristige Wachstum einschließlich der Krisenphase eindeutig positiv. Länder mit gelegentlichen Finanzkrisen sind im Durchschnitt schneller gewachsen als andere Länder. Jedoch ist die Stärke des Zusammenhangs zwischen Wachstum und Krisen nicht überall gleich. Insbesondere in Industrieländern ist er nur sehr schwach ausgeprägt. Viel deutlicher ist der Zusammenhang dagegen in Schwellenländern, die ihre Kapitalmärkte in den achtziger und neunziger Jahren liberalisiert haben.

In vielerlei Hinsicht ähnelt die Finanzkrise von 2007/08 den Krisenerfahrungen von Schwellenländern, wie beispielsweise in Lateinamerika 1994/95 oder in Südostasien 1997. Ist daher auch in Europa ein höheres Wachstum zu erwarten? Diese Frage stellen sich häufig Kommentatoren der aktuellen Finanzkrise. In diesem Artikel soll erläutert werden, wann trotz zahlreicher Parallelen bei der aktuellen Krise nicht mit einem positiven Effekt auf das langfristige Wachstum gerechnet werden kann.

Die Ähnlichkeit der aktuellen Krise mit den Krisen der achtziger und neunziger Jahre wird deutlich, wenn man zum Beispiel damit beginnt die Kosten zu vergleichen, die dem Steuerzahler durch die Rettung des Bankensystems entstehen. Die 700 Milliarden US-Dollar, die der amerikanische Staat zunächst zur Rettung des Bankensystems aufwendete, entsprechen zum Beispiel 5 Prozent des US-Bruttoinlandsproduktes. Wenn man die später hinzugekommenen Kosten, wie etwa die Beteiligung an Bear Stearns, Freddy Mac und Fanny Mae, und AIG noch hinzurechnet, dann werden die Kosten sich möglicherweise noch auf das Doppelte, also 10 Prozent des Inlandsproduktes erhöhen. 1.400 Milliarden US-Dollar sind eine enorme, kaum vorstellbar große Zahl. Relativ zum Sozialprodukt liegt sie jedoch im Rahmen der in der Vergangenheit beobachteten Kosten für vergleichbare Rettungsmaßnahmen. Mexiko investierte ab 1994 etwa 18 Prozent seines Sozialproduktes zur Beendigung der Tequila-Krise. Nach der Asienkrise 1997–1998 waren es in Thailand ebenfalls 18 Prozent und sogar 27 Prozent in Südkorea. Bei diesen Zahlen ist bereits berücksichtigt, dass ein Teil der Kosten durch den späteren Verkauf der Not leidenden Kredite wieder gutgemacht werden konnte. Es sind also die effektiven Kosten für den Steuerzahler, die man auch für die aktuelle Krise erst in einigen Jahren wird berechnen können.

Thailand, Korea, Mexiko und andere Schwellenländer haben jeweils schwere Finanzkrisen erlebt, gehören aber auch zu den erfolgreichsten Ländern ihrer Region in Bezug auf das langfristige Wachstum im Pro-Kopf-Einkommen. Diese Kosten des Steuerzahlers können daher als ein Beitrag oder eine Subvention für einen langfristig höheren Wachstumspfad interpretiert werden.[1] Denn die impliziten staatlichen Garantien gegen ein systemisches Risiko, das sich gelegentlich in einer Finanzkrise manifestiert und staatliche Eingriffe zwingend macht, waren gleichzeitig mit verantwortlich für einen hohen Wachstumspfad.

---

1 Für einen Überblick siehe Tornell u.a. (2005).

Die staatlichen Garantien, die in einigen Ländern explizit, beispielsweise in Form einer Depositenversicherung, in allen Ländern jedoch zumindest implizit gegeben waren, haben dazu geführt, dass Banken mit Krediten reale Investitionsprojekte finanzieren konnten und dass die Kosten der Finanzierung aus Sicht der Unternehmer gesunken sind. Dies sind die zentralen Gründe für eine hohe Investitionstätigkeit und ein hohes Wirtschaftswachstum. Profitiert haben dabei insbesondere Firmen in solchen Sektoren, denen der Zugang zum internationalen Kapitalmarkt fehlt, zum Beispiel kleinere und mittlere Firmen oder Produzenten von *nicht handelbaren Gütern*. Investoren waren bereit, systemisches Risiko einzugehen, da sie wussten, dass der Staat im negativen Fall zumindest teilweise haften würde.

Wichtig ist, dass das Risiko, das die Firmen eingehen, ein systemisches und kein individuelles Risiko ist. Individuelles Risiko ist das Risiko nur einzelner Firmen. Mit systemischem Risiko ist das Risiko einer ganzen Branche oder der Volkswirtschaft gemeint. Der Staat versichert nicht gegen individuelles Insolvenzrisiko, aber er schreitet ein, wenn eine ganze Industrie oder ein ganzes Bankensystem vor dem Zusammenbruch stehen. Denn nur dann ist eine Rettungsaktion in einem parlamentarischen Prozess auch mehrheitsfähig. Die Konsequenz ist, dass sich die Investoren und Firmen solche systemischen Risiken geradezu suchen, um die implizite Subvention für sich zu nutzen.

In der Tequila-Krise in Mexiko und in der Asien-Krise fanden die Firmen das systemische Risiko in der Fremdwährungsfinanzierung ihrer Kredite. In der japanischen Bankenkrise 1997–1998 konzentrierte sich das systemische Risiko auf den Aktienpreis. In der aktuellen Finanzkrise, die in den USA 2007/08 ihren Ausgang nahm, fanden die Banken ihr systemisches Risiko im Hypothekenmarkt (Sinn 2009). In allen Fällen, die im weiteren Verlauf des Artikels genauer beschrieben werden, sind den Marktteilnehmern diese Prozesse bewusst. Die Kreditnehmer, die Banken, die Investoren und die Regulierer wissen, dass sie dieses Risiko eingehen und im Falle einer Krise eine staatliche Rettungsaktion zwingend erforderlich ist. Die Erwartung eines solchen Rettungspaketes macht es möglich, dass zusätzliche Investitionen in anderenfalls finanzbeschränkte Sektoren, Firmen und Haushalte fließen.

Das systemische Risikoverhalten der Marktteilnehmer ist insbesondere dann mit einem höheren langfristigen Wachstum verbunden, wenn aufgrund institutioneller Probleme die Banken in einer Ausgangssituation zu wenig Kredite vergeben. Kreditrestriktionen wirken wie eine Bremse für das Wachstum, wenn sinnvolle Investitionen wegen der fehlenden Finanzierung nicht durchgeführt werden können. Diese institutionellen Probleme – und daraus folgende Kreditrestriktionen – sind besonders stark in Schwellenländern wie Thailand, Mexiko oder Chile ausgeprägt. Diese Länder haben mit einem riskanten, aber hohen Wachstumspfad besser abgeschnitten als beispielsweise Indien, das mit stabilen makroökonomischen Bedingungen nur ein deutlich geringeres Wachstum erzielen konnte. In den Industrieländern, insbesondere in den USA oder Japan, ist eine Unterinvestition auf Grund institutioneller Probleme nicht plausibel. Es gibt ein ausgeprägtes Rechtssystem, mit Hilfe dessen die Einhaltung von Verträgen durchgesetzt werden kann, und es gibt ein breit gefächertes Angebot verschiedener Finanzierungsinstrumente, die auch kleineren Unternehmen zur Verfügung stehen, die primär auf dem Binnenmarkt tätig sind. Der Zusammenhang zwischen Risiko und Wachstum ist daher in Ländern mit hohen Einkommen sehr viel schwächer ausgeprägt.

Beispiele für systemisches Risikoverhalten

Die Tequila-Krise in Mexiko 1994/95

Beispiele für systemisches Risikoverhalten sind in der jüngeren Geschichte zahlreich zu finden. In diesem Abschnitt sollen einige Beispiele dargestellt werden. Eine der ersten Finanzkrisen, bei der systemisches Risikoverhalten eine wesentliche Rolle spielte, ist die sogenannte Tequila-Krise von Mexiko, 1994/95 (Tornell u.a. 2003). Im Gegensatz zu früheren Krisen Lateinamerikas, in denen die Staatsschulden die fundamentale Ursache der Krisen waren, gab es in Mexiko keine vergleichbare exzessive Ausgabenpolitik des Staates in den Jahren vor der Krise. Stattdessen sind die Firmen nach der Liberalisierung der Finanzmärkte 1989/90 Risiken eingegangen, indem sie ihre Schulden in Fremdwährung aufnahmen. In nationaler Währung waren die Zinsen ein Vielfaches höher als die Zinsen auf Schuldverträge in US-Dollar. Dies war einerseits sehr attraktiv, denn die Firmen waren in der Lage, bei niedrigeren Zinsen sich viel stärker zu verschulden. Andersseits war es aber auch mit Risiko verbunden, da nun der Wechselkurs eine besondere Rolle spielte. Änderungen im Wechselkurs bekamen eine unmittelbare Wirkung auf die Bilanzen der Firmen und führten zu

Umbewertungseffekten. Bei einer Aufwertung des mexikanischen Pesos gegenüber dem US-Dollar sank der Schuldenstand. Es ermöglichte den Firmen, sich noch weiter zu verschulden. Bei einer Abwertung dagegen stieg der Schuldenstand. Bei einer besonders starken Abwertung, einer Währungskrise, bestand eine echte Insolvenzgefahr, da die meisten Firmen ihre Einkünfte nach wie vor in nationaler Währung hatten. Interessant an diesem Verhalten ist, dass das Risiko kein individuelles Firmenrisiko darstellte. Es war ein systemisches Risiko, da eine Abwertung alle Firmen – und Banken – gleich treffen würde. Abbildung 1 zeigt den Verlauf des Wechselkurses, der in den neunziger Jahren einen typischen Boom-Bust-Zyklus verursachte – also eine Boom-Periode mit anschließendem Zusammenbruch der Konjunktur. Während der Peso gegenüber dem US-Dollar aufwertete, verschuldeten sich die Firmen in US-Dollar und konnten mit Investitionen einen erheblichen konjunkturellen Aufschwung finanzieren. Es war die Phase, als Mexiko nach der Liberalisierung der Finanzmärkte und dem Beitritt in die NAFTA-Freihandelszone außerordentlich optimistisch in die Zukunft blickte. Im Laufe des Jahres 1994, dem fünften Jahr des Booms, trübten sich die Erwartungen nach einem Attentat auf den Präsidentschaftskandidaten Colosio ein. Nach der Ankündigung einer 15-prozentigen Abwertung des Pesos stürzte die Währung im Dezember desselben Jahres dann endgültig ab. Die Firmen mit Schulden in US-Dollar wurden insolvent. Dies betraf insbesondere kleine Firmen und solche, die nicht am internationalen Handel teilnahmen und ihre Einkünfte in nationaler Währung hatten.

Abbildung 1: Realer Wechselkurs Mexikos (1994 = 100).

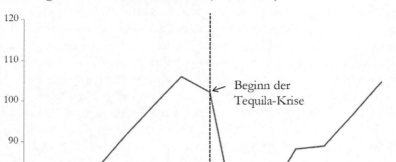

Quelle: International Monetary Fund (IFS).

Die Japan-Krise 1997/98

Systemisches Risikoverhalten mit ähnlichen gesamtwirtschaftlichen Auswirkungen gab es auch in Japan Ende der 1980er und Anfang der 1990er Jahre. Ermöglicht wurde dieses Risikoverhalten durch eine Besonderheit in der Regulierung des Bankensystems, die sich im Zuge der Beitrittsverhandlungen zum Basel-Abkommen ergeben hatte. Das Basel-Abkommen regelt, dass Banken mindestens 8 Prozent Eigenkapital relativ zum gesamten Kreditvolumen halten müssen. Diese Regel wurde eigentlich eingeführt, um Risiko zu vermeiden. Doch in Japan führte eine Zusatzvereinbarung dazu, dass die Banken auch systemische Risiken eingingen, die im Folgenden näher erläutert werden sollen (Ito 1998; Hutchison 2000).

In Japan ist der Bankensektor traditionell sehr eng mit den großen Industriefirmen verbunden. Die Banken finanzieren die Investitionen dieser Firmen, sind gleichzeitig aber auch Teilhaber und besitzen zum Teil in erheblichem Umfang Aktienpakete dieser Firmen. Vor der Krise im Jahre

1990 machten diese Firmenbeteiligungen etwa 11 Prozent der gesamten Aktiva des japanischen Bankensystems aus.

Abbildung 2: Nikkei Index.

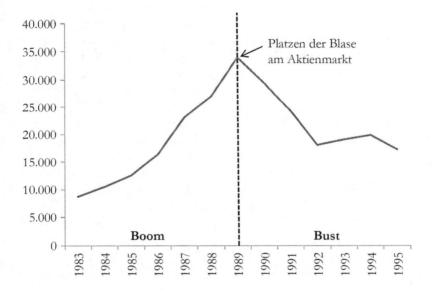

Quelle: European Central Bank (Monthly Bulletin).

Ein systemisches Risiko entstand, als Japan im Zuge der Beitrittsverhandlungen zum Basel-Abkommen die Vereinbarung erzielte, dass Gewinne aus der Neubewertung dieser Aktien, sogenannte Revaluierungsgewinne, zu 45 Prozent dem Eigenkapital zugerechnet werden durften.[2] Durch diese neue Regulierung bekamen die Änderungen in den Aktienpreisen einen prozyklischen Effekt: Ein Anstieg der Aktienkurse konnte als Revalierungsgewinn verbucht werden, und erweiterte so das maximale Kreditvolumen, das die Banken nach dem Basel-Abkommen vergeben durften. Sinkende Aktienkurse zwangen die Banken jedoch, ihr Kreditvolumen wieder zu verringern. Abbildung 2 zeigt, dass der Verlauf des Nikkei Indexes tatsächlich große Ähnlichkeit zum Verlauf des japanischen Konjunk-

---

2 Genauer, dem Tier-2 Eigenkapital. Tier-2 ist auch in Japan auf die traditionelle Definition von Eigenkapital beschränkt. Dies muss mindestens 4 Prozent betragen.

turzyklus aufweist.[3] Die Boom-Periode in den 1980ern bis Anfang der 1990er Jahre fällt zusammen mit dem rasanten Anstieg des Pro-Kopf-Einkommens Japans. In dieser Phase wurde Japan zu einer der führenden Industrienationen. Nach dem Absturz des Nikkei Indexes zeigt sich jedoch das gegenteilige Bild. Die Banken, die gezwungen waren, die Verluste abzuschreiben, mussten darüber hinaus noch ihr Kreditvolumen reduzieren. Sie verursachten damit eine Kreditklemme, die – neben anderen Problemen, wie Deflation und dem Platzen einer spekulativen Hauspreisblase – mit dazu beitrug, dass Japan für den größten Teil der neunziger Jahre eine Stagnations- und Rezessionsphase durchmachte, von der es sich erst in den 2000ern wieder erholte (Ito/Harada 2003).

Das Risiko, das die Banken bei der Zeitwertbilanzierung ihrer Aktiengewinne eingingen, war ein systemisches Risiko wie im Falle Mexikos. Aus der Sicht einer einzelnen Bank besteht ein Insolvenzrisiko. Ein steigender Aktienpreis erhöht das Kreditvolumen der Banken und damit ihre Gewinne. Ein fallender Aktienpreis birgt ein Insolvenzrisiko, da die Reduzierung der Kreditvolumen bei einer gegebenen Zeitstruktur der Verträge nicht schnell genug erfolgen kann und damit die 8 Prozent Eigenkapital nicht nachgewiesen werden können. Jedoch betrifft dies nicht eine einzelne Bank sondern das gesamte Bankensystem. Da es sich um ein systemisches Risiko handelt, konnten die Banken davon ausgehen, im Falle einer Krise vom Staat gerettet zu werden – eine Vermutung, die sich in den 1990er Jahren bestätigte.

Die Finanzkrise in den USA 2008

Ein drittes Beispiel systemischen Risikos ist in den USA zu finden. In den USA bestand das systemische Risiko bei den privaten Haushalten und den Banken bei der Hausfinanzierung. Auch hier spielte ein institutionelles Detail eine wichtige Rolle: In den USA haften die Kreditnehmer bei der Hausfinanzierung nur mit dem Wert des Hauses, nicht jedoch mit ihrem Einkommen. Ein typischer Immobilienkredit ist daher mit dem Wert des Hauses besichert. Dem durchschnittlichen Hauspreisindex kommt also eine ähnliche Rolle zu wie dem Wechselkurs in Falle Mexikos und dem

---

3 Dieser Zusammenhang ist stärker als in Ländern, in denen es eine strikte Trennung zwischen Banken und Industrieunternehmen gibt, wie zum Beispiel in den USA bis Ende der neunziger Jahre.

Aktienpreis im Falle Japans: Er wirkt pro-zyklisch auf die Konjunktur und birgt das Risiko einer systemischen Krise im Falle einer starken Abwärtsbewegung (Sinn 2009).

Abbildung 3: Hauspreisindex der USA.

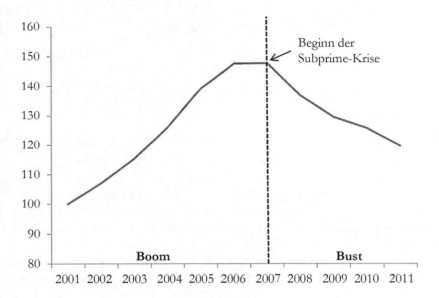

Quelle: Oxford Economics (via Datastream).

Abbildung 3 zeigt den Verlauf der Immobilienpreise in den USA seit Anfang der 1990er Jahre. Bis zum Beginn der Subprime-Krise in den USA stieg der Wert der Häuser kontinuierlich an. Während dieser Phase konnten die Haushalte den Eindruck gewinnen, dass ihr Vermögen kontinuierlich stieg. Dies vergrößerte einerseits die Konsummöglichkeiten und andererseits die Fähigkeit, sich noch weiter zu verschulden. Gleiches war der Fall bei kleineren und mittleren Unternehmen, die gewerblich genutzte Immobilien besaßen. So lange die Hauspreise stiegen, gab es einen verstärkenden Mechanismus, bei dem sich der Kreditrahmen kontinuierlich erweiterte.

Auch hier war es offenkundig, dass Banken ein Risiko eingingen. Sie waren nicht so naiv zu glauben, dass die Preise immer weiter steigen würden. Die European Economic Advisory Group hatte zum Beispiel bereits im Jahr 2003 eine Stellungnahme publiziert, in der deutliche Zweifel an weiteren Preissteigerungen geäußert wurden. Die Banken hatten aber das Kalkül, dass, wenn die Hauspreise auf breiter Front fallen, der Staat zum Eingreifen gezwungen sein würde, um eine systemische Krise zu verhindern. Dies war im Jahr 2008 der Fall, als insbesondere zur Rettung der Immobilienfinanzierer Faennie Mae und Freddy Mac das erste Bankenrettungspaket von 800 Milliarden US-Dollar aufgelegt wurde.

Beschränkte Haftung und die Rolle der impliziten Bailout-Erwartungen

Hinter dem Verhalten der Marktteilnehmer stehen unterschiedliche Überlegungen, die dazu führen, dass sie mehr Risiko eingehen, als auf den ersten Blick sinnvoll erscheint. Zum einen spielt die beschränkte Haftung eine Rolle. Dies ist besonders stark im Fall der USA ausgeprägt. Denn die Tatsache, dass die Hauseigentümer nur mit dem Wert ihres Hauses haften müssen und nicht mit ihrem Eigentum, macht es den Marktteilnehmern besonders leicht, sich für eine riskante Investition zu entscheiden.

Aber auch in Japan und Mexiko gibt es ein vergleichbares individuelles Kalkül der Unternehmer und Banken. Denn im Falle einer Abwertung oder des Platzens der Aktienpreisblase tragen die Investoren nicht den vollen erwarteten Schaden. Hans-Werner Sinn hat die Folgen dieser Überlegung bereits in seiner Dissertation sowie in einem Artikel im *European Economic Review* beschrieben (Sinn 1982). Weil die Marktteilnehmer im Falle einer Insolvenz im schlimmsten Fall ein Vermögen von null haben, der erwartete Schaden aber weit im negativen Bereich liegt, gehen sie ein höheres Risiko ein, als es für einen risikoneutralen und vollständig haftenden Marktteilnehmer nachvollziehbar wäre.

Zum anderen kommt bei Finanzkrisen noch hinzu, dass die Marktteilnehmer ihre Risiken koordinieren und so eine echte Insolvenz gar nicht wahrscheinlich ist. Sollte eine einzelne Firma, ein Haushalt oder eine Bank ein Insolvenzrisiko auf sich nehmen, kann es kaum mit staatlichen Hilfen rechnen. In den beschriebenen Fällen betrifft das Risiko – im Wechselkurs, im Aktienpreis oder bei den Immobilienpreisen – immer gleich eine ganze Industrie oder die gesamte Volkswirtschaft. Es sind also *systemische Risiken*, die auch systemische Krisen hervorrufen können. In diesen Fällen ist es rational, dass die Märkte bei ihrer Entscheidung bereits die Rettung des Staates antizipieren. Dies erklärt, warum zum Beispiel die Firmen in Mexiko den Kredit in US-Dollar nachfragten und warum die Banken bereit waren, den Firmen einen Kredit in Fremdwährung trotz des Wechselkursrisikos zu gewähren. Für beide Seiten war diese Finanzierungsform attraktiv, wenn viele Firmen sich für US-Dollar-Kredite entscheiden und sowohl Banken als auch Firmen ein koordiniertes Insolvenzrisiko auf sich nehmen. Man kann dabei den Bailout des Staates als Subvention der Banken und Firmen zur Nutzung von Fremdwährungskrediten interpretieren.

Die Kosten der Bailouts

Statistisch gesehen kommen Finanzkrisen auch in denjenigen Ländern nicht sehr häufig vor, die eine Politik der offenen Kapitalmärkte und damit eine riskantere Wachstumsstrategie verfolgen. In Thailand beispielsweise hat es seit der Liberalisierung der Finanzmärkte 1985 nur ein nennenswertes Krisenjahr (1997/98) gegeben. Im Durchschnitt aller Länder liegt die Wahrscheinlichkeit einer systemischen Krise etwa bei 5 bis 6 Prozent pro Jahr. Alle zwanzig Jahre muss man also mit einem Rückschlag rechnen. Wenn dieser Fall eintritt, wird es häufig sehr teuer für die Steuerzahler. Wie teuer genau kann man jedoch meist erst circa fünf bis zehn Jahre später genau bestimmen, da die Staaten im Zuge der Rettung Banken verstaatlichen. Eine echte Bilanz für den Steuerzahler kann erst gezogen werden, wenn einige Jahre später erkennbar wird, zu welchen Preisen diese staatlichen Anteile wieder veräußert werden können.

Wie hoch die Kosten sein werden, kann man aber anhand vergangener Krisen in etwa abschätzen. Tabelle 1 gibt einen Überblick über die fiskalischen Kosten für eine Auswahl von Ländern, die in einer Studie von Zettelmeyer und Jeanne von der Forschungsabteilung des Internationalen Währungsfonds (IWF) untersucht wurden. Wie die Tabelle zeigt, sind selbst weniger beachtete Krisen wie zum Beispiel die Krise der skandinavischen Länder Anfang der 1990er Jahre mit hohen fiskalischen Kosten verbunden. In Finnland betrugen die Kosten 11 Prozent des Bruttoinlandsprodukts und in Schweden waren es 4 Prozent. In der Savings and Loans Crisis in den USA lag die Zahl mit *nur* 3 Prozent etwas niedriger, was aber in absoluten Werten bei dem hohen Bruttoinlandsprodukt der

USA noch immer eine enorm große Zahl ist. Einige Schwellenländer haben noch höhere Kosten gehabt. Die Krise Thailands richtete zum Beispiel einen Schaden von 18 Prozent des Bruttoinlandsprodukts an, in Mexiko waren es 1994/95 19 Prozent und in der oben beschriebenen Japan-Krise waren es 20 Prozent. Die höchsten Werte liegen bei Argentinien (1995) mit 28 Prozent und Israel (1989) mit 30 Prozent des BIP.

Tabelle 1: Fiskalische Kosten ausgewählter Bailouts.

Land	Jahr	Fiskalische Kosten in Prozent des BIP
Argentinien	1995	28
Brasilien	1994	13
Ecuador	1996	13
Finnland	1991	11
Israel	1980	30
Japan	1992	20
Jordanien	1989	10
Mexiko	1994	19
Norwegen	1987	8
Schweden	1990	4
Senegal	1983	17
Spanien	1980	6
Thailand	1997	18
Türkei	1991	2
USA	1980	3

Quelle: Jeanne/Zettelmeyer (2001).

Krisen und Wachstum

Es gibt mehrere Erklärungen für den Zusammenhang zwischen Risiko und langfristigem Wirtschaftswachstum. Beispielsweise geht häufig ein hoher Ertrag mit einem hohen Risiko einher. Riskantere Projekte werden am Markt besser entlohnt als sichere. Eine zweite Erklärung für einen positiven Zusammenhang stammt von Schumpeter (1934) – das Argument der kreativen Zerstörung. Firmen mit unsoliden Geschäftsmodellen und ineffizienten Produktionsstrukturen werden als erste im Zuge einer Wirtschaftskrise Konkurs anmelden müssen. Die frei werdenden Ressourcen von Kapital und Arbeit können an anderer Stelle besser eingesetzt werden. Eine Krise ist sozusagen ein reinigendes Gewitter, nach dem die Volkswirtschaft ihr volles Wachstumspotential entfalten kann.

Keiner dieser beiden Ansätze erklärt jedoch, warum ein positiver Zusammenhang zwischen Risiko und Wachstum in Schwellenländern wie Thailand und Mexiko deutlich zu beobachten ist, in Industrieländern wie Japan und den USA aber viel weniger sichtbar ist. Es bedarf offenbar eines weiteren Arguments, und dieses könnte in der Qualität der Institutionen in den verschiedenen Ländern zu suchen sein.

Institutionelle Probleme in Schwellenländern

Insbesondere in Schwellenländern stellen institutionelle Probleme ein schwerwiegendes Hindernis für Investitionen, die Entwicklung der Kreditmärkte und das Wirtschaftswachstum insgesamt dar. Hierzu zählen die allgemeine Rechtsicherheit und die Durchsetzbarkeit von Verträgen im Besonderen. Abbildung 4 zeigt, dass es hier große Unterschiede zwischen den Ländern gibt. Während in den USA und Norwegen Verträge in weniger als 300 Tagen durchgesetzt werden können, dauert es im Durchschnitt aller Länder bereits 528 Tage. Am längsten dauert es in Israel, im Senegal und in Brasilien mit jeweils über drei Jahren (Tornell/Westermann 2002).

Sollte also zum Beispiel eine Firma in Mexiko ein Investitionsprojekt umsetzten wollen, das aus ökonomischer Sicht sinnvoll ist, und von seiner Bank einen Kredit zur Finanzierung dieses Projektes beantragen, steht es vor dem Problem, dass die Bank diesen Antrag möglicherweise aus Gründen ablehnt, die nichts mit dem Projekt selbst zu tun haben. Aufgrund eines unvollständig entwickelten Rechtssystems kann die Bank nicht damit rechnen, dass die Firma am Ende der Laufzeit den Kredit zurückzahlt. Es gibt auch kein Rechtssystem, mit dessen Hilfe die Bank eine Rückzahlung einklagen könnte. Es lehnt den Antrag also ab oder leiht der Firma nur genau so lange Geld, wie es aus Sicht des Kreditnehmers günstiger ist den Kredit zurückzuzahlen, als die Kosten des nicht Zurückzahlens in Kauf zu nehmen. Je geringer die Folgen eines Zahlungsausfalles aus Sicht der Firmen ist, desto geringer ist der Kreditbetrag, den die Bank bereit ist zu verleihen.

Abbildung 4: Tage bis zu Vertragsdurchsetzung.

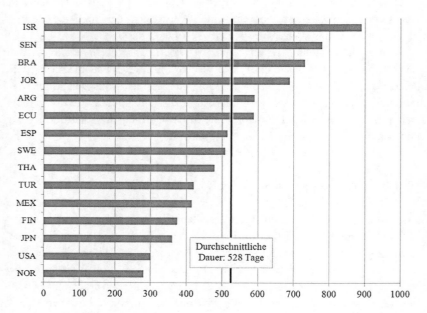

Quelle: World Bank (WDI).

Ein solches Verhalten ist in Schwellenländern weit verbreitet und führt seitens der Firmen zu Kreditrestriktionen, die eine positive wirtschaftliche Entwicklung verhindern. Die Firmen befinden sich in einer chronischen Unterinvestition – chronisch deswegen, weil es kurzfristig nicht möglich ist, das Rechtssystem zu reformieren und einen institutionellen Rahmen zu schaffen, in dem Verträge durchsetzbar sind und im Wesentlichen eingehalten werden.

Um ihre Finanzierungsengpässe zu überwinden, finanzieren sich Firmen zum Beispiel mit in Fremdwährung und nutzen den niedrigeren Zinssatz für Kredite, die in US-Dollar denominiert sind. Eine riskantere Finanzierung der Kredite stellt daher eine Möglichkeit für die Firmen dar, den Kreditrestriktionen zu entgehen.

Indien vs. Thailand

Der Beitrag, den das eingegangen Risiko zum Wirtschaftswachstum leisten kann, lässt sich am besten veranschaulichen, wenn man zwei Länder vergleicht, die über einen längeren Zeitraum unterschiedliche Wege eingeschlagen haben. In Abbildung 5 sind die Verläufe des Pro-Kopf-Einkommens für Thailand und Indien seit Anfang der achtziger Jahre dargestellt. Von 1980 bis 1985 weisen beide Länder ein in etwa gleiches Wachstum im Pro-Kopf-Einkommen auf (die Niveauunterschiede wurden in dieser Grafik durch die Standardisierung 1980 = 100 ausgeblendet). 1985 liberalisierte Thailand seine Finanzmärkte. Der Investitionsboom, der mit dem internationalen Kapital finanziert wurde, führte zu einem deutlich sichtbaren Anstieg des Pro-Kopf-Einkommens bis in die Mitte der 1990er Jahres. Die Finanzierung war jedoch riskant: Wie in Mexiko wurden auch die Kredite in Thailand überwiegend in Fremdwährung, vor allem in US-Dollar, gewährt (Ranciere u.a. 2008).

Der Absturz des Wechselkurses 1997 führte auch in Thailand zu einer systemischen Banken- und Währungskrise, die einen ebenfalls deutlich sichtbaren Einbruch im Pro-Kopf-Einkommen in den Jahren 1997 und 1998 zur Folge hatte. Bereits 1999 stieg das Einkommen aber wieder. Wenn man die beiden Länder bis zu diesem Zeitpunkt miteinander vergleicht, fallen zwei Dinge auf: Indien war sehr viel stabiler, aber gleichzeitig auch sehr viel langsamer gewachsen. Bis zum Jahr 2000 zum Beispiel hatte Indien kumulativ ein Wachstum von 97 Prozent, während das Wachstum von Thailand im gleichen Zeitraum 147 Prozent betrug – ein signifikanter Unterschied von 50 Prozent im Zuwachs des Pro-Kopf-Einkommens in einer Zeitspanne, die sowohl den *Boom* als auch den *Bust* des thailändischen Boom-Bust-Zyklus beinhaltet. Dieser Unterschied ist überraschend, da alle anderen Indikatoren für ein höheres Wachstum in Indien gesprochen hätten. Indien hatte das anfänglich niedrigere Pro-Kopf-Einkommen und den höheren Bildungsstand. Ein höheres Wachstum als in Thailand trat aber erst ein, als auch Indien Anfang der 2000er Jahre seine Finanzmärkte liberalisierte. Seit etwa 2002 gibt es in Indien einen klaren Trendbruch und ein wesentlich höheres Wachstum als in den Vorjahren. Seit Beginn der Finanzkrise 2008 hat Indien sogar ein höheres Pro-Kopf-Einkommen als Thailand. Ranciere, Tornell und Westermann (2008) zeigen, dass der Vergleich zwischen Indien und Thailand repräsentativ für einen breiten Querschnitt von Schwellenländern ist.

Abbildung 5: Reales Pro-Kopf-Einkommen: Indien vs. Thailand (1980 = 100).

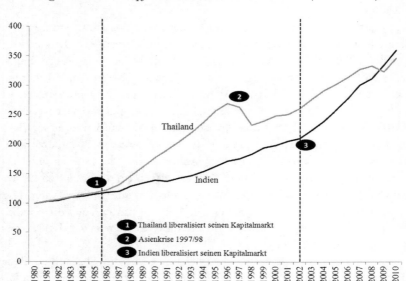

Quelle: World Bank (WDI).

Vielzahl von Finanzierungsmöglichkeiten in Industrieländern

Ein vergleichbares Argument gibt es in Industrieländern dagegen meist nicht. Zunächst einmal sind Rechtssysteme wesentlich besser entwickelt – auch wenn sie sicherlich nicht frei von Fehlern sind. Abbildung 4 zeigt, dass in Industrieländern eine Durchsetzung von Verträgen leichter zu erreichen ist. Der *Law and Order Index* der Weltbank zeigt große Unterschiede zwischen Schwellen- und Industrieländern. In Industrieländern gibt es typischerweise keine Unterinvestitionssituation. Darüber hinaus besitzen die meisten Industrieländer auch ein gut entwickeltes Finanzsystem, in dem neben den Banken auch noch andere Investitionsfinanzierer, wie Venture-Capital-Firmen, Versicherungen, und Investment Banken eine breite Palette von Finanzierungsmöglichkeiten anbieten.

Durch diese umfassenden Finanzierungsmöglichkeiten wird ein ökonomisch sinnvolles Projekt bei einem der zahlreichen Finanzdienstleister auch eine Kreditfinanzierung bekommen. Es kann Krisen natürlich auch in Industrieländern geben, aber einen positiven Zusammenhang zwischen

Krisen und langfristigem Wirtschaftswachstum ist in diesen Ländern weniger stark ausgeprägt. Empirisch liegt er unter den Nachweisbarkeitsgrenze.

Die aktuelle Finanzkrise

Vor dem Hintergrund bisherigen Krisenerfahrungen in anderen Ländern stellt sich nun die Frage, wie die aktuelle Finanzkrise zu beurteilen ist. Unterscheiden muss man dabei sowohl die verschiedenen Länder als auch die verschiedenen Phasen der Finanzkrise, die sich mittlerweile im fünften Jahr befindet. Ihren Ausgang nahm die Krise im Jahr 2007, als die Hauspreise in den USA nachgaben und die daraus folgenden Pleiten der Banken weltweit Wellen schlugen. Ihren Höhepunkt erlebte die Krise im Oktober 2008, als in Folge der Lehmann-Brothers Insolvenz die Staats- und Regierungschefs der wichtigsten Industrienationen ein bis dahin beispielloses Banken-Rettungs- und Konjunkturpaket beschlossen. Davon getrennt zu betrachten ist die Europäische Staatschuldenkrise, die im April und Mai 2010 erstmals virulent wurde und seither mit verschiedenen Rettungsschirmen abgewendet werden sollte.

Die Finanzkrise in den USA war – zumindest in den ersten Jahren – ein Ereignis, das zur Überraschung der meisten Beobachter weitgehend abgekoppelt von den Entwicklungen in den Schwellenländern stattfand. Die fehlende Übertragung der Konjunkturzyklen wird in der wissenschaftlichen Literatur unter dem Begriff *Decoupling* diskutiert. Es wurde besonders deutlich, als im Laufe des Jahres 2009 der Präsident Brasiliens, Lula, am Rande einer Tagung in einem Interview zu Protokoll gab, dass die USA vielleicht eine Krise hätten, Brasilien hätte eine solche jedoch sicher nicht (Cheung/Westermann 2011). Fünf Jahre später hat sich diese Sichtweise etwas relativiert, da natürlich auch die Schwellenländer von den längerfristigen Wirkungen der Finanzkrise erfasst wurden und ein sogenannte *Recoupling* eingetreten ist.

Ein positiver Wachstumseffekt ist mit dieser Krise bisher nicht erkennbar verbunden. Abbildung 6 zeigt die durchschnittlichen Wachstumsraten der OECD Länder in den letzten zwanzig Jahren. Wir sehen anhand der Grafik, dass die G3 Staaten keineswegs am stärksten gewachsen sind. Lediglich die USA liegen etwas über dem Durchschnitt aller OECD Länder. Deutschland liegt deutlich darunter und Japan befindet sich fast am Ende dieser Skala.[4] Besonders kritisch an der aktuellen Schuldenkrise in Europa ist, dass die riskante Finanzierung der Banken sich in einigen Ländern auf die Finanzierung von Staatshaushalten statt auf die Finanzierung von Investitionen konzentriert. Da Investitionen die wesentliche Antriebskraft für das Wachstum darstellen, fehlt ein weiterer Bestandteil in der Argumentationskette, die einen positiven Wachstumseffekt plausibel erschienen ließe.

Abbildung 6: Durchschnittliches Wachstum seit 1990.

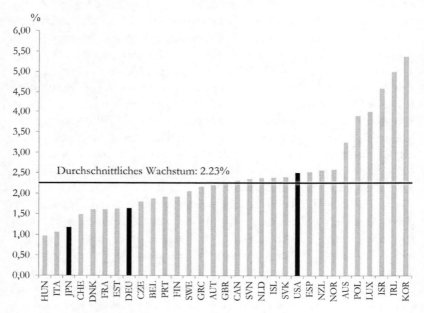

Quelle: World Bank (WDI).

Wachstum und Wohlfahrt

Um aus dem empirischen Zusammenhang von Wachstum und systemischen Risiko eine Politikempfehlung abzuleiten, wäre es eigentlich notwendig, auch eine Aussage zur Wohlfahrtsverbesserung der Bürger in den

---

4 Für eine breitere Untersuchung der Gründe für das schwache Wirtschaftswachstum Deutschlands siehe Sinn (2007).

betroffenen Ländern zu treffen. Dies fällt jedoch aus mehreren Gründen nicht leicht: Ein höheres Wirtschaftswachstum wird zum Beispiel in der Regel durch höhere Investitionen erreicht. Eine höhere Investition in einer Anfangsphase impliziert jedoch auch einen anfänglichen Konsumverzicht zugunsten von größeren Konsummöglichkeiten in der Zukunft. Ein höherer Wachstumspfad ist daher keine Wohlfahrtsverbesserung in dem Sinne, dass man alle Personen und Generationen besser stellen kann, ohne eine oder einen anderen schlechter zu stellen. Dies jedoch ist die Messlatte, an der in der Wirtschaftspolitik Eingriffe oder Regulierungsentscheidungen gemessen werden müssen, um von einer echten Wohlfahrtsverbesserung zu sprechen.[5]

Im Falle der Schwellenländer ist das Problem der Abwägung zwischen heutigem und künftigem Konsum zum Teil zumindest dadurch gelöst, dass sie durch die Liberalisierung der Kapitalmärkte an einem großen und sehr liquiden Kapitalmarkt teilnehmen können. Durch internationale Verschuldung kann ein Konsumverzicht in der Anfangsperiode weitgehend vermieden werden. Jedoch ist das Wachstum nicht gleichmäßig, sondern von gelegentlichen Krisen unterbrochen. Diese Krisen müssen, wie oben beschrieben, mit Steuergeldern finanziert werden. In einer Wohlfahrtsbetrachtung müssten die Schwellenländer die Vorteile des höheren Wachstums mit dem Nachteil höherer Steuern gegeneinander abwägen.

In einer theoretischen Analyse zeigen Ranciere und Tornell (2010), dass eine Bewertung daher auch in den Schwellenländern nicht eindeutig ausfällt. Ob ein riskanter Wachstumspfad eine Wohlfahrtsverbesserung darstellt, hängt von der Stärke der Krise, der Häufigkeit von Krisen und der Schwäche der institutionellen Rahmenbedingungen ab.

Schlussbemerkung: Risiko ist nur die zweitbeste Alternative

Trotz des eher losen Zusammenhangs zwischen Wachstum und Wohlfahrt steht die Wohlfahrtsgesellschaft vor einer richtungweisenden Entschei-

---

5 Ein weniger striktes Wohlfahrtskriterium von Kaldor (1939) und Hicks (1939), nach dem es ausreicht, wenn die Vorteile der Gewinner einer Politikmaßnahme größer sind als die Nachteile der Verlierer, scheint bei einer intertemporalen Entscheidung nur schwer anwendbar zu sein. Es würde voraussetzen, dass die Eltern die Gewinne der Kinder durch Erbschaftsentscheidungen ausgleichen.

dung: Soll sie ein höheres Risiko zulassen, um einen höheren Wachstumspfad erreichen zu können? Oder sollte sie sich für eine langsamere, dafür stetige Entwicklung entscheiden? Dies ist eine schwierige Abwägungsfrage, die letztlich von den Bürgern und Wählern getroffen werden muss.

Beeinflusst wird die Entscheidung maßgeblich durch folgende Faktoren: Wie groß sind die Kosten der Krise? Wie groß ist das Unterinvestitionsproblem in der Ausgangssituation und was sind die Alternativen zu dieser Politik? Geht man systemische Risiken ein, kann man dies als eine bewusste Unterstützung der Firmen oder als Subvention auf den Zinssatz interpretieren, der Kreditrestriktionen löst und über Investitionen Wachstum ermöglicht. Aber diese Subvention – wie auch andere, zum Beispiel in der Kohle- oder Agrarindustrie – ist eine klassische *second best policy*, sie ist immer nur die zweitbeste Alternative, die ein Staat wählen kann.

Die beste Alternative wäre, die Rechtssysteme zu reformieren, die Durchsetzbarkeit von Verträgen zu fördern und damit die den Kreditrestriktionen zu Grunde liegende Störung der Märkte zu beseitigen. Jedoch erfordern solche Reformen viel Zeit. Sie sind insbesondere in Schwellenländern nur über einen Zeitraum von mehreren Jahrzehnten durchzusetzen. Eine riskante Finanzierung wie die Fremdwährungsfinanzierung zuzulassen, kann im Falle Mexikos aufgrund des damit verbundenen Wachstumsschubs gerechtfertigt sein.

In den USA, Japan und Deutschland gibt es dieses Motiv dagegen nicht. Krisen sind sehr teuer für die Steuerzahler. Aufgrund des starken institutionellen Rahmens gibt es aber eine große Bandbreite von alternativen Finanzierungsquellen, die auch kleineren Firmen zugänglich sind. Es ist nicht plausibel, dass es auch gesamtwirtschaftlich zu einem vergleichbaren positiven Effekt auf das Wirtschaftswachstum führt. In diesen Ländern sollten daher alle Anstrengungen unternommen werden, systemische Risiken durch geeignete Regulierung zu vermeiden.

Literatur

Cheung, Yin-Wong/Westermann, Frank (2011), Decoupling, Recoupling and Global Interdependence, Manuskript zum CESifo Summer Institute 2011.
Hicks, John (1939), The Foundations of Welfare Economics, *The Economic Journal*, Jg. 49, H. 196, S. 696–712.

Hutchison, Michael (2000), Japan's Recession: Is the Liquidity Trap Back?, Federal Reserve Bank of San Francisco Economic Letter (Pacific Basin Notes), 2000-19.

Ito, Takatoshi (1998), Impacts of the Basle Capital Standard on Japanese Banks' Behaviour, NBER Working Paper, 6730.

Ito, Takatoshi/Harada, Kimie (2003), Bank Fragility in Japan 1995–2003, in: Michael Hutchison und Frank Westermann (Hg.), *Economic Stagnation in Japan*, Cambridge: MIT Press, S. 33–60.

Jeanne, Olivier/Zettelmeyer, Jeromin (2001), International Bailouts, Moral Hazard and Conditionality, *Economic Policy*, Jg. 16, H. 33, S. 407–432.

Kaldor, Nicholas (1939), Welfare Propositions in Economics and Interpersonal Comparisons of Utility, *The Economic Journal*, Jg. 49, H. 195, S. 549–552.

Ranciere, Romain/Tornell, Aaron/Westermann, Frank (2008), Systemic Crises and Growth, *Quarterly Journal of Economics*, Jg. 123, H. 1, S. 359–406.

Schumpeter, Joseph (1934), *The Theory of Economic Development*, Cambridge: Harvard University Press.

Sinn, Hans-Werner (1982), Kinked Utility and the Demand for Human Wealth and Liability Insurance, *European Economic Review*, Jg. 17, H. 2, S. 149–162.

Sinn, Hans-Werner (2007), *Can Germany be Saved? The Malaise of the World's First Welfare State*, Cambridge: MIT Press.

Sinn, Hans-Werner (2009), *Kasino-Kapitalismus. Wie es zur Finanzkrise kam, und was jetzt zu tun ist*, Berlin: Econ.

Tornell, Aaron/Westermann, Frank (2002), Boom-Bust Cycles: Facts and Explanation, IMF Staff Papers, 49.

Tornell, Aaron/Westermann, Frank (2005), *Boom-Bust Cycles and Financial Liberalization*, Cambridge: MIT Press.

Tornell, Aaron/Westermann, Frank/Martinez, Lorenza (2003), Liberalization, Growth, and Financial Crisis: Lessons from Mexico and the Developing World, *Brookings Papers on Economic Activity*, Jg. 2003, H. 2, S. 1–112.

Finanzkrisen, Finanzsektor und die Einkommensverteilung

Alfons Weichenrieder

1. Macht uns die Krise ungleicher?

Das Jahr 2011 war ein exzellentes Jahr, zumindest für Rolls Royce, Aston Martin und Bentley. Und auch im Jahr 2012 meldeten Sportwagenhersteller wie Porsche ausgezeichnete Zahlen. Keine Spur von Krise, die Nachfrage der Reichen hatte anders als die Beschäftigtenzahlen in vielen Ländern der Welt keine Delle. Ist die Finanzkrise an den Reichen vorüber gegangen und ging die Krise vornehmlich zu Lasten der kleinen Leute? Ist es bei Finanzkrisen immer so, dass die Kosten am Ende von den Ärmsten geschultert werden? Oder werden in Finanzkrisen hauptsächlich die Vermögenswerte der Reichen und Superreichen entwertet, was die Einkommensverteilung gleicher machen sollte?

Eng verbunden mit diesen Fragen ist, was passiert, wenn man dem Finanzsystem engere Fesseln anlegt. Kann man erwarten, dass ein Zurückdrängen des Finanzsektors die Gesellschaft gleicher macht? Die hohen Gehälter, die in Finanzunternehmen bezahlt werden, könnten dadurch ausgedünnt werden. Oder fördert der Finanzsektor gar die Gleichheit, weil er tatkräftigen jungen Menschen Finanzmittel für Projekte bereitstellt, die sie aus ihrem eigenen Vermögen nicht finanzieren könnten?

All diese Fragen stellen sich vor dem Hintergrund einer zunehmenden Angst, dass sich die Schere zwischen Arm und Reich in Deutschland und anderen Industrieländern zunehmend weitet.

2. Die Schere zwischen Arm und Reich

In der Tat ist die Ungleichheit in Deutschland insbesondere in den ersten Jahren des neuen Jahrtausends deutlich gestiegen (Goebel/Grabka 2011).

Obwohl ähnliche Trends in vielen Industriestaaten zu beobachten waren, war das Ausmaß der Veränderung in Deutschland besonders stark. Seit etwa 2005 stagniert die Entwicklung, so dass Deutschland im internationalen Vergleich bislang immer noch ein Land mit einer vergleichsweise homogenen Einkommensverteilung ist.

Abbildung 1 beinhaltet einen internationalen Vergleich anhand eines Maßes (Gini-Koeffizient), das im Falle der völligen Gleichverteilung des Einkommens nach Steuern und Transfers den Wert null annimmt, im Falle, dass sich das Einkommen auf nur eine Person konzentriert, den Wert eins. Ein höherer Wert signalisiert also mehr Ungleichheit.[1] Wenngleich Deutschland nicht mit den nordischen Ländern Dänemark, Norwegen, Schweden oder Finnland, die ganz am linken Rand auftauchen, mithalten kann, ergibt sich eine gleichmäßigere Einkommensverteilung als insbesondere in den angelsächsischen Ländern, Kanada, dem Vereinigten Königreich und den USA.

3. Der Finanzsektor als Motor der Ungleichheit?

Dass der Finanzsektor ein Motor der Ungleichheit sein könnte, ist bei einem Blick auf die Zahlen der letzten Jahre naheliegend. Zum einen hat dieser Sektor in den Jahren vor der Krise immense Gewinne angehäuft. In den USA entstanden im Jahr 2002 beispielsweise circa 45 Prozent der gesamten Unternehmensprofite in Unternehmen aus dem Finanzbereich (Krippner 2005).[2] Dies entspricht einem Vielfachen des seit den 1950er Jahren Üblichen. Auch im Vereinigten Königreich ergab sich eine stürmische Entwicklung des Anteils der Profite, die im Finanzsektor entstanden (Devereux u.a. 2004). Das angelsächsische Rechtssystem gilt als besonders kapitalmarktfreundlich. Gleichzeitig sind die angelsächsischen Länder auch durch überdurchschnittliche Ungleichheit gekennzeichnet (Abbildung 1).

---

1 In der Fachliteratur existieren zahlreiche alternative Maße der Einkommensungleichheit, die jedoch meist eine recht ähnliche Länderreihung ergeben.

2 Der Finanzbereich umfasst in dieser Definition Banken, Versicherungen und den Immobilienhandel.

Abbildung 1: Ungleichheit zu Ende der 2000er Jahre.

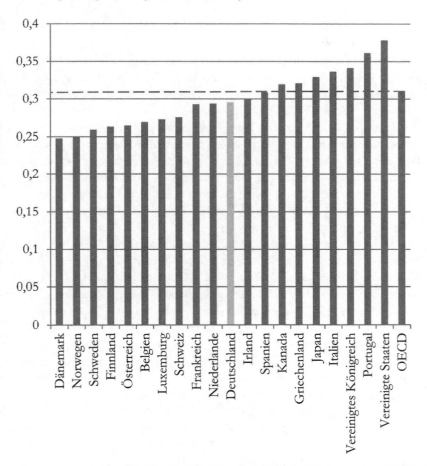

Anmerkung: Abgetragen ist der Gini-Koeffizient als Maß der Einkommensungleichheit für ausgewählte Industrieländer. Der Koeffizient nimmt den Wert eins an bei völliger Ungleichverteilung des Einkommens, den Wert null bei völliger Gleichverteilung. Als Einkommenskonzept dient das Haushaltsnettoeinkommen nach Steuern und Transfers.

Quelle: Sachverständigenrat zur Begutachtung der gesamtwirtschaftlichen Entwicklung (2011).

Die Auffassung, dass mächtige Banken und ein einflussreicher Finanzsektor den Reichtum der Reichen auf Kosten der Armen mehren, ist weit verbreitet und war in den USA sogar eines der Argumente, warum lange Zeit Bankgeschäft über Bundesstaatsgrenzen hinweg beschränkt waren (Horwitz/Selgin 1987; Beck u.a. 2007).

Ein wachsender Finanzsektor könnte beispielsweise von unten nach oben umverteilen, wenn der Sektor auf Kosten der Rendite der Kleinsparer lebt. Vor Augen haben kann man zum Beispiel Börsenblasen wie die Internetblase der späten 1990er Jahre. Da viele Kleinanleger erst eingestiegen sind, als die Kurse ein hohes Niveau erreicht hatten, konnten Finanzinvestoren vor dem Platzen der Blase noch Gewinne mitnehmen. In der Tat gibt es wissenschaftliche Belege, dass Privatinvestoren empirisch mit ihren Renditen systematisch und deutlich unter den Renditen des Marktportfolios bleiben (vgl. zum Beispiel Meyer u.a. 2012). Wenn aber eine Gruppe von Kapitalmarktanlegern systematisch unterdurchschnittliche Renditen einfährt, müssen notwendigerweise andere Investoren Überrenditen erwirtschaften.[3]

So viel für eine Umverteilung auf Kapitalmärkten von Klein- zu Großanlegern spricht: Da das Gros der Einkommensbezieher nur sehr geringe Kapitalanlagen besitzen, ist hier wohl hauptsächlich eine Umverteilung innerhalb der wohlhabenderen Hälfte der Bevölkerung zu konstatieren.

Nicht nur die Profite, die in einigen Ländern im Finanzsektor verdient werden, sind beeindruckend. Auch die Entlohnung der Beschäftigten im Finanzsektor ist überdurchschnittlich. Bei vergleichbarer Ausbildung und Erfahrung verdienen Beschäftigte im Finanzsektor deutlich mehr. Empirische Studien beziffern den Vorteil auf mehr als 30 Prozent (Egger u.a. 2012). Ökonomen rätseln noch immer, woher genau diese hohen Verdienste kommen. Ein großer Teil scheint zumindest in den USA mit der Deregulierung des Finanzsektors, der damit einhergehenden höheren Risikoübernahme und den komplexeren Finanzinstrumenten der Finanzinstitute einher zu gehen (Philippon/Reshef 2009).

Ein Teil dieser komplexen Finanzinstrumente hat, wie wir jetzt wissen, zu erhöhten Risiken im Bankensektor geführt und das System an den Rand des Abgrunds manövriert. Letztlich musste der Staat über Bankenhilfen einspringen um übernommene Risiken abzufangen. Diese Zusammenhänge legen nahe, dass die hohen Gehälter zu einem Teil der impliziten Garantie durch den Steuerzahler geschuldet sind, weil erst durch die impli-

---

3 Natürlich können Manipulationen, wie sie im Zusammenhang mit dem Referenzzins LIBOR im Sommer 2012 bekannt wurden, ebenfalls dazu beitragen.

zite Versicherungsgarantie des Staates das hohe Risiko aus den komplexen Finanzinstrumenten für die Banken tragbar wurde.

Ein anderes Argument, warum der Finanzsektor zu mehr Ungleichheit führen könnte, basiert auf einem asymmetrischen Zugang zu Finanzdienstleistungen. Bei einigen Finanzdienstleistungen bestehen erhebliche Zugangskosten, die nur von gut betuchten Haushalten bezahlt werden können. Gerade ländliche Gebiete in Schwellen- und Entwicklungsländern bieten kaum Zugang zu Bankdienstleistungen. So stehen die guten Investitionschancen auch nur einem Teil der Bevölkerung offen. Die Einkommensungleichheit kann durch die Finanzentwicklung größer werden, weil dann die Finanzmärkte wie ein Aufzug sind, zu dem nicht alle Zutritt haben (Greenwood/Jovanovich 1990). Sofern das Finanzsystem zu höherem Wachstum führt, kann sich der Trend zu mehr Ungleichheit indes umkehren, wenn durch das Wachstum größere Bevölkerungsgruppen in die Lage versetzt werden, Zugang zu lukrativen Finanzdienstleistungen zu erhalten.

Hohe Verdienste im Finanzsektor, asymmetrischer Zugang und schlechte Renditen für Kleinsparer nähren den Verdacht, dass der Finanzsektor zu mehr Ungleichheit, zu einer Umverteilung von unten nach oben führt. Aber es gibt auch gewichtige Gründe, die für das Gegenteil sprechen. So haben finanzschwache Individuen überhaupt erst bei entwickelten Finanzmärkten eine Chance, ihre Investitionen in Kapital und Humankapital zu tätigen und den Einkommensrückstand aufzuholen. Eine wichtige Funktion von Finanzinstitutionen wie Banken ist es, die Informationslücke, die zwischen Kapitalanlegern und Kapitalnachfragern klafft, zu verringern. Diese Informationslücke führt ansonsten zu einem Austrocknen des Kapitalmarkts, weil auch Unternehmer mit hoher Rückzahlungswahrscheinlichkeit Schwierigkeiten haben, diese hohe Kreditwürdigkeit glaubhaft zu machen. Erfahrene Finanzintermediäre schließen die Lücke und ermöglichen es, dass Kapital denen geliehen wird, die es brauchen und dabei auch eine hohe Rückzahlungswahrscheinlichkeit haben. Im Umkehrschluss bedeutet das, dass Banken den Kreditnachfragern mit hoher Ausfallwahrscheinlichkeit den Kredit versagen. (Wahrscheinlich ist es diese Selektivität, die wesentlich zum Imageproblem von Banken beiträgt.) Außerdem fördern effektive Finanzinstitutionen die Kontrolle von Unternehmen und Managern, nachdem die Kreditvergabe erfolgt ist. Auch dies erhöht das Vertrauen der Sparer und damit die Bereitschaft, Projekte zu finanzieren. Nicht zuletzt bieten effiziente Finanzmärkte die Möglichkeit,

Risiken zu streuen und sie damit selbst für Sparer mit geringem Vermögen tragbar zu machen.

Die Hoffnung, dass über Finanzmärkte Familien in Entwicklungsländern der Armut entwachsen können, wurde in den letzten Jahren besonders durch den wachsenden Markt für Mikrokredite genährt. Umfangreiche Erfahrung aus Indien zeigt, dass die Verfügbarkeit von Bankdienstleistungen in der Tat nicht nur positiv auf das Wachstum wirkt, sondern auch die Armut verringert. Die Privatbanken Indiens waren zwischen 1977 und 1990 einer speziellen Regel unterworfen. Diese 4:1 Regel besagte, dass eine Filialeröffnung in einem Gebiet, das bereits von Bankfilialen bedient wurde, nur erlaubt wurde, wenn die Bank zumindest auch vier neue Filialen in bislang unversorgten Gebieten eröffnete. Die empirische Auswertung dieser indischen Episode legt nahe, dass zusätzliche Bankfilialen die Armutsrate der ländlichen Bevölkerung in Indien deutlich verringert haben (Burgess/Pande 2005).

Dass ein gut funktionierendes Finanzsystem Ländern zu mehr Wachstum verhilft, ist inzwischen empirisch gut abgesichert (vgl. Levine 2005).[4] Demgegenüber hat die Frage, ob ein großer Finanzsektor die Einkommensungleichheit nivelliert, erst in den letzten beiden Jahrzehnten größere empirische Aufmerksamkeit erhalten. Die Analyse ist nicht ganz trivial. Ein Grund dafür ist, dass Ländervergleiche nur eingeschränkt möglich sind. Idealerweise würde man gerne wissen, wie gut die Finanzsysteme tatsächlich sind. Wie gut überwinden sie die oben genannten Informationslücken, um die Brücke zwischen Sparern und Kreditnachfragern zu schließen? Wie hoch sind die Kosten, die dabei entstehen? Wie effizient funktioniert die Fristentransformation, die es ermöglicht, dass Sparer mit kurzfristigen Liquiditätsinteressen langfristige Unternehmensinvestitionen finanzieren? Überzeugende Indikatoren dafür sind am ehesten noch für wenige, entwickelte Länder zu finden. Die existierenden Studien, die auf Ländervergleichen basieren, helfen sich daher meist mit der Menge der gesamten Kreditvergabe in Relation zum Sozialprodukt oder mit der Höhe der erweiterten Geldmenge, ebenfalls in Relation zum Sozialprodukt. Diese Variablen sind für fast alle Länder verfügbar. Unter dieser Einschränkung

---

4 Wie Frank Westermann in einem Beitrag des gleichen Buches nahe legt, überlebt dieser Effekt sogar, wenn man berücksichtigt, dass mit einem größeren Finanzsektor auch die Neigung zu Finanzkrisen zunimmt.

sprechen die existierenden Studien mehrheitlich dafür, dass ein großer Finanzsektor die Einkommensungleichheit verringert.[5]

Abseits der Ländervergleiche kann man versuchen, Rückschlüsse durch die Analyse von regulatorischen Änderungen innerhalb von Ländern zu ziehen. Von der indischen 4:1 Regel, die temporär zu einer Verringerung der Armutsquote beigetragen hat, war bereits die Rede. Auch die Erfahrung mit der Deregulierung des Filialbankenwesens in den USA legt nahe, dass eine Ausweitung des Filialnetzes Vorteile brachte. Die US-Bundesstaaten hoben, zeitlich gestaffelt, in den Jahren 1977–1999 ihre Beschränkungen für Filialen von Banken aus anderen Bundesstaaten und für Bankübernahmen auf. Die zeitliche gestaffelte Liberalisierung ermöglicht zu untersuchen, ob es entsprechend der temporären Unterschiede in den Regulierungen vorrübergehend auch zu einem Auseinanderdriften der Einkommensverteilungen in den einzelnen Bundesstaaten kam. Beck u.a. (2007) zeigen, dass sich die Einkommensverteilung überwiegend aufgrund einer besseren Arbeitsmarktentwicklung in den deregulierten Bundesstaaten tendenziell gleichmäßiger entwickelte als in denen, die noch nicht liberalisiert hatten.[6]

4. Finanzkrisen und Einkommensverteilung

Könnte die weitgehend fehlende Evidenz für negative Umverteilungswirkungen des Finanzsektors daher rühren, dass die Wirkungen von Finanzkrisen übersehen werden? Zumindest könnte man befürchten, dass Finanzkrisen für die Einkommensverteilung ungünstig sind, selbst wenn das Finanzsystem im Großen und Ganzen der stärkeren Gleichheit sogar zuträglich ist. Während eine Liberalisierung des Finanzsektors nach den oben

---

5 Evidenz für die positive Rolle des Finanzsektors für die Gleichheit findet sich unter anderem in Li u.a. (1998), Beck u.a. (2007), Clarke u.a. (2006) und Kappel (2010). Eine neuere, noch unveröffentlichte Studie (Jauch/Watzka 2011) findet zwar ein gegenteiliges Resultat, räumt aber einen geringen quantitativen Effekt ein.

6 Claessens/Perotti (2007) betonen, dass eine Deregulierung sinnvollerweise mit einer Stärkung der Aufsichtsgremien einhergehen sollte, um Instabilitäten entgegenzuwirken. In der Tat sollte beileibe nicht jede Deregulierung des Finanzsektors mit einer Stärkung gleichgesetzt werden. Die Deregulierung des Investmentbankings in den USA hat zum Beispiel mit hoher Wahrscheinlichkeit als Brandbeschleuniger der jüngsten Finanzkrise gewirkt (Labaton 2008).

zitierten Befunden tendenziell positiv auf die Einkommensverteilung wirkt, ist auch empirisch erhärtet, dass Deregulierungen des Finanzsektors in den Folgejahren das Risiko von Finanzkrisen erhöhen (Kaminsky/Reinhart 1999).

4.1 Wirkungskanäle

Verschiedene Wirkungskanäle könnten die Befürchtung begründen, dass Finanzkrisen zu einer veränderten Intensität der gesellschaftlichen Ungleichheit führen.

Höhere Arbeitslosigkeit

Zum einen führen Finanzkrisen zum Einbruch des Bruttosozialprodukts mit oft rasant steigender Arbeitslosigkeit, was zu erhöhter Ungleichheit führen kann, insbesondere wenn bei inflexiblen Arbeitsmärkten eine Gruppe von Verlierern der Krise geschaffen wird, denen der Wiedereintritt in den Arbeitsmarkt verwehrt bleibt, während sich die verbliebenen Arbeitsplatzbesitzer dem Lohndruck widersetzen können. Natürlich kommt auch der Arbeitslosenversicherung eine wichtige Rolle bei der Frage zu, wie sich die erhöhte Arbeitslosigkeit auf die gemessene Einkommensungleichheit auswirkt. Eine großzügige Arbeitslosenversicherung, die den Lohnausfall im Wesentlichen auffängt, wirkt hier dämpfend.

Notwendigkeit staatlicher Konsolidierung

Zum anderen gibt es einen Zusammenhang zwischen Finanzkrisen und Staatschuldenkrisen. Die Krise seit 2008 ist hier nicht singulär in ihrer Abfolge. In der Historie hat es häufig ähnliche Beispiele gegeben, in denen die Bewältigung einer Krise des Finanzsektors zu hohen finanziellen Belastungen des Staatssektors und zu eingeschränkter Kreditwürdigkeit des Staates geführt hat (Reinhart/Rogoff 2011). Ähnlich wie beim Wirkungskanal Arbeitslosigkeit ist der negative Einfluss auf die Einkommensverteilung aber nicht zwangsläufig. Denkbar ist, dass die Finanzierung der erhöhten Staatsschulden und deren Eindämmung über stark progressive Steuern erfolgt. In diesem Falle könnte sogar eine homogenere Einkommensverteilung folgen.

Dagegen spricht jedoch, dass Regierungen mit hoher Schuldenlast versuchen müssen, durch wachstumsfreundliche Politik die Schulden tragbarer zu gestalten. Die empirische Evidenz zeigt, dass aus Wachstumssicht insbesondere die Körperschaftsteuer auf Unternehmensgewinne, aber auch die Einkommensteuer schädlicher sind als die Umsatzsteuer (Johansson u.a. 2008).[7] Gleichzeitig ist die Umsatzsteuer für untere Einkommensbezieher aber deutlich belastender als die Einkommensteuer. Eine wachstumsfreundliche Steuerpolitik, die geeignet ist, dem Schuldenberg zu entwachsen, hat daher aus Umverteilungssicht Schattenseiten. Untersuchungen für das fiskalische Reformpaket der Regierung Monti in Italien zeigen, dass die Steueränderungen in der Tat zu mehr Ungleichheit in den Nettoeinkommen führen dürften (Arachi u.a. 2012). Zu der Umverteilungswirkung auf der Steuererhebungsseite kommen in Zeiten fiskalischer Konsolidierungen Kürzungen von Sozialleistungen mit weiteren negativen Umverteilungseffekten hinzu.

Lohnanpassungen

Finanzkrisen führen zu Nachfrageeinbrüchen auf den Gütermärkten. Dies kann prinzipiell die realen Löhne erhöhen oder senken (de Beer 2012). Eine reale Erhöhung resultiert, wenn sinkende Nachfrage auf den Gütermärkten die Inflation absenkt und damit die Reallöhne auf Kosten der Gewinne steigen können. Wird der Nachfragerückgang jedoch schnell an die Lohnbezieher über sinkende Nominallöhne weitergereicht, sind auch sinkende Reallöhne möglich.

Vermögensverluste

Schließlich führen Finanzkrisen zu Umbewertungen von Vermögensgegenständen und zum Ausfall von Forderungen, die sich tendenziell bei der besser gestellten Hälfte der Bevölkerung, die eine höhere Sparquote und damit eine relativ bessere Vermögensausstattung hat, niederschlagen dürften. Zusätzliche Bewertungseffekte treten auf, wenn die Währung eines Krisenlandes stark abwerten muss.

---

7 Unter den verschiedenen Steuerarten sind Grundbesitzabgaben am wachstumsfreundlichsten einzustufen. Empirisch ist indes deren Bedeutung gering und die politischen Widerstände gegen Erhöhungen sind hoch, insbesondere bei inkonsistenten und veralteten Bewertungsregeln für Grundbesitz.

4.2 Empirische Befunde

Wie hat sich nun tatsächlich die Ungleichheit in den Jahren der Finanzkrise entwickelt? Abbildung 2 beantwortet diese Frage anhand von Daten zu europäischen Ländern. Abgetragen wird für jedes Land die Veränderung des Ungleichheitskoeffizienten (Gini) zwischen den Jahren 2007 und 2010 in Prozentpunkten. Ein negativer Wert der Veränderung zeigt für diesen Zeitraum eine Tendenz zu mehr Gleichheit an. Ein positiver Wert signalisiert eine Entwicklung zu mehr Ungleichheit. Die Länder wurden nach der Höhe der absoluten Veränderung während des Zeitraums sortiert.

Insgesamt ergibt sich alles andere als ein klares Bild. Den Ländern mit gestiegener Ungleichheit rechts im Bild stehen fast symmetrisch Länder am linken Rand gegenüber, deren Ungleichheit abgenommen hat. Überraschend ist, dass trotz sprunghaft gestiegener Arbeitslosigkeit selbst in Ländern wie Portugal und Griechenland die gemessene Ungleichheit gesunken ist. Die *Abnahme* des Koeffizienten in Portugal um 3 Prozentpunkte kann man der *Zunahme* des Koeffizienten um etwa vier Punkte in Deutschland zwischen 1999 und 2005 (Sachverständigenrat zur Begutachtung der gesamtwirtschaftlichen Entwicklung 2011) gegenüberstellen. Die letztere Entwicklung war in der deutschen Presse mit Sorge um den gesellschaftlichen Zusammenhalt ausführlich kommentiert worden (zum Beispiel Böcking 2011). Die Verbesserung der Einkommensverteilung in Portugal ist demgegenüber im Strauß der übrigen Probleme untergegangen; bemerkenswert ist sie trotzdem.

Nicht nur in der aktuellen Krise ist der Einfluss der Krise auf die Einkommensverteilung unklar. Auch die Erfahrungen früherer Krisen zeigen, dass ein allgemeiner Anstieg der Ungleichheit nicht zwangsläufig resultiert. Aaberge u.a. (2000) diskutieren beispielsweise die Entwicklung der nordischen Länder (Dänemark, Schweden, Finnland, Norwegen), die in den Jahren zwischen 1988 und 1994 mit stark krisenhaften Szenarien und stark steigenden Arbeitslosenquoten zu kämpfen hatten. Die Analyse zeigt eine bemerkenswerte Stabilität der Kennziffern der Einkommensverteilung, die sich nur teilweise durch die relativ gute ökonomische Absicherung der Arbeitslosigkeit in diesen Ländern erklären lässt. Einen fehlenden Anstieg der üblichen Ungleichheitsmaße konstatieren auch Baldacci u.a. (2006) für die scharfe Finanz- und Wirtschaftskrise Mexikos Mitte der 1990er Jahre. Da die Armut durch die Krise zunahm, deutet dies darauf hin, dass eben keineswegs nur die Ärmsten von der Krise betroffen waren, sondern in verstärktem Maße auch Bessergestellte. Die Einsicht, dass einschneidende Finanzkrisen überproportional am oberen Ende der Einkommensverteilung wirken, scheint auch die Erfahrung während der großen Depression 1929–1932 nahe zu legen. Atkinson u.a. (2011) betonen, dass in den meisten Ländern, für die Daten vorliegen, das reichste Promille der Bevölkerung überproportional an Bruttoeinkommen verloren hat.

Abbildung 2: Veränderungen des Ungleichheitskoeffizienten (Gini), 2007–2010.

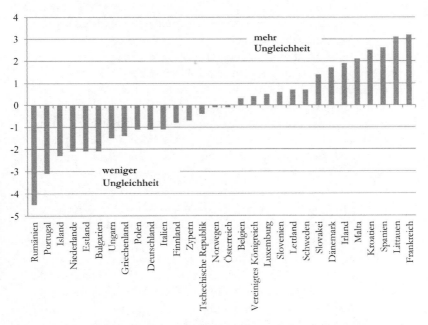

Anmerkungen: Die Säulen repräsentieren die Veränderung des Ungleichheitskoeffizienten (Gini) für einzelne europäische Länder im Zeitraum 2007 bis 2010. Zugrunde liegt das Nettoeinkommen (inklusive Transfers nach Steuern).

Quelle: Eurostat (http://epp.eurostat.ec.europa.eu, 26.07.2012).

5. Schlussfolgerungen und gesellschaftliche Implikationen

Die Finanz- und Schuldenkrise seit 2008 hat neues Interesse daran geweckt, wie der Finanzsektor und Finanzkrisen auf die Einkommensungleichheit Einfluss nehmen. Die vielleicht beruhigende Nachricht ist, dass Finanz- und Wirtschaftskrisen keinen eindeutig nachteiligen Einfluss auf die Einkommensverteilung haben. Ein systematisches Bild, nach dem sich die Folgen hauptsächlich auf diejenigen konzentrieren, die ohnehin schon am unteren Rand der Gesellschaft stehen, ergibt sich nicht. Wenn man eine erhöhte Einkommensungleichheit als potentiellen sozialen Sprengstoff sieht, ist dies eine gute Nachricht.

Diese Aussage sollte nicht darüber hinwegtäuschen, dass Finanzkrisen meist sehr wohl die Armutsrisiken und Armutsfälle erhöhen und zu großem persönlichen Leid führen. Weil aber die Betroffenheit nicht auf wenige, bislang ohnehin minderprivilegierte Haushalte beschränkt ist, kann sich durchaus in der Folge von Krisen eine erhöhte Bereitschaft zu verbesserten Systemen der sozialen Sicherheit herausbilden. Die sozialpolitischen Reformen des *New Deal* ab 1933 unter dem US-Präsidenten Franklin Roosevelt sind ein weithin bekanntes Beispiel dafür, auch wenn der direkte Vergleich mit der heutigen Situation europäischer Länder hinkt. Die europäischen Länder sind mit sehr viel stärkeren Sicherungssystemen in die Krise gegangen als die USA in die Große Depression. Und die finanzpolitischen Spielräume vieler EU-Länder lassen Ausweitungen sozialpolitischer Systeme kaum zu. Trotzdem können Politiker, die mit ihren sozialpolitischen Programmen punkten wollen, leichter plausibel machen, dass die soziale Absicherung breiten Bevölkerungsschichten zugutekommt.

Eine andere Frage ist, wie insgesamt die Wirkung des Finanzsektors auf die gesellschaftliche Einkommensverteilung ausfällt. Wenngleich es eine ganze Reihe von anekdotischer Evidenz für eine negative Rolle gibt: Die wissenschaftliche Forschung lässt starke Zweifel aufkommen, dass ein großer Finanzsektor per se zu hohen Einkommensasymmetrien führt. Es überwiegt sogar der gegenteilige Befund. Auch hier sollte aber Missverständnissen vorgebeugt werden. Dieser Befund legt keine Deregulierung nahe. Finanzsysteme, in denen die Gewinne aus eingegangen Risiken von den Aktionären und Boni-Empfängern der Finanzinstitute vereinnahmt und die Verluste vom Steuerzahler getragen werden, verhelfen schwerlich zu mehr sozialer Gleichheit.

Literatur

Aaberge, Rolf/Anders, Björklund/Jäntti, Markus/Pedersen, Peder J./Smith, Nina/ Wennemo, Tom (2000), Unemployment Shocks and Income Distribution: How Did the Nordic Countries Fare During Their Crises?, *Scandinavian Journal of Economics*, Jg. 102, H. 1, S. 77–99.

Arachi, Giampaolo/Bucci, Valeria/Longobardi, Ernesto/Panteghini, Paolo/Parisi, Maria Luisa/Pellegrino, Simone/Zanardi, Alberto (2012), Fiscal Reforms During Fiscal Consolidation: The Case of Italy, Working Paper, Econpubblica, Zugriff: 01.08.2012, *http://www.econpubblica.unibocconi.it/folder.php?vedi=4912&tbn =albero &id_folder=1306.*

Atkinson, Antohny B./Piketty, Thomas/Saez, Emmanuel (2011), Top Incomes in the Long Run of History, *Journal of Economic Literature*, Jg. 49, H. 1, S. 3–71.

Baldacci, Emanuele/de Mello, Luiz/Inchauste, Gabriela (2006), Financial Crises, Poverty, and Income Distribution, in: Ashoka Mody und Catherince A. Pattilo (Hg.), *Macroeconomic Policies and Poverty Reduction*, London: Routledge Chapman & Hall, S. 275–316.

Beck, Thorsten/Demirgüc-Kunt, Asli/Levine, Ross (2007), Finance Inequality and the Poor, *Journal of Economic Growth*, Jg. 12, H. 1, S. 27–49.

Beck, Thorsten/Levine, Ross/Levkov, Alexey (2007), Bank Regulation and In- Come Distribution: Evidence From Branch Deregulation, Discussion Paper, Brown University, Zugriff: 01.08.2012, *http://siteresources.worldbank.org/INTFR/ Resources /Beck-Levine-Levkov030607.pdf.*

Böcking, David (2011), Soziale Ungleichheit: Deutschland wird amerikanischer, Spiegel Online, 05.12.2011, *http://www.spiegel.de/wirtschaft/soziales/soziale-ungleich- heit-deutschland-wird-amerikanischer-a-801730.html.*

Burgess, Robin/Pande, Rohini (2005), Can Rural Banks Reduce Poverty? Evidence From the Indian Social Banking Experiment, *American Economic Review*, Jg. 95, H. 1, S. 780–795.

Claessens, Stijn/Perotti, Enrico (2007), Finance and Inequality: Channels and Evidence, *Journal of Comparative Economics*, Jg. 35, H. 4, S. 748–773.

Clarke, George R. G./Xu, Lixin Colin/Zou, Heng-Fu (2006), Finance and Income Inequality: What Do the Data Tell Us?, *Southern Economic Journal*, Jg. 72, H. 3, S. 578–596.

de Beer, Paul (2012), The Impact of the Crisis on Earnings and Income Distribu- tion in the EU, Working Paper, European Trade Union Institute, Zugriff: 01.08.2012, *http://www.etui.org/Publications2/Working-Papers/The-impact-of-the-cri- sis-on-earnings-and-income-distribution-in-the-EU.*

Devereux, Michael P./Griffith, Rachel/Klemm, Alexander (2004), Why Has the UK Corporation Tax Raised So Much Revenue?, *Fiscal Studies*, Jg. 25, H. 4, S. 367–388.

Egger, Peter H./Radulescu, Doina/Von Ehrlich, Maximilian (2012), How Much It Pays to Work in the Financial Sector, *CESifo Economic Studies*, Jg. 58, H. 1, S. 110–139.

Goebel, Jan/Grabka, Markus M. (2011), Zunehmende Einkommensungleichheit und wachsendes Armutsrisiko während des letzten Jahrzehnts, *Vierteljahrshefte zur Wirtschaftsforschung*, Jg. 80, H. 4, S. 5–11.

Greenwood, Jeremy/Boyan, Jovanovich (1990), Financial Development, Growth, and the Distribution of Income, *Journal of Political Economy*, Jg. 98, H. 5, S. 1076–1107.

Horwitz, Steven/Selgin, George A. (1987), Interstate Banking: The Reform That Won't Go Away, Cato Institute Policy Analysis, Nr. 97, Zugriff: 01.08.2012, *http://www.cato.org/pubs/pas/pa097.html*.

Jauch, Sebastian/Watzka, Sebastian (2011), Financial Development and Income Inequality, CESifo Working Paper, 3687.

Johansson, Åsa/Heady, Christopher/Arnold, Jens/Brys, Bert/Vartia, Laura (2008), Taxation and Economic Growth, OECD Economics Department Working Paper, Nr. 620, OECD Publishing, Zugriff: 01.08.2012, *http://www.oecd.org/tax/taxpolicyanalysis/41000592.pdf*.

Kaminsky, Graciela L./Reinhart, Carmen M. (1999), The Twin Crises: The Causes of Banking and Balance-of-Payments Problems, *American Economic Review*, Jg. 89, H. 3, S. 473–500.

Kappel, Vivien (2010), The Effects of Financial Development on Income Inequality and Poverty, Proceedings of the German Development Economics Conference, Hannover 2010, Jg. 25.

Krippner, Greta (2005), The Financialization of the American Economy, *Socioeconomic Review*, Jg. 3, H. 2, S. 173–208.

Labaton, Stephen (2008), The Reckoning: Agency's '04 Rule Let Banks Pile Up New Debt, and Risk, *New York Times*, S. A1, 03.10.2008.

Levine, Ross (2005), Finance and Growth: Theory and Evidence, in: Philippe Aghion und Steven Durlauf (Hg.), *Handbook of Economic Growth*, Band 1A, Amsterdam: Elsevier, S. 865–934.

Li, Hongyi/Squire, Lyn/Zou, Heng-Fu (1998), Explaining International and Intertemporal Variations in Income Inequality, *Economic Journal*, Jg. 108, H. 446, S. 26–43.

Meyer, Steffen/Schmoltzi, Dennis/Stammschulte, Christian/Kaesler, Simon/Loos, Benjamin/Hackethal, Andreas (2012), Just Unlucky? – A BootStrapping Simulation of Measure Skill in Individual Investors' Investment Performance, Working Paper, Goethe Universität Frankfurt am Main, Zugriff: 01.08.2012, *http://papers.ssrn.com/sol3/papers.cfm?abstract_id=2023588*.

Phillipon, Thomas/Reshef, Ariell (2009), Wages and Human Capital in the U.S. Financial Industry: 1909–2006, National Bureau of Economic Research, Cambridge, Zugriff: 01.08.2012, *http://www.nber.org/papers/w14644*.

Reinhart, Carmen/Rogoff, Ken (2011), From Financial Crash to Debt Crisis. *American Economic Review*, Jg. 101, H. 5, S. 1676–1706.

Sachverständigenrat zur Begutachtung der gesamtwirtschaftlichen Entwicklung (2011), Verantwortung für Europa wahrnehmen, Jahresgutachten 2011/12, Zugriff: 01.08.2012, *http://www.sachverstaendigenrat-wirtschaft.de/?id=57*.

II. Tragödien der öffentlichen Haushalte

Die Logik der Währungsunion

Helge Berger[1]

»Wir sind am Scheideweg«[2] – wie Angela Merkel sehen viele Beobachter die Eurozone vor einer schweren Entscheidung. Manche fragen, ob das große Europäische Projekt der Währungsunion zu ambitioniert war. Andere fordern, die Währungsunion weiterzuentwickeln und mehr Integration zu wagen. Die Frage ist allerdings, was *mehr Integration* genau bedeutet. Braucht eine Währungsunion Elemente einer politischen Union, einer Bankenunion oder einer Fiskalunion, um auf Dauer Bestand zu haben? Und, falls ja, wie weit müssen diese Schritte gehen? Wer am Scheideweg steht, muss über diese Fragen nachdenken.

1. Gemeinsame Währung, gemeinsames Risiko?

Eine der schmerzhaften Lehren der Eurokrise ist, dass sich lokale Probleme schnell zu einem Flächenbrand ausweiten können, der alle Mitglieder der Eurozone betrifft. Das ist kein Zufall, sondern die harte Logik einer Währungsunion.

1 Der Aufsatz folgt weitgehend Berger u.a. (2012); der Autor bedankt sich insbesondere bei Fabian Bornhorst sowie Esther Perez-Ruiz, Jimmy McHugh und Tigran Poghosyan für großzügige Unterstützung. Die hierin vertretenen Ansichten sind allein die Meinung des Autors und repräsentieren nicht zwangsläufig die Meinung des IWF, seines Executive Board oder Managements.
2 Zitiert in Handelsblatt (2012).

Krisenmechanik

Wenn in einem Land mit eigener Währung eine schwere Rezession droht, passen sich Geldpolitik und Wechselkurs an die lokalen Gegebenheiten an: Zinsen fallen und Exporte werden preiswerter. Und wenn eine Bankenkrise ausbricht, steht die nationale Notenbank bereit, Liquiditätsengpässe zu beheben. In der Eurozone existieren die meisten dieser Instrumente nicht, oder jedenfalls nicht ohne Einschränkung. Zwar stimmt es, dass Staaten in der Regel Zugang zum Finanzmarkt haben und somit die Mittel für Konjunkturprogramme oder zur Behebung einer Bankenkrise zu akzeptablen Zinsen erheben können. Aber eine Garantie dafür gibt es nicht. In einer Finanzmarktpanik können sich unter Umständen selbst solide finanzierte Staaten vom Markt ausgeschlossen sehen. Und wenn die Finanzmärkte erst einmal streiken, wird aus einem lösbaren lokalen Problem schnell eine schwer zu stoppende Krise der gesamten Währungsunion. Gleichzeitig ist die Bereitstellung von Bankenliquidität nicht mehr alleine Sache der nationalen Notenbanken.

Was kann man tun? Um die Frage zu beantworten, lohnt es sich über den Tellerrand der Eurozone zu schauen. Warum stellen sich innerhalb anderer Währungsräume nicht dieselben Fragen wie in der Eurozone?[3] Die Antwort hat viel mit Ökonomie zu tun, aber auch mit historisch gewachsenen Strukturen und Institutionen.[4]

Kein Risikoausgleich

Anders als in der Eurozone haben viele föderal organisierte Staaten – wie zum Beispiel die USA, die Bundesrepublik oder auch die Schweiz – Transfer- und Finanzausgleichssysteme, die fiskalischen Risikoausgleich leisten, lange bevor sich Probleme auf Landesebene zu großflächigen Krisen ausweiten. In anderen Währungsräumen werden fiskalische Risiken geteilt,

---

3 Die Frage lässt sich mit Blick auf staatliche Wahrungsräume (also etwa die USA oder die Schweiz) besser beantworten als im Vergleich mit anderen Währungsunionen. Beispiele dauerhafter Währungsunionen zwischen Industriestaaten *ohne* staatliche Strukturen (das heißt ohne Elemente einer politischen, Banken- und Fiskalunion) sind rar.

4 Lücken im Design der Eurozone sind bereits vor 1999 breit diskutiert worden (vergleiche unter anderem Feldstein 1997; Obstfeld 1998). Bordo/Jonung (1999) argumentieren bereits zur Euroeinführung, dass der Erfolg der Währungsunion vom politischen Willen abhinge, diese Designlücken beizeiten zu schließen.

indem sich die Mitgliedstaaten gegenseitig oder mit Hilfe der Zentralregierung versichern. Gleichzeitig werden wichtige staatliche Leistungen zentral organisiert, während Steuereinnahmen mit dem Auf und Ab der lokalen Konjunktur schwanken. Auch damit ist eine Form von Risikoteilung verbunden (mehr dazu in Abschnitt 3).

Im Gegensatz dazu agieren die neu geschaffenen Krisenmechanismen der Eurozone, die *European Financial Stability Facility (EFSF)* und der *European Stability Mechanism (ESM)*, in der Regel erst nach der Krise und damit erst, wenn der Schaden bereits angerichtet ist. Zwar könnte der ESM nach den Gipfelbeschlüssen vom 28. und 29. Juli 2012 in der Zukunft das Recht erhalten, Banken direkt zu unterstützen, und somit wenigstens im Bankenbereich eine Form von Risikoversicherung bereitstellen, die an auf Staatsebene organisierte Rettungsschirme wie die amerikanische *Federal Deposit Insurance Corporation (FDIC)* oder die *Bundesanstalt für Finanzmarktstabilisierung (FMSA)* erinnert, aber einen voll entwickelten fiskalischen Risikoausgleich können diese Strukturen nicht leisten. Ähnliches gilt, ob seiner geringen Größe und seiner nach wie vor eher langfristigen und eher strukturellen Ausrichtung, für den Haushalt der Europäischen Union.

Mangelnde Mobilität und Flexibilität

Der Mangel an Risikoausgleich in der Eurozone fiele weniger ins Gewicht, wenn Arbeit mobiler wäre und Preise und Löhne flexibler.[5] Für die Vordenker moderner Währungsunionen wie Mundell (1961) oder Kenen (1969) galten diese Faktoren gar als eine Voraussetzung für die erfolgreiche Einführung einer gemeinsamen Währung.

Tatsächlich gibt es Belege dafür, dass Arbeitskräfte innerhalb der Eurozone weniger mobil sind als in anderen Währungsräumen.[6] Nur etwa 1 Prozent der Bevölkerung im arbeitsfähigen Alter wechselt im langfristigen Jahresdurchschnitt den Wohnort innerhalb der Eurozonen-Länder, und noch weniger wechseln das Land. Zwar gibt es Hinweise darauf, dass das krisenbedingte Auseinanderdriften der Arbeitslosenraten die Zahl der Umzüge zwischen den Mitgliedsländern erhöht hat, aber die Mobilitätsrate fällt nach wie vor deutlich hinter der innerhalb der USA oder Australiens zu-

---

5 Das gilt nicht für alle Euro-Mitgliedsländer im gleichen Maße.
6 World Bank (2010) und Sharpe u.a. (2007) diskutieren die Vorteile von Arbeitsmobilität für den Konjunkturausgleich.

rück (Abbildung 1). Ursachen hierfür gibt es viele: Unterschiede in Sprache und Kultur dürften ebenso eine Rolle spielen wie Zugangsprobleme zum Wohnungs- und Immobilienmarkt und die mangelnde Transferierbarkeit von Renten- und Sozialleistungen. Nicht alle diese Hindernisse lassen sich leicht korrigieren. Aber es steht zu vermuten, dass zum Beispiel die Einführung einer europäischen Arbeitslosenversicherung zu einer deutlichen Erhöhung der Mobilität führen würde, was wiederum die Anpassung an nationale Schocks verbessern dürfte.[7]

Abbildung 1: Mobilität der Arbeitskräfte in der Eurozone ist gering.

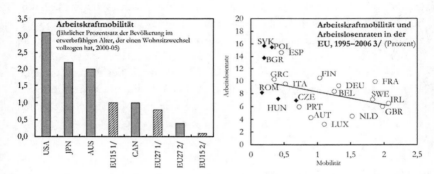

1/Mobilität innerhalb der Länder. 2/Mobilität zwischen Ländern.
3/Mobilität innerhalb der Länder. POL, BGR, ROM, HUN, CZE und (vor 2009) SVK waren nicht Mitglieder der Eurozone.

Quelle: Berger u.a. (2012).

Zwar könnten flexible Löhne und Preise bis zu einem gewissen Grad einen Mangel an Arbeitsmobilität ausgleichen, aber auch hier sind die Bedingungen innerhalb der Eurozone nicht ideal. Als ab etwa Mitte der 1990er Jahre die Zinsen in der Peripherie rapide fielen und den Startschuss zu Immobilien- und Baubooms gaben, legten auch Löhne und Preise zu und wuchsen deutlich schneller als in anderen Mitgliedsländern. In der Folge, mit Lohnwachstum weit jenseits des Produktivitätsfortschritts, bauten sich massive

---

7 Zum Beispiel würden lokale Anwesenheitspflichten wegfallen und Beitragszahlungen könnten europaweit anerkannt werden.

Wettbewerbslücken und Zahlungsbilanzdefizite innerhalb (aber auch außerhalb) der Eurozone auf.[8]

Wären Arbeits- und Produktmärkte hinreichend flexibel, hätte man erwarten können, dass sich diese Entwicklung mit dem Ende des Booms und dem Beginn der Krise schnell wieder umkehren würde. In der Realität zeigten sich Löhne und Preise aber deutlich weniger beweglich auf dem Weg nach unten als auf dem Weg nach oben, und ein Großteil der Wettbewerbslücke besteht weiterhin fort, mit schwerwiegenden Konsequenzen für Exporte, Wachstum und Arbeitslosigkeit. Wie Jaumotte und Morsy (2012) und Lebrun und Perez (2011) zeigen, hat die eher zögerliche Anpassung viel mit rigiden Arbeitsmarktstrukturen zu tun, wie zum Beispiel inflexiblen Tarifstrukturen, hohen Abfindungskosten oder mangelnden Anreizen zur Jobsuche.

Volatile Kapitalflüsse

Der Blick zurück macht auch deutlich, dass es noch mehr Faktoren gibt, die der Eurozone zu schaffen machen. Der EU-Binnenmarkt garantiert zwar einerseits die volle Mobilität von Kredit und Kapital auch innerhalb der Eurozone, kann aber auf der anderen Seite nicht gewährleisten, dass sich Finanzierungsströme nicht plötzlich wenden. Während bis etwa 2008 insbesondere Bankkredite aus den Eurozonen-Kernländern in die Peripherie flossen, kehrten sich diese Ströme mit der Krise plötzlich um – womöglich ein Zeichen dafür, dass die Investoren die Tragfähigkeit der Eurozone ohne weitere Reformen in Frage stellen.[9]

Schlechte Fiskaldisziplin

Ein weiteres strukturelles Problem liegt in mangelnder fiskalischer Vorsorge. Wenn Arbeitsmobilität schwach ausgebildet ist, Märkte nicht hinreichend flexibel sind und Finanzströme volatil, dann fällt der Fiskalpolitik

---

8 Siehe unter anderem Mongelli/Wyplosz (2009).

9 Seitdem haben großteils *offizielle* Mittelzuflüsse – zum Beispiel in der Form von EZB Liquidität oder EU/IMF Programmen – die Rolle privater Kreditvergabe übernommen. Siehe Sinn/Wollmershaeuser (2012) und Bornhorst/Moody (2012) für eine Diskussion der Zusammenhänge mit TARGET2.

ein größerer Teil der Verantwortung zu, wenn es darum geht, lokal auftretende Wachstums- oder Finanzkrisen abzufedern. Allerdings braucht es dazu hinreichende fiskalische Reserven oder zumindest einen niedrigen Schuldenstand, der dazu beitragen kann, den Zugang zum Kapitalmarkt aufrechtzuerhalten. Im Prinzip geben Stabilitäts- und Wachstumspakt und die darauf aufbauenden (und EU-weit koordinierten) mittelfristigen Haushaltsziele klare Vorgaben, wie sich die entsprechenden Handlungsspielräume herstellen lassen. Hätten sich die Eurozonen-Mitgliedsländer in den Vorkrisenjahren 2002–2007 an diese Vorgaben gehalten, wäre der Schuldenstand am Vorabend der Krise um 7 Prozent des Bruttosozialprodukts geringer ausgefallen. Ohne ausreichende fiskalische Spielräume aber hatten insbesondere die Peripherieländer ihren Wirtschafts- und Finanzproblemen weniger entgegenzusetzen als notwendig war, um einer Ausbreitung der Krise in die Eurozone aufzuhalten. Zwar wäre selbst ein Puffer dieser Größenordnung nicht in jedem Fall ausreichend gewesen, um die anfallenden Aufgaben zu meistern – Wachstumseinbruch und Kosten der Bankenrettung hätten die nationalen Budgets vielfach überfordert – aber die Aufgabe wäre doch deutlich leichter lösbar gewesen.

2. Blick über den Tellerrand: Was machen die anderen?

Wenn Haushaltsdisziplin und Risikoausgleich für die Eurozone so wichtig sind, müsste das nicht auch anderswo gelten? Der Blick über den Tellerrand zeigt in der Tat, dass die meisten Währungsräume mit starken Elementen einer Fiskal- und Bankenunion operieren, die fiskal- und wirtschaftspolitische Disziplin und Kontrolle mit Elementen von Risikoausgleich verbinden. Die Frage ist, welche Lehren sich daraus für die Eurozone ziehen lassen.

Ein Element: Risikoausgleich

In der Praxis moderner Volkswirtschaften wie der USA – eine Ökonomie, die mit ihrer Größe, Komplexität und föderalen staatlichen Struktur der Eurozone in gewisser Weise ähnlich ist – spielt der Finanzsektor eine entscheidende Rolle. Anders als in der Eurozone untermauert in den USA aber eine starke und zentral organisierte institutionelle Infrastruktur die Stabilität der Banken. Dort, wie in praktisch allen Industrieländern, sind Bankenaufsicht, Einlagensicherung und Krisenmanagement (zum Beispiel Bankenabwicklung) zentral organisiert, also nicht etwa auf lokaler oder bundesstaatlicher Ebene, und durch zentral verwaltete Finanzmittel abgesichert. Zentrale Institutionen wie FDIC oder FMSA sind nicht nur effektiver und finanziell tragfähiger als mögliche lokale Lösungen, sie können auch verhindern, dass eine lokale Bankenkrise einzelne Bundesstaaten in den Bankrott reißt. Das ist insbesondere deshalb von Bedeutung, weil die Größe des Bankensektors über die US-Bundestaaten hinweg (unter anderem aus steuerlichen Gründen) stark variiert (Abbildung 2). Die national agierende FDIC garantiert die Sicherheit der Bankguthaben unabhängig von der fiskalischen Leistungskraft der einzelnen Staaten und wickelt wo nötig landesweit Banken ab. In der Eurozone ist die Verteilung der Banken über die Mitgliedsstaaten ebenfalls sehr divergent, doch gibt es hier – jedenfalls bislang – weder eine schlagkräftige gemeinsame Bankensaufsicht noch ein Äquivalent zur FDIC.

Abbildung 2. Die Größe der Banken im Euroraum ist vergleichbar mit der in den Vereinigten Staaten, aber es gibt keine supranationale Bankenaufsicht.

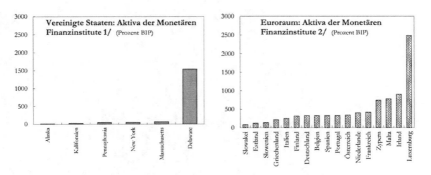

1/Für das Jahr 2010. 2/Für das Jahr 2011.

Quelle: Berger u.a. (2012).

Neben dem Risikoausgleich im Finanzsektor gibt es eine ganze Reihe weiterer Mechanismen, die anderen Währungsräumen dabei helfen, lokale Risiken gemeinsam zu bewältigen. Dabei spielen fiskalische Instrumente wie Steuern und Transferzahlungen sowie deren Verteilung zwischen verschiedenen staatlichen Ebenen eine große Rolle. Abbildung 3 zeigt, dass Transferzahlungen der zentralen Ebene erhebliche Größenordnungen erreichen können. In Ländern wie den USA, Australien oder Kanada machen Anweisungen der Zentralregierung im Mittel 5 bis 30 Prozent des lokalen Sozialprodukts aus.[10]

Abbildung 3. Elemente fiskalpolitischer Integration.

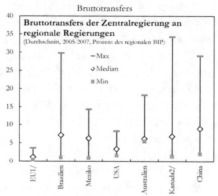

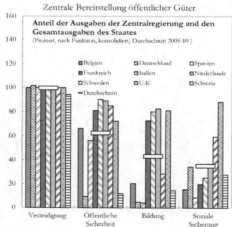

1/EU 2008. 2/Ohne Nunavut (77 Prozent des BIP).

Quelle: Berger u.a. (2012).

---

10 Genau genommen liegt hier das Mittel der Beobachtungen (der sogenannte Median) – ein Mittelmaß, das weniger empfindlich gegen Extremwerte ist als der einfache Durchschnitts- oder Mittelwert.

Diese Transfers erfüllen verschiedenste Funktionen, agieren aber unter anderem als wichtiger Konjunkturpuffer. So zeigen Gracia u.a. (2012), dass für die in Abbildung 4 abgebildeten Länder (Australien, Brasilien, China, Kanada, Mexiko und die USA) eine Reduktion der lokalen Wirtschaftsleistung im Verhältnis zur Produktionskapazität um 1 Prozent zu 5 bis 20 Prozent höheren Finanzzuweisungen führt. Diese Resultate bestätigen frühere Ergebnisse in der Literatur, dass solche Risikoausgleichsmechanismen in vielen Ländern aktiv sind und in der Regel zwischen 10 und 30 Prozent lokaler Wachstumsschwankungen abfedern (vergleiche Melitz/ Zumer 2002; von Hagen 2007; Hepp/von Hagen 2009).

Die dem Risikoausgleich zugrundeliegenden Transfermechanismen sind vielfach (aber keineswegs immer, siehe unten) so gestaltet, dass eine dauerhafte Umverteilung von einkommensstarken zu schwächeren Mitgliedsstaaten ausgeschlossen ist – zum Beispiel dadurch, dass Transfers nicht an Einkommensunterschieden sondern an Unterschieden im Wirtschaftswachstum festgemacht werden.[11] Selbst wo Einkommensangleichung explizit erwünscht ist – etwa im Rahmen des deutschen Länderfinanzausgleichs – enthalten solche Mechanismen Elemente eines längerfristigen Risikoausgleichs. Zum Beispiel gehörte Nordrhein-Westfalen (NRW) bis in die 1980er Jahre zu den Nettozahlern im Länderfinanzausgleich, während Bayern zu den Nettoempfängern zählte (Abbildung 4). Als sich dann mit dem Strukturwandel die relative Wirtschaftskraft der beiden Bundesländer wendete, änderte sich auch ihre Position im Finanzausgleich.[12] In anderen Worten, Risikoausgleich kann auch sehr langsam wirkende technologische oder strukturelle Entwicklungen erfassen.

Ein weiterer wichtiger Mechanismus zum Risikoausgleich ist die Kombination zentral bereitgestellter Güter (zum Beispiel für Infrastruktur, Bildung oder Sicherheit) oder öffentlicher Leistungen (etwa Arbeitslosenversicherung oder Sozialleistungen) und konjunkturabhängiger Steuereinnahmen. Während die Einnahmen mit der lokalen Wirtschaftsleistung variieren – Regionen mit schwachem Wachstum tragen weniger zum gemeinsamen Haushalt des Währungsraums bei –, fließen die zentralen Leistungen

---

11 Vergleiche unter anderem Goodhart/Smith (1993), Italianer/Pisany-Ferry (1994) und Weichenrieder (2000). Eine Alternative wäre, Risikoausgleich an Unterschieden in der Auslastung der Produktionskapazität auszurichten.

12 Beide Länder sind seit der Wiedervereinigung in der Tendenz eher Nettozahler. Siehe Hepp/von Hagen (2009) für eine Diskussion der Effekte der Wiedervereinigung auf Risikoausgleich und Umverteilung zwischen deutschen Bundesländern.

weiter und tragen so zum Ausgleich asymmetrischer Wachstumsschwankungen bei. Der Grad des so bewerkstelligten Risikoausgleichs hängt unter anderem vom Zusammenhang zwischen Steuereinnahmen und Wirtschaftswachstum und der Höhe und Art der zentral organisierten Ausgaben ab (siehe Abbildung 5).

Abbildung 4: Nettozahlungen im Länderfinanzausgleich 1950–2011.
(in Millionen Euro)

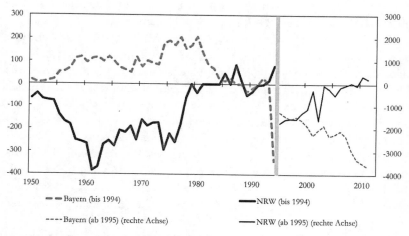

Quelle: Bundesministerium der Finanzen (2012).

Notwendige Bedingung: Kontrolle und Disziplin

Wie jede Form von Versicherung kann Risikoausgleich zwischen Staaten ungewollte Konsequenzen für die Risikovorsorge haben: Wenn am Ende die Gemeinschaft hilft, lohnt sich es dann wirklich noch, die Staatsschulden im Griff zu behalten? Aber auch hier ist der Blick über den Tellerrand der Eurozone informativ.

Wie also lösen andere Währungsräume dieses Problem? Ähnlich wie beim Risikoausgleich variieren die Lösungen für das Problem des *Moral Hazard* im Detail. Allerdings gibt es eine klare Konstante: Risikoausgleich wird selten oder nie ohne starke Regeln implementiert. In anderen Worten: Wer an den Vorteilen einer voll entwickelten Währungsunion teilnimmt, unterwirft sich auch gemeinsamen Verhaltensnormen. Damit ist zwangsläufig ein Verlust an fiskal- und wirtschaftspolitischer Souveränität verbunden. Hier spielen insbesondere drei institutionelle Ansätze eine Rolle:

Zentrale Institutionen mit Abgabehoheit: Eine gemeinsame Währung impliziert die Existenz einer starken zentralen Institution mit eigener Abgabehoheit. Das bedeutet zum Beispiel, dass die Mitgliedstaaten Rechte zur Finanzierung gemeinsamer Bereitstellung von Gütern und Dienstleistungen abgeben. Das kann, muss aber nicht, in der Form der Delegation von Steuerhoheit an eine Zentralregierung erfolgen. Andere Modelle basieren auf gemeinsamen Institutionen mit spezifischen Aufgaben und eigenen Einnahmemodellen. So finanziert zum Beispiel die amerikanische FDIC ihre Aufgaben im Bereich der Einlagensicherung und Finanzstabilität mit landesweit erhobenen Bankenabgaben und, wenn nötig, mit der Hilfe von zentralstaatlichen Garantien oder Steuermitteln.

Eingriffsrechte: Der Empfang von vertikalen oder horizontalen Transferleistungen geht in der Regel mit Beschneidungen der fiskalischen Souveränität der Empfängerstaaten einher. Beispiele hierfür gibt es unter anderem in Brasilien und, weiter zurückliegend, in der Finanzverfassungsgeschichte der USA (vergleiche unter anderem Bordo u.a. 2011; Henning/Kessler 2012).

Harte Regeln: Viele Währungsräume operieren mit rechtlich bindenden Regeln für die Fiskalpolitik. So schreibt zum Beispiel die im Grundgesetz verankerte deutsche Schuldenbremse strukturell ausgeglichene Haushalte auch für die Länder vor.

Sogenannte *Bailout-* oder *No-Bailout-*Regeln spielen gelegentlich ebenfalls eine Rolle. Tatsächlich gibt es große Unterschiede in der Art und Weise, mit der andere Währungsräume mit der Möglichkeit staatlicher (oder kommunaler) Zahlungsunfähigkeit umgehen. *Bailouts* haben oft ad hoc Charakter; das heißt, Unterstützung erfolgt ohne feste Regeln im Austausch gegen Reformversprechen. Unterstützung ist oft mit einer Form dauerhafter oder temporärer Zwangsverwaltung verbunden. Anderswo gelten mehr oder weniger strikte *No-Bailout-*Klauseln – allerdings werden diese Regeln nicht im Vakuum implementiert, sondern im Rahmen existierender starker Risikoausgleichsmechanismen. So gibt es zum Beispiel *No-Bailout-*Klauseln für amerikanische Bundesstaaten, aber gleichzeitig verfügen die USA (siehe den Abschnitt zuvor) über eine ganze Reihe effektiver Hilfsmechanismen, die die Folgen von lokalen Wirtschafts- und Finanzkrisen abmildern helfen. Überspitzt formuliert: *No-Bailout*-Regeln sind offenbar nur dann erfolgreich, wenn sie vor dem Hintergrund eines mehr oder weniger gut entwickelten Risikoausgleichs implementiert werden.

Die zwei Dimensionen der Fiskalintegration

Erfolgreiche fiskalische Integration hat demnach zwei Dimensionen: Klare Regeln und Risikoausgleich. Die Intensität des Risikoausgleichs kann stark unterschiedlich ausfallen, je nach politischer Tradition und Präferenzen. Aber je mehr Risiko geteilt oder wechselseitig versichert wird, desto stärker fallen die notwendigen Fiskalregeln aus und desto mehr fiskalische Souveränität fällt an zentrale Institutionen oder Regierungsebenen. In Staaten mit sehr zentralistischer Organisation (zum Beispiel in Frankreich aber auch im Vereinigten Königreich) fallen Entscheidungen über die Höhe und Verwendung von Staatsausgaben und Einnahmen vorwiegend auf zentraler Ebene; entsprechend ist mehr Risikoausgleich möglich. Eher föderal organisierte Währungsräume bzw. Staaten wie die Schweiz, die USA oder Deutschland weisen in der Tendenz weniger Risikoausgleich auf, praktizieren dafür aber auch eine stärker dezentrale Fiskalpolitik.[13] Den vergleichsweise geringsten Grad an Fiskalintegration entlang beider Dimensionen weist die Eurozone auf (siehe die Illustration in Abbildung 5). Zwar ist das fiskalische Regelwerk jüngst gestärkt worden und die gemeinsamen Krisenmechanismen bieten eine Form von Risikoteilung an, doch bleibt das Ausmaß an Integration nach wie vor deutlich hinter anderen etablierten Währungsräumen zurück. Die Eurozone in ihrer heutigen Form ist in der Tat noch am ehesten mit staatlichen Konföderationen ähnlich den USA im späten 18. Jahrhundert vergleichbar.[14]

---

13 Laut Hepp/von Hagen (2009) federt der Länderfinanzausgleich etwa 20 Prozent der Unterschiede in der Wirtschaftsentwicklung der deutschen Bundesländer ab.
14 Die Kosten einer volleren Fiskalintegration hängen von der Intensität der Integration ab. Konrad/Zschäpitz (2010) schätzen, dass ein Finanzausgleich, der die Hälfte der Unterschiede in Steuer- und Sozialausgaben innerhalb der Europäischen Union ausgleichen würde, im Jahre 2007 deutsche Zahlungen von etwa 74 Milliarden (oder 3 Prozent des Sozialprodukts) notwendig gemacht hätte. Die Zahlen für die Eurozone könnten anders ausfallen. Sicher ist, dass die Kosten eines Finanzausgleich umso geringer sein werden, je weniger ambitioniert er angelegt ist.

Abbildung 5: Dimensionen der Fiskalintegration.

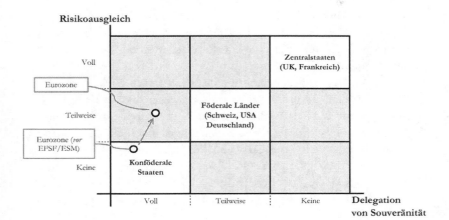

3. Welcher Weg für die Eurozone?

Mehr als eine Möglichkeit

Ökonomische Argumente und der Vergleich mit anderen Währungsräu-men legen nahe, dass eine gemeinsame Währung ein Minimum an Risiko-ausgleich und wirksamer fiskalischer Disziplin und Kontrolle braucht. Was heißt das konkret für die Eurozone? Einerseits ist langfristig mehr Fiskal-integration notwendig. Andererseits widersprechen stark zentralistische Lösungen der eher konföderalen oder föderalen Tradition der europäi-schen Integration. Ein möglicher Ansatz ist die Theorie des Fiskalfödera-lismus (siehe insbesondere Sinn 1994). Die dahinter stehende Idee ist eine Abwägung von Kosten und Nutzen der Zentralisierung: Auf der Nutzen-seite steht insbesondere die Internalisierung *negativer externer Effekte*, etwa der plötzlichen und ungebremsten Ausweitung lokaler Krisen auf die Eu-rozone insgesamt. Auf der Kostenseite steht, dass die Berücksichtigung lokaler Präferenzen schwerer fällt, wenn Entscheidungen zentraler getrof-fen werden. Je nach Grad und Form der Zentralisierung wären dann Fi-nanzierung und fiskalisches Regelwerk anzupassen:

Funktionen zentralisieren? Nach der Diskussion in Abschnitt 1 spricht viel dafür, Stabilitätssicherung in der Währungsunion zentral zu organisieren. Das bedeutet, dass effektive Risikoausgleichmechanismen im Finanz- und Fiskalbereich installiert werden müssen – zum Beispiel durch eine Kombination von Transfermechanismen und zentraler Bereitstellung öffentlicher Güter.

Wie finanzieren? Eine Möglichkeit wäre die Schaffung eines Zentralhaushalts mit bestimmten Aufgaben für den Risikoausgleich (zum Beispiel durch Eurozonen-weite Bereitstellung bestimmter Gütern oder Leistungen) gepaart mit klar definierter Steuerhoheit (etwa durch die Zentralisierung bestimmter Steuern oder Steueranteile). Eine andere, gegebenenfalls komplementäre Option wäre die Schaffung zentraler Sonderinstitutionen, insbesondere im Bereich der Finanzmarktstabilität, finanziert durch Abgaben der Finanzindustrie. In beiden Fällen wäre zu überlegen, strikte Vorgaben für strukturellen Budgetausgleich mit der Möglichkeit temporärer Verschuldung zu verbinden.

Mit welchen Regeln und demokratischen Kontrollen? Jeder Bedeutungszuwachs der zentralen Ebene müsste mit einer Weiterentwicklung der demokratischen und parlamentarischen Kontrolle durch die Bürger und Steuerzahler der Eurozone einhergehen. Gleichzeitig sind effektive zentrale Kontrollmechanismen notwendig, die die Einhaltung gemeinsamer Regeln auf einzelstaatlicher Ebene gewährleisten.

Mögliche Zwischenschritte zum Risikoausgleich …

Unabhängig davon, wie das Ziel stärkerer Fiskalintegration genau ausgestaltet wird, ist klar, dass diese Entwicklung Zeit brauchen wird. Umso wichtiger ist es, glaubwürdige Zwischenschritte zu definieren, die den besonderen Startbedingungen der Eurozone gerecht werden.

Ein möglicher erster Schritt wäre ein schneller Fortschritt bei der Installierung von belastbaren Institutionen zur Sicherung von Finanzmarktstabilität. Hier hat der Europäische Gipfel vom Juni 2012 bereits eine gemeinsame Bankenaufsicht in Aussicht gestellt. Wie bereits diskutiert, wäre darüber hinaus die Einführung einer Eurozonen-weiten Einlagensicherung und einer Institution zur Bankenrestrukturierung oder -abwicklung wichtig. Die Frage der Fiskalintegration kommt ins Spiel, da hierfür, über die Beträge der Finanzindustrie hinaus, in der Regel auch eine fiskalische Rückversicherung nötig ist (siehe Tressel 2012). Ohne ein hinreichend großes Zentralbudget wäre die Einführung gemeinsamer Verschuldungsinstrumente, sogenannter Eurobonds oder Eurobills, eine Möglichkeit, die notwendigen fiskalischen Mittel bereitzustellen.[15]

Eurobonds eignen sich darüber hinaus auch als Instrument des direkten Risikoausgleichs. Eine Idee wäre, die Neuemission nationaler Schuldtitel – zur Refinanzierung existierender Schulden oder zur Neuverschuldung – in der Form wechselseitig garantierter Eurobonds zu organisieren. Im Ergebnis hätten somit alle Mitglieder der Eurozone, einschließlich der derzeitigen Krisenländer, Zugang zum Kapitalmarkt zu dauerhaft tragfähigen Zinsen (vergleiche unter anderem Depla/Weizäcker 2010). Eurobonds in der einen oder anderen Form könnten auch spezifische Investitionsprojekte finanzieren. Einmal eingeführt, würden Eurobonds darüber hinaus die Nachfrage des Bankensystems nach *Safe Assets*, das heißt nach Anlagemöglichkeiten mit minimalem Kreditrisiko, befriedigen, was der Finanzstabilität zugutekäme.[16]

Es bleibt die Frage, in welcher Form die Einführung von Instrumenten gemeinsamer Verschuldung am ehesten mit den existierenden institutionellen und rechtlichen Rahmenbedingungen vereinbar wäre. Hier bieten sich zum Beispiel Eurobills (Hellwig/Philippon 2011) mit kurzer Laufzeit und klar beschränktem Verschuldungsvolumen (etwa 10 Prozent des Sozialprodukts der beteiligten Länder) an. Eine andere Option wäre der Schuldentilgungsfonds des Sachverständigenrats (2012). Der Fonds würde den einmaligen Transfer aller Staatsschulden jenseits von 60 Prozent des Sozialprodukts in Eurobonds erlauben. Diese Schulden würden dann anschließend über einen Zeitraum von 25 Jahren getilgt, wobei die beteiligten Länder für diese Aufgabe spezifische Steuermittel zuweisen müssten.

... bei gleichzeitiger Einführung fester und wirksamer Regeln

Auch wenn die Einführung von gemeinsamen Verschuldungsinstrumenten hier nur als Zwischenschritt diskutiert wird, ist es wichtig, Risikoausgleich

---

15 Für eine detailliertere Diskussion verschiedener Eurobondvarianten siehe unter anderem Claessens u.a. (2012) und Berger u.a. (2012).

16 Brunnermeier u.a. (2011) schlagen alternativ dazu vor, einen synthetischen *European Safe Bond* ohne echte gemeinsame Haftung einzuführen.

mit den richtigen Anreizen für Fiskaldisziplin und die Einhaltung gemeinsamer Regeln zu verbinden. Hierzu gehören unter anderem:

Zinsmechanismus: Eine limitierte Einführung von Eurobonds oder Eurobills dürfte für viele Eurozonen Mitgliedstaaten bedeuten, dass darüber hinausgehende Finanzierungsnachfragen individuell und damit nur zu höheren Zinsen befriedigt werden können. Dieser Mechanismus mindert die Anreize für höhere Verschuldung.

Zugangsbeschränkung: Der Zugang zur Eurobills oder Eurobonds könnte von der Einhaltung fiskalischer Regeln (zum Beispiel des *Fiskalpakts*) abhängig gemacht werden – je kürzer die Laufzeit der Papiere, je enger wäre die damit verbundene Kontrolle. Wenn Finanzmärkte längerfristiges fiskalisches Wohlverhalten belohnen, würde konsequente Fiskaldisziplin auch dazu beitragen, die Zinsen für gemeinsame Verschuldungsinstrumente niedrig zu halten.[17]

Pfand: Die Bedienung gemeinsamer Verschuldungsinstrumente könnte mit der Verpfändung von Staatsvermögen und/oder künftigen Steuereinnahmen verknüpft werden, ähnlich der Idee des Schuldentilgungsfonds.

4. Fazit

Eine der wichtigen Lehren aus der Krise ist, dass es große Lücken im institutionellen Gefüge der Eurozone gibt, die dazu führen, dass sich lokale Probleme zu Flächenbränden ausweiten können, die am Ende die gesamte Eurozone betreffen. Dahinter steckt die harte Logik einer Währungsunion, in der sich Geldpolitik und Wechselkurs nicht mehr an die lokalen Gegebenheiten anpassen können, in der aber gleichzeitig die Arbeitsmobilität

---

17 Kosten und Nutzen zum Beispiel von Eurobonds für einzelne Mitgliedsländer hängen von verschiedenen Faktoren ab. Hochzinsländer dürften, wie erwähnt, ihre Zinsen fallen sehen. Niedrigzinsländer werden sich vermutlich höheren Zinsen gegenübersehen – allerdings dürfte dieser Effekt geringer ausfallen als gelegentlich vermutet, da: *(i)* der krisenbedinge Kapitalzufluss die Zinsen derzeit künstlich nach unten zieht; *(ii)* Verbesserungen der Fiskaldisziplin Risikoprämien und Zinsen reduzieren sollten; und *(iii)* das potenziell hohe Volumen von Eurobonds positive Liquiditätseffekte generiert, die für alle Beteiligten die Zinskosten senken können. Letztere werden im Bereich zwischen 0,3 und 0,9 Prozent des Bruttosozialprodukts geschätzt.

über Landesgrenzen hinweg niedrig ist und Arbeits- und Produktmärkte nicht flexibel genug sind, diese Nachteile aufzufangen.

Wäre die Eurozone wie andere Währungsräume, wäre die Krise vermutlich anders verlaufen. In diesem Fall hätten frühzeitig Risikoausgleichsmechanismen gegriffen und dabei geholfen, die Krise rechtzeitig und wirkungsvoller zu bekämpfen. Zum Beispiel gehört in anderen Währungsräumen in aller Regel eine Bankenunion zur Währungsunion, und damit eine starke gemeinsame Bankensaufsicht sowie Institutionen zur Sicherung von Einlagen und Finanzmarktstabilität (siehe auch Sinn 2003a; 2003b). In anderen Währungsräumen ist zudem die Fiskalpolitik stärker integriert und gewährt, in der einen oder anderen Weise, eine Form von Finanzausgleich, zum Beispiel über Transfers der Zentralregierung in Krisenregionen oder über die gemeinsame Bereitstellung von öffentlichen Gütern und staatlichen Leistungen. Im Gegensatz dazu greifen die Krisenmechanismen der Eurozone erst ein, wenn die Krise bereits eskaliert ist. Erschwerend kommt hinzu, dass über lange Jahre hinweg die gemeinsamen Vorgaben des Stabilitäts- und Wachstumspakt nur wenig Beachtung fanden. Konsequenter Weise sind deshalb die fiskalischen Handlungsspielräume heute deutlich kleiner als sie hätten sein können.

Es spricht demnach viel dafür, dass auch die Eurozone einen Weg finden muss, die gemeinsame Währung mit besseren Fiskalregeln und einem Minimum an Risikoausgleich zu komplettieren. Die Theorie des Fiskalföderalismus legt zudem nahe, zu überlegen, in der langen Frist bestimmte Kernfunktionen der Stabiltätssicherung und Regelkontrolle zu zentralisieren, etwa in den Händen einer föderalen Exekutive mit adäquater demokratischer Kontrolle oder in der Form von Zentralagenturen mit bestimmten Eurozonen-weiten Aufgaben.

Solche Fortschritte in Richtung Fiskalintegration müssen wohl überlegt sein und brauchen Zeit. Umso wichtiger ist es, auch kurzfristiger erreichbare Zwischenziele zu definieren. Ein schneller erster Schritt könnte die Umsetzung der Pläne für eine gemeinsame Bankenaufsicht sein, gefolgt von der Einführung einer Einlagenversicherung und einer Institution zur Bankenrestrukturierung oder -abwicklung. Den notwendigen fiskalischen Rückhalt könnten, geeignet limitiert und unter strikten Regeln, zum Beispiel Eurobonds oder Eurobills bieten. Zu überlegen wäre auch, ob sich solche Instrumente darüber hinaus auch als Mittel zum systematischen Schuldenabbau und Risikoausgleich nutzen lassen, zum Beispiel in der Form eines Schuldentilgungsfonds. In jedem Fall kommt es darauf an, die richtige Balance zwischen wechselseitiger Unterstützung und Fiskaldisziplin zu finden.

Literatur

Berger, Helge/Bornhorst, Fabian/Perez-Ruiz, McHugh, Jimmy/Poghosyan, Tigran (2012), Fiscal Integration in the Euro Area, in: IMF (Hg.), *Euro Area Policies: 2012 Article IV Consultation – Selected Issues Paper*, Washington D.C., S. 19–33.

Bonin, Holger/Eichhorst, Werner/Florman, Christer/Hansen, Mette O./Skiöld, Lena/Stuhler, Jan/Tatsiramos, Konstantinos/Thomasen, Henrik/Zimmermann, Klaus F. (2008), Geographic Mobility in the European Union: Optimising its Economic and Social Benefits, IZA Research Report, 19.

Bordo, Michael D./Jonung, Lars (1999), The Future of EMU: What Does the History of the Monetary Unions Tell Us?, NBER Working Paper, 7365.

Bordo, Micahel D./Markiewicz, Agnieszka/Jonung, Lars (2011), A Fiscal Union for the Euro: Some Lessons from History, NBER Working Paper, 17380.

Bornhorst, Fabian/Mody, Ashoka (2012), Target Imbalances: Financing the Capital-account Reversal in Europe, VoxEU.org, 07.03.2012, *http://voxeu.org/article/target-imbalances-financing-capital-account-reversal-europe*.

Brunnermeier, Markus/Garicano, Luis/Lane, Philip R./Pagano, Marco/Reis, Ricardo/Santos, Tano/Van Nieuwerburgh, Stijn/Vayanos, Dimitri (2011), European Safe Bonds: ESBies, Euro-nomics.com, 26.09.2011, *http://euro-nomics.com/wp-content/uploads/2011/09/ESBiesWEBsept262011.pdf*.

Bundesministerium der Finanzen (2012), Daten zum Länderfinanzausgleich, Verschiedene Jahrgänge, Berlin, 15.08.2012, *http://www.bundesfinanzministerium.de/Web/DE/Themen/Oeffentliche_Finanzen/Foederale_Finanzbeziehungen/Laenderfinanzausgleich/laenderfinanzausgleich.html*.

Claessens, Stijn/Mody, Ashoka/Vallée, Shahin (2012), Paths to Eurobonds, IMF Working Paper, 12/172.

Delpla, Jacques/von Weizsäcker, Jakob (2010), The Blue Bond Proposal, Bruegel Policy Brief, 420.

Feldstein, Martin (1997), EMU and International Conflict, *Foreign Affairs*, Jg. 76, H. 6, S. 60–73.

Goodhart, Charles/Smith, Stephen (1993), Stabilization, *European Economy*, Jg. 1993. H. 5, S. 417–455.

Gracia, Borja/McHugh, Jimmy/Poghosyan, Tigran (2012), The Impact of the Crisis and the Policy Response at the Subnational Government Level, mimeo, Washington D.C.

von Hagen, Juergen (2007), Achieving Economic Stabilization by Sharing Risk within Countries, in: Robin Boadway und Anwar Shah (Hg.), *Intergovernmental Fiscal Transfers: Principles and Practice*, Washington D.C.: The World Bank, S. 107–132.

Handelsblatt (2012), Merkel zur Eurokrise: Wir sind am Scheideweg, 12.06.2012, *http://www.handelsblatt.com/politik/deutschland/merkel-zur-euro-krise-wir-sind-am-scheideweg/6741454.html.*

Hellwig, Christian/Philippon, Thomas (2011), Eurobills, not Eurobonds, VoxEU. org, 02.12.2011, *http://www.voxeu.org/article/eurobills-not-euro-bonds.*

Hepp, Ralf/von Hagen, Jürgen (2009), Fiscal Federalism in Germany: Stabilization and Redistribution Before and After Unification, CEPR Discussion Papers, 7246.

International Monetary Fund (2012), *Global Financial Stability Report: The Quest for Lasting Stability*, April 2012, Washington D.C.: IMF.

Italianer, Alexander/Pisani-Ferry, Jean (1994), The Regional-Stabilisation Properties of Fiscal Arrangements, in: Jorgen Mortensen (Hg.), *Improving Economic and Social Cohesion in the European Community*, Basingstoke: Macmillan, S. 155–194.

Jaumotte, Florence/Morsy, Hanan (2012), Determinants of Inflation in the Euro Area: The Role of Labor and Product Market Institutions, IMF Working Paper, 12/37.

Kenen, Peter (1969), The Theory of Optimum Currency Areas: An Eclectic View, in: Robert A. Mundell und Alexander Swoboda (Hg.), *Monetary Problems of the International Economy*, Chicago: The University of Chicago Press, S. 41–60.

Konrad, Kai A./Zschäpitz, Holger (2010), *Schulden ohne Sühne: Warum der Absturz der Staatsfinanzen uns alle trifft*, 2. Auflage, München: Beck.

Lebrun, Igor/Pérez, Esther (2011), Real Unit Labor Costs Differentials in EMU: How Big, How Benign and How Reversible?, IMF Working Paper, 11/109.

Melitz, Jacques/Zumer, Frederic (2002), Regional Redistribution and Stabilization by the Center in Canada, France, the UK and the US: A Reassessment and New Tests, *Journal of Public Economics*, Jg. 86, H. 2, S. 263–286.

Mongelli, Francesco Paolo/Wyplosz, Charles (2009), The Euro at Ten: Unfulfilled Threats and Unexpected Challenges, in: Bartosz Mackowiak, Francesco Paolo Mongelli, Gilles Noblet und Frank Smets (Hg.), *The Euro at Ten – Lessons and Challenges*, Frankfurt a. M.: Europäische Zentralbank, S. 24–57.

Mundell, Robert A. (1961), A Theory of Optimum Currency Areas, *American Economic Review*, Jg. 51, H. 4, S. 657–665.

Obstfeld, Maurice (1998), EMU: Ready, or Not?, NBER Working Paper, 6682.

Randall, Henning, C. /Kessler, Martin (2012), Fiscal Federalism: US History for Architects of Europe's Fiscal Union, Peterson Institute for International Economics Working Paper, 2012-1.

Sachverständigenrat zur Begutachtung der gesamtwirtschaftlichen Entwicklung (2012), Nach dem EU-Gipfel: Zeit für langfristige Lösungen nutzen, Sondergutachten, 05.07.2012, *http://www.sachverstaendigenrat-wirtschaft.de/fileadmin/datei-ablage/download/publikationen/sg2012.pdf.*

Sharpe, Andrew/Arsenaut, Jean-François/Ershov, Daniel (2007), The Impact of Interprovincial Migration in Aggregate Output and Labor Productivity in Canada, 1987-005, CSL research report, 2007-12.

Sinn, Hans-Werner (1994), How Much Europe? Subsidiarity, Centralization and Fiscal Competition, *Scottish Journal of Political Economy*, Jg. 41, H. 1, S. 85–107.

Sinn, Hans-Werner (2003a), Risk Taking, Limited Liability and the Competition of Bank Regulators, *Finanzarchiv*, Jg. 59, H. 3, S. 305–329.

Sinn, Hans-Werner (2003b), Asymmetric Information, Bank Failures, and the Rationale for Harmonizing Banking Regulation. A Rejoinder on Comments of Ernst Baltensperger and Peter Spencer, *Finanzarchiv*, Jg. 59, H. 3, S. 340–346.

Sinn, Hans-Werner/Wollmershaeuser, Timo (2012), Target Loans, Current Account Balances and Capital Flows: The ECB's Rescue Facility, *International Tax and Public Finance*, Jg. 19, H. 4, S. 468–508.

Tressel, Thierry (2012), The Eurozone Crisis and the Sovereign-Bank Nexus: The Case for a Eurozone Banking Union, in: IMF (Hg.), *Euro Area Policies: 2012 Article IV Consultation – Selected Issues Paper*, S. 1–18.

Valckx, Nico (2011), Benefits and Costs from Eurobonds, mimeo.

Weichenrieder, Alfons (2000), Fiskalföderalismus und Europäische Integration, Habilitationsschrift, Universität München.

World Bank (2010), *Labor Markets, Job Creation, and Economic Growth*, Report supported by the Multidonor Trust Fund, Washington D.C.: World Bank.

Kommunale Finanzen in Deutschland: Reformdiskussion ohne Reform

Marko Köthenbürger

Reformbaustelle Gewerbesteuer

Die Finanzierung der Gemeinden steht auf wackeligen Füßen. Gemeinden sehen sich vor allem einem prekären Anstieg der Sozialausgaben und instabilen Gewerbesteuereinnahmen gegenüber. Viele Gemeinden verschaffen sich durch die Reduktion von Infrastrukturausgaben und die Zweckentfremdung kommunaler Kassenkredite einen kurzfristigen finanziellen Spielraum. Letztere sind de jure nur zur Überbrückung kurzfristiger Liquiditätsengpässe, aber nicht zur Finanzierung langfristiger Ausgaben gedacht (Gröpl u.a. 2010). Die Einengung des zukünftigen Wachstumspotentials bzw. finanziellen Handlungsspielraums ist damit vorprogrammiert. Es ist daher nicht überraschend, dass die angespannte Finanzsituation von Gemeinden in regelmäßigen Abständen auf der politischen Agenda steht. Ein Großteil der Diskussion dreht sich um die Frage, wie Gemeinden finanziell besser ausgestattet werden können und insbesondere wie die Finanzautonomie der Kommunen durch eine Reform der Gewerbesteuer, wie zum Beispiel durch einen Ersatz der Gewerbesteuer durch einen kommunalen Zuschlag auf die Einkommensteuer, verbessert werden kann. An Reformvorschlägen hat es in der Diskussion noch nie gefehlt (Schwarting 2006). Jedoch haben die vielen Reformdiskussionen in Bezug auf die Stärkung der lokalen Finanzautonomie keine großen Wirkungen gezeigt. So hat die zuletzt im Jahr 2010 eingesetzte Gemeindefinanzkommission, die aus Vertretern des Bundes, der Länder und der Gemeinden bestand, eine Vielzahl von Reformpunkten diskutiert. Der im Jahr 2011 vorgelegte Endbericht fällt eher ernüchternd aus. Die Gewerbesteuer wird beibehalten. Eine fundamentalere Reform, wie die vom Bund favorisierte kommunale Einkommensteuer, hat sich nicht durchgesetzt.

Die Stärkung der kommunalen Finanzautonomie ist jedoch von nicht zu unterschätzender Bedeutung für das Funktionieren des föderalen Systems. Kommunen sind ein integraler Bestandteil der föderalen Struktur in Deutschland. Aufgrund ihrer dezentralen Struktur können sie bürgernah Leistungen erbringen. So führen Kommunen eine Vielzahl von kulturellen, sozialen und wirtschaftlichen Aufgaben durch, die von der Finanzierung von Stadttheatern und Schwimmbädern, der Erbringung von öffentlicher Bauinfrastruktur bis zur Gewährung von sozialen Leistungen in Form von Transferzahlungen oder der Zurverfügungstellung von Sachleistungen, wie zum Beispiel Kindergärten, reichen. All diese Leistungen sind von grundlegender Bedeutung für die Bevölkerung und haben über die letzten Jahrzehnte zugenommen, nicht zuletzt durch die jüngste Auflage, im stärkeren Ausmaß Kinderbetreuungsangebote zur Verfügung zu stellen.

Es ist daher nicht überraschend, dass Gemeinden unter einem stetigen Finanzierungsdruck stehen. Im Prinzip trifft diese Feststellung auf alle Gebietskörperschaften (sei es der Bund, die Länder oder die Gemeinden) zu. Das Einnahmevolumen kann nicht beliebig erhöht werden und zunehmende Ausgabenwünsche, die von Politikern ersonnen oder von Wählern aktiv gefordert werden, sind nicht unendlich finanzierbar. Die Realisierung einiger Ausgabenprojekte scheitert daher notwendigerweise an der fehlenden Einnahmedeckung. Jedoch sind Gemeinden in einer besonderen fiskalischen Situation. Gemeinden unterliegen auf der Einnahmeseite einer Vielzahl von Restriktionen. Neben der Tatsache, dass ein Großteil der kommunalen Einnahmen aus Transferzahlungen bestehen, deren Struktur und zum Teil auch Volumen durch die Länder und den Bund bestimmt werden, können sie teils aus rechtlichen, teils aus wirtschaftlichen Erwägungen die Finanzierungsinstrumente, die sie selber festlegen können, nicht beliebig anpassen. Bekannte Beispiele sind öffentliche Kredite, die prinzipiell nicht für konsumtive Ausgaben verwendet werden dürfen, und die Gewerbesteuer, die aus Furcht vor Unternehmensabwanderung und damit einer Erosion der Bemessungsgrundlage nicht zu stark erhöht werden kann.

Sowohl Gemeindevertreter als auch Vertreter der Länder und des Bundes haben sich in mehreren Reformdiskussionen der Problematik angenommen, wie zuletzt durch die Gemeindefinanzkommission. Ein zentraler Bestandteil der Reformbemühungen war stets die Sicherung einer stabilen und ausreichenden Einnahmequelle, die Gemeinden darüber hinaus auch flexibel gestalten können. Diese Ziele scheinen sich jedoch als Quadratur des Kreises herauszustellen. Es mag daher nicht überraschen, dass es keine grundlegenden Finanzreformen in der Vergangenheit gegeben hat. Gründe hierfür mögen vielfältiger Natur sein. Hier seien zum Beispiel die prinzipiell unterschiedlichen politischen Interessen der beteiligten Akteure (Bund, Länder, Gemeinden als auch Interessensgruppen) zu nennen, die eine Einigung auf einen Reformvorschlag erschweren. Dieser Grund ist jedoch nicht charakteristisch für die kommunale Reformdiskussion und trifft auf eine Vielzahl von Reformbestrebungen zu, die auf der Bundes-, Länder- und EU-Ebene diskutiert werden. Unabhängig von politischen Divergenzen scheinen jedoch einige Spezifika der Einnahmen von Gemeinden dazu beizutragen, dass Reformen unterbleiben. Im Folgenden werden einige dieser Besonderheiten der Gemeindefinanzen eingehender diskutiert. Dabei geht es vor allem um das Zusammenspiel zwischen der Gewerbesteuer und dem kommunalen Finanzausgleich. Der Finanzausgleich lässt die traditionelle Kritik an der Gewerbesteuer in einem anderen Licht erscheinen. Hierdurch wird nachvollziehbarer, warum aus Sicht der Gemeinden die Gewerbesteuer vielleicht doch die bevorzugte Steuereinnahmequelle ist im Vergleich zu anderen Reformoptionen, die wiederholt diskutiert werden.

In diesem Zusammenhang wird ebenfalls auf ein Paradoxon der Gemeindefinanzen eingegangen. Gemeinden erheben Steuern auf Boden und Gebäude (Grundsteuer A und B). In der finanzwissenschaftlichen Diskussion wird die Grundsteuer im Allgemeinen als ein bevorzugtes Instrument zur Finanzierung von öffentlichen Ausgaben angesehen. Nichtsdestoweniger machen Gemeinden relativ geringen Gebrauch von dieser Steuer. Es scheint, als ob sie freiwillig einen Teil der kommunalen Steuerautonomie nicht ausschöpfen. Bevor die erwähnten Aspekte näher beleuchtet werden, wird ein kurzer Überblick über die Entwicklung der kommunalen Besteuerungshoheit gegeben, die mitunter zur Brisanz der heutigen Reformdiskussion beigetragen hat.

Einengung der kommunalen Steuerautonomie – Entwicklung und Reformbedarf

Bei Betrachtung der zeitlichen Entwicklung des Spektrums an Steuerinstrumenten, die auf der kommunalen Ebene eigenständig festgelegt werden können, muss man feststellen, dass die Steuerautonomie der Gemeinden sich über die letzten Jahrzehnte eingeschränkt hat. So hatten in den siebziger Jahren Gemeinden noch Zugriff auf eine Vielzahl von Steuern, deren

Sätze sie eigenständig festlegen konnten. Diese umfassten die Lohnsummensteuer, die Gewerbekapitalsteuer, die Gewerbeertragsteuer und zwei Grundsteuern (Grundsteuer A und B). Die ersten drei genannten Steuern stellten ein System der Gewerbebesteuerung dar, das die Aktivitäten von Unternehmen in unterschiedlicher Form besteuerten. Die Lohnsummensteuer orientierte sich an der Lohnsumme eines Unternehmens, während die Gewerbekapitalsteuer sich auf den im Unternehmen eingesetzten Kapitalstock bezog. Beide Steuern stellten damit auf den Einsatz von Arbeit und Kapital ab und wirkten daher diskriminierend in Bezug auf die Wahl der Produktionsmittel. Darüber hinaus fielen sie unabhängig von der Ertragssituation des Unternehmens an (sogenannte Sollertrags- bzw. Substanzsteuern). Diese beiden Eigenschaften der Steuern haben dazu beigetragen, dass sie im Laufe der Zeit abgeschafft wurden. Mit dem Hinweis auf die negative Beschäftigungswirkung wurde die Lohnsummensteuer mit Wirkung vom 1. Januar 1980 abgeschafft. Ihr Anteil an den Steuereinnahmen der Gemeinden belief sich im Jahr 1975 auf 9,3 Prozent, so dass der Wegfall zu einem nennenswerten, wenn auch räumlich unterschiedlichen Einnahmeverlust geführt hat. Die fiskalische Bedeutung der Lohnsummensteuer differierte merklich über Bundesländer als auch über die Größenklasse von Gemeinden. Zum Beispiel war die Anzahl der Gemeinden, die die Steuer erhoben, als auch die Höhe der Lohnsummensteuer in Bayern und Baden-Württemberg sehr gering (jeweils nur eine Gemeinde hat sie erhoben), während der Hauptanteil der Steuereinnahmen in Gemeinden in Nordrhein-Westfalen erzielt wurde. Hier wurden circa 56 Prozent der gesamten Lohnsummensteuereinnahmen erzielt (Schwarting 1980). Der Verlust an Steuereinnahmen wurde durch eine Reduktion der Gewerbesteuerumlage (das heißt der Anteil der Gewerbesteuer, der an die Länder und den Bund abgeführt werden muss) um 33 Prozent abgefedert. Der Gewerbekapitalsteuer ereilte prinzipiell die gleiche Kritik wie der Lohnsummensteuer. Insbesondere ihr Substanzcharakter hat dazu geführt, dass sie zum 1. Januar 1998 abgeschafft wurde. Die Einnahmeverluste beliefen sich auf 3,2 Milliarden Euro und damit auf 12,5 Prozent der Gewerbesteuereinnahmen, die aber durch eine Beteiligung der Gemeinden an dem Umsatzsteueraufkommen kompensiert wurde.

Die Entwicklung der Finanzsituation hat dazu geführt, dass sich die Steuerautonomie der Gemeinden kontinuierlich verringert hat und, damit einhergehend, sich das Ausmaß der kommunalen Finanzierung durch Steuerverbünde, die den Gemeinden einen Anteil an der Einkommen- und

Umsatzsteuer zuweisen, ausgeweitet hat. Die Steuereinnahmequellen, die unter der Hoheit der Gemeinden liegen, sind damit nur noch die Gewerbe(ertrag)steuer und die Grundsteuern. Abbildung 1 erläutert die Struktur der Gemeindeeinnahmen im Jahr 2010. Die Gewerbesteuer ist die aufkommensstärkste Steuer auf der Gemeindeebene, gefolgt von der Grundsteuer B, die im Durchschnitt ein gutes Drittel der Gewerbesteuereinnahmen ausmacht. Die Grundsteuer A spielt nur eine relativ nachgeordnete Rolle als Finanzierungsinstrument.

In der heutigen Form stellt sich die Gewerbe(ertrag)steuer aufgrund umfangreicher Ausnahmen und Freibeträge als eine Steuer dar, die primär von Großunternehmen entrichtet wird. Freiberufler sind von der Steuer ausgenommen und der Ertrag von Einzelunternehmen und Personengesellschaften wird erst ab einer Höhe von 24.500 Euro (Jahr 2012) besteuert. So entfielen im Jahr 2004 52,4 Prozent der Bemessungsgrundlage auf Unternehmen mit einem Gewerbeertrag von mindestens 5 Millionen Euro. Dies waren nur 0,1 Prozent der gewerbesteuerpflichtigen Unternehmen (Statistisches Bundesamt 2009b). Bei der Konzentration der Bemessungsgrundlage liegt die Vermutung nahe, dass Gemeinden im hohen Ausmaß von der Ertragskraft von Großunternehmen abhängen, die jedoch im stärkeren Umfang als Kleinunternehmen die Möglichkeit haben, der Besteuerung teilweise auszuweichen. Dieser Aspekt wird im Weiteren noch genauer beleuchtet.

Gemessen an den Gesamteinnahmen der Gemeinden nimmt die Gewerbesteuer eine moderate Stellung ein. Abbildung 1 zeigt, dass circa 24 Prozent der Einnahmen auf die Gewerbesteuer entfallen, während circa 44 Prozent der Einnahmen aus Zuweisungen bestehen und 23 Prozent aus Steuerverbünden mit dem Bund und den Ländern stammen. Letztere umfassen hauptsächlich die Einkommensteuer und die Umsatzsteuer.

Abbildung 1: Struktur der Gemeindeeinnahmen 2010 (ohne Kreditaufnahme und Gebühren).

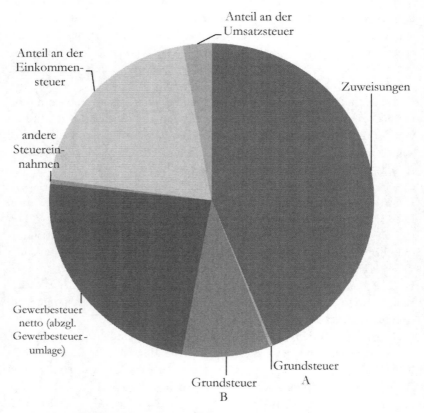

Quelle: Statistisches Bundesamt 2011; Deutscher Städtetag 2011b.

Die sich historisch entwickelte Fokussierung auf die Gewerbesteuer als primäre Stellgröße, die lokal adjustiert werden kann, hat zu einer Reihe von Kritikpunkten geführt, die in der Reformdiskussion wiederholt geäußert werden. Die zwei vermutlich am häufigsten genannten Kritikpunkte lassen sich wie folgt zusammenfassen:

Kritik 1: Die Gewerbesteuer ist eine aus der Gemeindesicht kostspielige Steuereinnahmequelle, weil Steuererhöhungen schnell zu Unternehmensabwanderungen führen.

Kritik 2: Die Gewerbesteuer erweist sich als instabile kommunale Einnahmequelle, weil die Gewerbesteuereinnahmen im hohen Ausmaß konjunkturabhängig sind.

Der erste Kritikpunkt reflektiert die vielfältigen Möglichkeiten von Unternehmen, der Besteuerung auf der Gemeindeebene auszuweichen. Neben der Reduktion des Investitions- und Produktionsausmaßes in einer Gemeinde können Unternehmen auch auf Gewinnverschiebungsmechanismen zurückgreifen, um ihre Steuerlast zu reduzieren. Letztere Option kann im Prinzip bei Beibehaltung des Produktionsausmaßes vorgenommen werden. Ein typisches Beispiel hierfür sind Patente, die von Unternehmensteilen im Ausland (zum Beispiel Niedrigsteuerländer) gehalten werden und von Betriebstätten in den jeweiligen Gemeinden gegen Zahlung eines Entgelts genutzt werden (Dischinger/Riedel 2011). Die Entgeltzahlung ist steuerlich abzugsfähig und reduziert damit die Gewerbesteuerschuld. Der Unternehmensverbund ist natürlich daran interessiert, die Entgeltzahlung relativ hoch anzusetzen. Um diese Steuerausweichoption in Anspruch nehmen zu können, muss die Betriebsstätte jedoch in eine multinationale Unternehmensstruktur eingebunden sein. Dies sind eher Großunternehmen, die – wie oben angesprochen – im Kreis der gewerbesteuerpflichtigen Unternehmen doch eine gewichtige Rolle spielen.

Abbildung 2: Grund- und Gewerbesteuer 1998–2010 (in Millionen Euro).

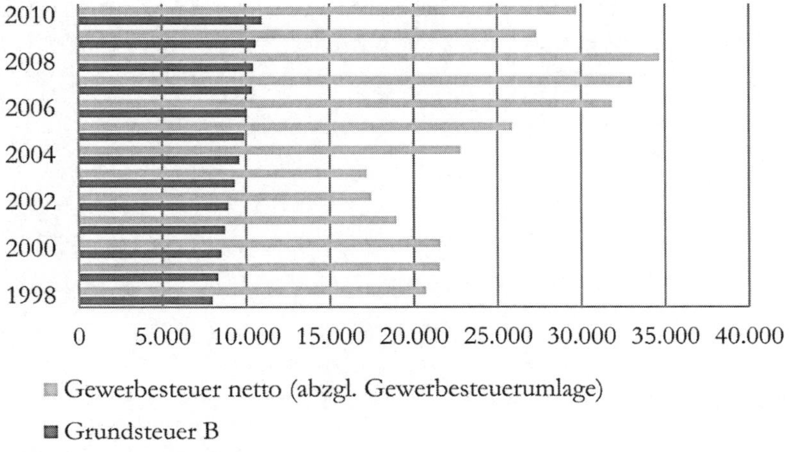

■ Gewerbesteuer netto (abzgl. Gewerbesteuerumlage)

■ Grundsteuer B

Quelle: Statistisches Bundesamt 2011.

Der zweite Kritikpunkt ist bei Betrachtung der Abbildung 2 recht augenfällig. Anders als bei der Grundsteuer B variieren die Gewerbesteuereinnahmen über die Jahre entsprechend der konjunkturellen Entwicklung. Der Rückgang der Unternehmenserträge und damit der Einnahmen in Folge der Finanzkrise fallen dabei besonders stark aus. Zwischen 2007 und 2009 ist ein Rückgang der Einnahmen um 20 Prozent zu verzeichnen, der jedoch im Jahr 2011 größtenteils wieder ausgeglichen ist. Die Gewerbesteuereinnahmen wachsen in 2011 voraussichtlich auf 39 Milliarden Euro (vor Abzug der Gewerbesteuerumlage), so dass das Niveau vor der Finanzkrise von 41 Milliarden Euro bald wieder erreicht sein dürfte (Deutscher Städtetag 2011b). Die Variabilität der Gewerbesteuereinnahmen kann ebenfalls durch Unternehmenszuwanderungen bzw. -abwanderungen hervorgerufen werden. Solche gemeindespezifischen Gründe führen zu einer unterschiedlichen Entwicklung der Gewerbesteuereinnahmen in den Gemeinden. Wie aus Abbildung 3 ersichtlich wird, haben sich die Gewerbesteuereinnahmen einzelner Gemeinden über den Zeitraum 2008 bis 2010 tatsächlich recht unterschiedlich entwickelt. In Wolfsburg haben die Gewerbesteuereinnahmen rasant zugenommen während sie in Stuttgart und Bremen eingebrochen sind. Der Gewerbesteuersatz der aufgeführten Städte hat sich dabei über den Zeitraum nicht verändert. Die Entwicklungen mögen letztendlich eine Vielzahl von Gründen haben, wie zum Beispiel die hohe Abhängigkeit der Steuereinnahmen von der wirtschaftlichen Entwicklung eines größeren Unternehmens in der Gemeinde. Nichtsdestoweniger verdeutlichen sie die Bedeutung der gemeindespezifischen Entwicklungsmuster der Gewerbesteuereinnahmen.

Abbildung 3: Entwicklung der Gewerbesteuereinnahmen 2008–2010 in ausgewählten Gemeinden.

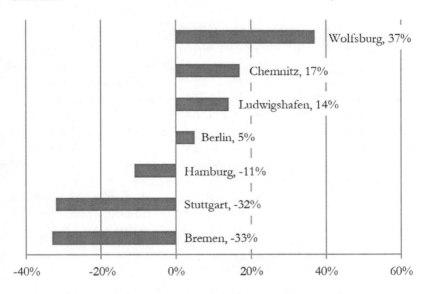

■ Prozentuale Veränderung der Gewerbesteuereinnahmen

Quelle: Statistisches Bundesamt 2009a und 2011. Die Zahlen beziehen sich auf das Istaufkommen der Gewerbesteuer in den jeweiligen Jahren.

Gewerbesteuer und Finanzausgleich: Fruchtvolle Symbiose?

Beide oben genannten Kritikpunkte haben ihre Berechtigung. Sie erweisen sich jedoch unter Berücksichtigung des Einnahmesystems, in dem Gemeinden eingebunden sind, als weniger nachteilig für Gemeinden als sie vielleicht auf den ersten Blick erscheinen. Gemeinden erzielen einen Großteil ihrer Einnahmen aus Zuweisungen vom Bund, von den Ländern als auch aus dem kommunalen Finanzausgleich (siehe Abbildung 2). Der kommunale Finanzausgleich weist dabei einen interessanten Zusammenhang zwischen der Gewerbesteuer und dem Ausmaß der Zuweisungen an die Kommune auf, der bei der Beurteilung der zwei Kritikpunkte eine wichtige Rolle spielt. Im Allgemeinen beruht die Höhe der Ausgleichszahlungen auf einem Vergleich zwischen dem fiskalischen Bedarf einer Gemeinde und ihrer Finanzkraft. Der fiskalische Bedarf wird generell durch die Bevölkerungsgröße bestimmt, die je nach Ausgestaltung des kommunalen Finanzausgleichs in den Bundesländern durch Hinzurechnung von besonders fiskalisch bedürftigen Bevölkerungsgruppen als auch durch eine Einwohnerveredelung, das heißt durch eine höhere Gewichtung der Einwohnerzahl in größeren Gemeinden, ergänzt wird. Relevanter für die Beurteilung der Kritikpunkte ist die Berechnung der Finanzkraft einer Gemeinde. Für die Berechnung der Finanzkraft werden nicht die tatsächlichen Gewerbesteuereinnahmen herangezogen. Hierdurch soll verhindert werden, dass sich Gemeinden künstlich *arm rechnen*, indem sie einen geringen Steuersatz für die Gewerbesteuer festlegen. Dieser Anreiz wird dadurch beseitigt, dass man nur die Gewerbesteuerbemessungsgrundlage heranzieht und diese mit einem hypothetischen Steuersatz multipliziert, der generell für alle Gemeinden gleich ist.[1] Diese Vorgehensweise hat zwei Effekte:

(i)   Der hypothetische Steuersatz kann von der Gemeinde nicht beeinflusst werden. Ein künstliches *Armrechnen* ist nicht möglich.

(ii)   Trotzdem ist die Finanzkraft einer Gemeinde nicht unabhängig von der Gewerbesteuerpolitik. Ein höherer Steuersatz führt tendenziell dazu, dass Unternehmen abwandern oder Unternehmen ihre ausgewiesenen Gewinne verringern. Folglich verringert sich die Bemessungsgrundlage und damit die ermittelte Finanzkraft einer Gemeinde, wodurch die Transferzahlungen an die Gemeinde zunehmen. Der kommunale Finanzausgleich hat damit den Effekt, dass ein *höherer* Steuersatz zu *mehr* Zuweisungen führt. Siehe zum Beispiel Smart (1998; 2007), Büttner (2006) und Egger u.a. (2010).

Dieser Zusammenhang mag überraschend sein und widerspricht dem häufig genannten Argument, dass der Finanzausgleich die Steuersätze reduziert. Unter Berücksichtigung des dargestellten Zusammenhangs zwischen Gewerbesteuern und Finanzausgleich lassen sich die oben genannten Kritikpunkte in einem anderen Licht darstellen.

---

[1] Er mag je nach Gemeindegröße unterschiedlich ausfallen.

Kritikpunkt 1: Steuerkonkurrenz

Gemeinden stehen unzweifelhaft miteinander in der Konkurrenz um Unternehmen und ihre Gewinne (Büttner 2003). Ein illustrierendes Beispiel ist die Gemeinde Norderfriedrichskoog, die bis zum Jahr 2004 (von dem an Gemeinden einen Mindeststeuersatz erheben mussten) einen Gewerbesteuersatz von null erhoben hat. In der Gemeinde mit kaum mehr als 40 Einwohnern hatten daraufhin eine Vielzahl von Unternehmen (einschließlich international tätiger Unternehmen) Briefkastenfirmen gegründet, um in den Genuss der Gewerbesteuerfreiheit zu kommen. Die Anreize, um Unternehmen zu konkurrieren, werden durch den kommunalen Finanzausgleich grundlegend beeinflusst. Führen Gemeinden eine Erhöhung der Gewerbesteuer durch, so mögen sich die (ausgewiesenen) Unternehmenserträge aufgrund des Steuerausweichverhaltens von Unternehmen sehr wohl verringern. Der daraus resultierende Verlust an Fiskalkraft einer Gemeinde führt aber gleichzeitig zu höheren Transferzahlungen aus dem kommunalen Finanzausgleich. Das Ausmaß, in dem die Kompensation der Einnahmeverluste aus der Gewerbesteuer erfolgt, hängt davon ab, wie stark sich die Variation in der Finanzkraft einer Gemeinde in den Transferzahlungen niederschlägt. Dies wird im Allgemeinen durch den sogenannten Ausgleichsgrad bestimmt, der in manchen Bundesländern für sehr arme Gemeinden 100 Prozent beträgt und sich entsprechend der Finanzkraft verringert bis hin zu 0 Prozent für reiche Gemeinden. Letztere partizipieren damit nicht am Finanzausgleich. Nichtsdestoweniger ist der oben erläuterte Effekt auch für reiche Gemeinden von Bedeutung. Alle Gemeinden haben die Finanzausgleichsumlage als auch die Kreisumlage zu entrichten, die Teile der standardisierten Gewerbesteuereinnahmen an die Kreise, die Länder und den Bund weiterleiten. Die Umlagen stellen ebenfalls auf die Finanzkraft der Gemeinden ab und üben somit den gleichen steuersatzerhöhenden Effekt aus wie der Finanzausgleich (Büttner 2006; Köthenbürger 2005).

Gemeinden sind damit wenigstens teilweise von den fiskalischen Folgen der Steuerkonkurrenz abgekoppelt (Köthenbürger 2002; Bucovetsky/ Smart 2006). Sie dürften sich damit weniger als vermutet in eine Abwärtsspirale der Steuersätze hineinmanövrieren, wie es zum Beispiel der Bund bei der Wahl der Körperschaftsteuersätze sukzessiv gemacht hat.

Natürlich sind die fiskalischen Auswirkungen der Steuerkonkurrenz höchstwahrscheinlich nicht die ausschließliche Kennziffer, die von Gemeinden bei der Wahl der Steuersätze zugrunde gelegt wird. Höhere Steuersätze werden zu Arbeitsplatzverlusten in der Gemeinde führen, die mit einer Reduktion der lokalen Kaufkraft einhergeht. Der Gewerbesteuersatz wird unter Umständen auch von Wählern als ein Signal für die Wirtschaftskompetenz der Gemeindepolitiker interpretiert. Wähler könnten dann höhere Steuersätze an der Wahlurne abstrafen. All dies mag mehr oder weniger zutreffen. Jedoch bleibt hierbei der grundlegende Effekt immer noch bestehen, das heißt die Gewerbesteuer wird durch den Finanzausgleich immuner gegenüber den Auswirkungen des fiskalischen Wettbewerbs um Unternehmen.

Kritikpunkt 2: Stabilität der Gewerbesteuereinnahmen

Auch bei der Beurteilung des zweiten Kritikpunkts spielt der Finanzausgleich eine besondere Rolle. Wie oben erläutert, kann die Stabilität der Steuereinnahmen durch zwei Gruppen von Störfaktoren beeinträchtigt werden: konjunkturelle und gemeindespezifische Veränderungen. Konjunkturbedingte Schwankungen treffen alle Gemeinden im mehr oder weniger gleichen Ausmaß, während die gemeindespezifischen Veränderungen über die Gemeinden hinweg recht unterschiedlich ausfallen können. Die Unterscheidung ist von zentraler Bedeutung bei der Beantwortung der Frage, inwiefern der Finanzausgleich eine Versicherungsfunktion übernimmt, indem er Variationen in den Gemeindesteuereinnahmen durch gegenläufige Finanzausgleichszahlungen abfedert.

Werden alle Unternehmen von einer negativen konjunkturellen Entwicklung erfasst, sinken deren Erträge und damit die Bemessungsgrundlage der Gewerbesteuer. Jede Gemeinde für sich betrachtet könnte mit mehr Ausgleichszahlungen rechnen. Da die Veränderung aber alle Gemeinden gleichzeitig trifft, ist bei einem gegeben Volumen, das über den Finanzausgleich verteilt wird, mit keiner Absicherung zu rechnen. Diese Schlussfolgerung dürfte nicht zu überraschend sein. So kann zum Beispiel eine Brandversicherung auch nur funktionieren, wenn nur einige versicherte Häuser in Flammen stehen, aber nicht alle Häuser gleichzeitig abbrennen.[2]

---

2 Aufgrund der konjunkturellen Entwicklung mögen die Einnahmen sogar volatiler werden, da sich die Ressourcen, die auf der jeweiligen Landesebene für den kommunalen Finanzausgleich bereitgestellt werden, bei einem wirtschaftlichen Abschwung ebenfalls verringern.

Relevanter wird die Versicherungsfunktion des Finanzausgleichs bei gemeindespezifischen Veränderungen in den Erträgen der Unternehmen, die von der Gewerbesteuer erfasst werden (zum Beispiel aufgrund der spezifischen Unternehmensstruktur in Gemeinden wie der einseitigen Ausrichtung auf die Solar- oder Montanindustrie). Hier können die Variationen allemal teilweise durch den Finanzausgleich abgefedert werden. Gemeinden, die sich einer mehr oder weniger zufälligen Zuwanderung von Unternehmen erfreuen, wird ein Teil des Einnahmezuwachses durch die Reduktion der Ausgleichszahlung entzogen. Die Einnahmen werden in der Tendenz stabilisiert. Umgekehrt gilt, dass bei Unternehmensabwanderungen der Rückgang an Gewerbesteuereinnahmen durch höhere Ausgleichszahlung ausgeglichen wird. Die Einnahmen werden wiederum tendenziell stabilisiert. Die Versicherungsfunktion wird natürlich nur erzielt, falls sich die Finanzkraft von Gemeinden in unterschiedliche Richtungen entwickelt. Nur in diesem Fall kann eine Bündelung der gemeindespezifischen Risiken durch den Finanzausgleich erfolgen (Boadway/Hayashi 2004; Smart 2004).[3]

Es sei in diesem Zusammenhang noch erwähnt, dass die Versicherungsfunktion des Finanzausgleichs auch negative Eigenschaften hat. Veränderungen in der Finanzkraft können zufälliger Natur sein, deren Abfederung durch den Finanzausgleich sehr wohl im Interesse der Gemeinde liegt. Sie können aber auch durch die Politik einer Gemeinde hervorgerufen werden. Eine kommunale Infrastrukturpolitik, die zum Beispiel die Neuansiedlung bzw. Gründung von Unternehmen fördert, führt zu einem Anstieg der Fiskalkraft. Diese Variation wird durch den Finanzausgleich ebenfalls nivelliert. Gemeinden werden folglich für eine gute Politik fiskalisch bestraft (Persson/Tabellini 1996; Kelders 2006; Hauptmeier u.a. 2012). Der Zusammenhang zwischen der Versicherungseigenschaft und den Anreizeffekten *sollte* bei der Konstruktion des kommunalen Finanzausgleichs schon berücksichtigt worden sein. Hiervon ist im politischen Alltagsgeschehen jedoch nicht unbedingt auszugehen. Reformdiskussionen werden nicht selten einäugig vor dem Hintergrund der Umverteilungswirkungen des Finanzausgleichs geführt.

---

3 Boadway/Hayashi (2004) und Smart (2004) analysieren die Versicherungsfunktion des Finanzausgleichssystems zwischen kanadischen Provinzen, das ähnlich strukturiert ist wie der kommunale Finanzausgleich in Deutschland. Smart (2004) zeigt zum Beispiel, dass 58 Prozent der provinzspezifischen Variationen in der Finanzkraft durch Ausgleichszahlungen neutralisiert werden.

Zur Beurteilung des zweiten Kritikpunkts ist es jedoch primär relevant, dass es empirisch beobachtbare Variationen in den Gewerbesteuereinnahmen gibt. Wie oben exemplarisch aufgezeigt, gibt es nicht vernachlässigbare gemeindespezifische Veränderungen in den Gewerbesteuereinnahmen. Diese werden durch den Finanzausgleich teilweise abgefedert.

Zusammenfassend lässt sich festhalten, dass die beiden Kritiken an der Gewerbesteuer für sich betrachtet relevant sind, aber unter Berücksichtigung der Ausgleichszahlungen relativiert werden müssen. Vor dem Hintergrund mag auch die Präferenz der Gemeinden, die Gewerbesteuer beizubehalten und nicht zum Beispiel durch ein Zuschlagssystem auf die Einkommensteuer zu ersetzen, eher nachvollziehbar sein. Es erscheint sogar manchmal, dass die konjunkturbedingte Volatilität der Gewerbesteuereinnahmen durchaus positiv beschieden wird (wenigstens solange Gemeinden davon profitieren). So zum Beispiel sagte die damalige stellvertretende Hauptgeschäftsführerin des Deutschen Städtetages, Monika Kuban:

»Als Folge der raschen Erholung könnte der Rekordwert von 41 Milliarden Euro Gewerbesteuer im Jahr 2008 vielleicht schon bald wieder erreicht werden. Die gute Entwicklung der Gewerbesteuer beweist, wie richtig und notwendig es war, die wichtigste eigene Steuer der Städte im Ergebnis der Gemeindefinanzkommission zu erhalten.« (Deutscher Städtetag 2011a)

Weitere Gründe für die Beibehaltung der Gewerbesteuer: Was der Wähler nicht spürt, mag der Politik lieb sein

Die fiskalischen Besonderheiten, die aus der Interdependenz zwischen der Gewerbesteuer und dem Ausgleichsystem von Gemeinden resultieren, sind vielleicht nicht die einzigen Gründe, die die Gewerbesteuer vorteilhaft erscheinen lassen, wenigstens im Vergleich zu Reformvorschlägen, die wiederholt diskutiert werden. Die Gewerbesteuer ist, wie die Körperschaftsteuer, eine Steuer, die für die Wähler im ersten Moment nicht spürbar ist. Die wenigsten Gemeindemitglieder haben Anteile an Unternehmen, die lokal gewerbesteuerpflichtig sind. Sie sind daher nicht direkt von der Gewerbesteuerlast betroffen. Auch erweist sich die Inzidenz der Gewerbesteuer (als auch der Körperschaftsteuer) als nur schwer erfassbar. Unternehmen können diese Steuern auf zum Beispiel Aktionäre, Arbeitnehmer oder Produktabnehmer durch Anpassungen der Dividendenzahlungen, Löhne und Preise überwälzen. All dies ist jedoch nicht unmittelbar für den Wähler beobachtbar, wodurch der Steuerwiderstand der Wähler geringer ausfallen mag als bei manchen Reformalternativen, die derzeit diskutiert werden. Eine der Alternativen ist ein Zuschlagssystem der Gemeinden auf die Einkommensteuer. Eine kommunale Einkommensteuer ist für die Bevölkerung transparenter und damit direkter spürbar. Unabhängig davon, inwiefern die Steuer überwälzt wird und damit die lokalen Wähler die Steuer letztendlich tragen, werden sie über das Ausmaß der lokalen Besteuerung wohl besser informiert sein und die Entscheidungen der Gemeindevertreter argwöhnischer verfolgen (Buchanan/Wagner 1977; Oates 1988).[4] Normativ betrachtet mag diese erhöhte Aufmerksamkeit durchaus gewollt sein. Hierdurch wird das Interesse der Wähler an der Gemeindepolitik steigen, und die Wähler werden sich eher darüber Gedanken machen, ob die Leistungen der Gemeinde mit ihrem Finanzierungsbeitrag in einem vertretbaren Gleichgewicht stehen. Der Effizienz des politischen Systems mag die erhöhte Aufmerksamkeit durchaus förderlich sein.

Interessanterweise verfügen Gemeinden auch über Steuerinstrumente, deren Spürbarkeit bei dem Wähler recht hoch ausfällt: die Grundsteuern. Wie in Abbildung 2 dargestellt, nimmt die Grundsteuer A nur eine untergeordnete Rolle im Gemeindebudget ein, während die Grundsteuer B von größerer, wenn auch gegenüber der Gewerbesteuer nachrangiger fiskalischer Bedeutung ist. Diese Beobachtung, die sich auch in anderen Ländern machen lässt (Slack 2010), ist aus finanzwissenschaftlicher Sicht nicht ohne Brisanz. Die Grundsteuer wird im Allgemeinen als ein bevorzugtes Instrument zur Finanzierung staatlicher Tätigkeit auf lokaler Ebene angesehen. Der Vorteil einer Grundsteuer liegt unter anderem darin, dass sie einen direkten Zusammenhang zwischen der Qualität der lokal zur Verfügung gestellten Leistungen (wie zum Beispiel Bildungsangebote und öffentliche Infrastruktur) und der Bemessungsgrundlage herstellt (Oates 2010). Sofern Haushalte und Unternehmen die Leistungen der Gemeinden schätzen, werden sie sich in Grundstückspreisen widerspiegeln. Folglich hängt die Höhe der Besteuerung auch davon ab, inwiefern die Eigentümer von Grund und Boden von der Qualität der kommunalen Leistungen durch Wertsteigerungen profitieren. Bei näherer Betrachtung der Grund-

---

4 Das der Schlussfolgerung zugrunde liegende Phänomen der Fiskalillusion basiert auf der grundlegenden Einsicht, dass die Komplexität des Steuer- und Ausgabensystems eines Staates mit der Aufmerksamkeit der Wähler im negativen Zusammenhang steht.

steuer A und B fällt auf, dass sich dieser Äquivalenzgedanke bei der gegenwärtigen Ausgestaltung der Grundsteuer jedoch nicht realisieren lässt. Grundlage für die Grundsteuer ist nicht der heutige Marktwert der Grundstücke, sondern deren sogenannter Einheitswert. Dieser wurde zum Teil vor 40 Jahren oder einem noch früheren Zeitpunkt festgelegt und wurde seither nicht mehr angepasst. Eine Anpassung der Bemessungsgrundlage der Grundsteuer an wirtschaftliche und fiskalische Veränderungen in der Gemeinde findet somit nicht statt. Die heutige Grundsteuer dürfte daher eine Reihe von horizontalen und vertikalen Ungerechtigkeiten hervorbringen, da nach heutigen Marktverhältnissen gleichwertige (unterschiedliche) Grundstücke unterschiedlich (gleich) besteuert werden. Der Wissenschaftliche Beirat beim Bundesministerium der Finanzen hat Vorschläge zur Reform der Grundsteuer unterbreitet. Darin soll der Einheitswert durch eine zeitnähere Bewertung und damit reagible Bemessungsgrundlage ersetzt werden (Wissenschaftlicher Beirat beim Bundesministerium der Finanzen 2010). Eine derartige Neugestaltung der Grundsteuer würde dem oben skizzierten Äquivalenzprinzip tatsächlich Leben einhauchen.

Es sei darauf hingewiesen, dass der Finanzausgleich nicht wie bei der Gewerbesteuer die Gemeinden dazu anleitet, einen höheren Grundsteuersatz zu wählen. Die Steuerbemessungsgrundlage der Grundsteuer (Einheitswert) reagiert nicht auf Veränderungen des Steuersatzes. Die Fiskalkraft und damit die Ausgleichszahlungen einer Gemeinde bleiben unverändert. Folglich stellt sich der steuersatzerhöhende Effekt des Finanzausgleichs bei der Grundsteuer nicht ein. Nichtsdestoweniger ist es überraschend zu sehen, dass Gemeinden dieser Steuer so wenig Aufmerksamkeit schenken. Eine mögliche Erklärung ist, dass Gemeindevertreter um die oben angesprochenen horizontalen und vertikalen Gerechtigkeitsprobleme wissen und daher die Steuer nicht im stärkeren Ausmaß nutzen wollen. Alternativ können Gemeindevertreter bei der Grundsteuer die Fiskalillusion der Wähler weitaus weniger ausnutzen als bei der Gewerbesteuer. Der Steuerwiderstand auf Seiten der Wähler dürfte bei vermehrter Nutzung der Grundsteuer relativ stark ausfallen. Es wird daher nicht unwahrscheinlich sein, dass die Gemeindepolitik den Widerstand umgehen möchte, indem sie auf für den Wähler weniger transparente Steuern zurückgreift oder sich in eine höhere Abhängigkeit von Zuweisungen begibt, deren Durchschaubarkeit für den Wähler gering ist. Die letztendliche Beantwortung der Frage, welche der beiden Erklärungen eher zutreffend ist, bleibt dem Leser überlassen. Unabhängig von der Beantwortung der Frage lässt sich jedoch festhalten, dass sich die Reformdiskussion um die Gewerbesteuer als eine *Reformdiskussion ohne Reform* herausgestellt hat, wenigstens bis jetzt.

Literatur

Boadway, Robin/Hayashi, Masayoshi (2004), An Evaluation of the Stabilization Properties of Equalization in Canada, *Canadian Public Policy*, Jg. 30, H. 1, S. 91–109.

Buchanan, James/Wagner, Richard (1977), *Democracy in Deficit: The Political Legacy of Lord Keynes,* New York: Academic Press.

Bucovetsky, Sam/Smart, Michael (2006), The Efficiency Consequences of Local Revenue Equalization: Tax Competition and Tax Distortions, *Journal of Public Economic Theory*, Jg. 8, H. 1, S. 119–144.

Büttner, Thiess (2003), Tax Base Effects and Fiscal Externalities of Local Capital Taxation: Evidence from a Panel of German Jurisdictions, *Journal of Urban Economics*, Jg. 54, H. 1, S. 110–128.

Büttner, Thiess (2006), The Incentive Effects of Fiscal Equalization Transfers on Tax Policy, *Journal of Public Economics*, Jg. 90, H. 3, S. 477–497.

Deutscher Städtetag (2011a), Pressemitteilung zur Veröffentlichung des Gemeindefinanzberichts 2011 vom 8. September 2011, Zugriff: 23.04.2012, *http://www.staedtetag.de/10/presseecke/pressedienst/artikel/2011/09/08/00805/index.html.*

Deutscher Städtetag (2011b), Weniger Defizite – aber die Strukturkrise bleibt, Gemeindefinanzbericht 2011, *Der Städtetag*, 5/2011.

Devereux, Michael P./Griffith, Rachel/Klemm, Alexander (2002): Corporate Income Tax Reforms and International Tax Competition, *Economic Policy*, Jg. 17, H. 35, S. 451–495.

Dischinger Matthias/Riedel, Nadine (2011), Corporate Taxes and the Location of Intangible Assets within Multinational Firms, *Journal of Public Economics*, Jg. 95, H. 7–8, S. 691–707.

Egger, Peter/Köthenbürger, Marko/Smart, Michael (2010), Do Fiscal Transfers Alleviate Business Tax Competition? Evidence from Germany, *Journal of Public Economics*, Jg. 94, H. 3–4, S. 235–246.

Gröpl, Christoph/Heinemann, Friedrich/Kalb, Alexander (2010), Die Zweckentfremdung des kommunalen Kassenkredits – eine rechtlich-ökonomische Analyse, *Perspektiven der Wirtschaftspolitik*, Jg. 11, H. 2, S. 178–203.

Hauptmeier, Sebastian/Mittermaier, Ferdinand/Rincke, Johannes (2012), Fiscal Competition over Taxes and Public Inputs, *Regional Science and Urban Economics*, Jg. 42, H. 3, S. 407–419.

Kelders, Christian (2006), *Besteuerungsanreize in den deutschen Kommunalfinanzen*, ifo Beiträge zur Wirtschaftsforschung, Band 24, München: ifo Institut für Wirtschaftsforschung.

Kelders, Christian/Köthenbürger, Marko (2010), Tax Incentives in Fiscal Federalism – An Integrated Perspective, *Canadian Journal of Economics*, Jg. 43, H. 2, S. 683–703.

Köthenbürger, Marko (2002): Tax Competition and Fiscal Equalization, *International Tax and Public Finance*, Jg. 9, H. 4, S. 391–408.

Köthenbürger, Marko (2005), Der Einfluss des Kommunalen Finanzausgleichs auf die Hebesatzpolitik der Kommunen, in: Hans Georg Napp (Hg.), *Finanzwissenschaft im Wandel*, Frankfurt a. M.: Peter Lang, S. 171–185.

Oates, Wallace (1988), On the Nature and Measurement of Fiscal Illusion: A Survey, in: Gregory Brennan, Bhajan Grewal und Peter Groenewegen (Hg.), *Taxation and Fiscal Federalism: Essays in Honour of Russel Mathews*, Sydney: Australian National University Press, S. 65–82.

Oates, Wallace (2010), Local Government: An Economic Perspective, in: Michael Bell, David Brunori und Joan Youngman (Hg.), *The Property Tax and Local Autonomy*, Camdridge, Mass.: Lincoln Institute of Land Policy, S. 9–26.

Persson, Torsten/Tabellini, Guido (1996), Federal Fiscal Constitutions: Risk Sharing and Moral Hazard, *Econometrica*, Jg. 64, H. 3, S. 623–646.

Schwarting, Gunnar (1980), Kommunalsteuern als Instrument der Konjunkturpolitik?, *FinanzArchiv*, Jg. 38, H. 1, S. 68–91.

Schwarting, Gunnar (2006), *Der Kommunale Haushalt: Haushaltswirtschaft – Haushaltssteuerung – Kameralistik und Doppik*, 3. Auflage, Berlin: Erich Schmidt.

Slack, Enid (2010), The Property Tax … in Theory and Practice, in: IEB (Hg.), *IEB's World Report on Fiscal Federalism*, Barcelona, S. 24–33.

Smart, Michael (1998), Taxation and Deadweight Loss in a System of Intergovernmental Transfers, *Canadian Journal of Economics*, Jg. 31, H. 1, S. 189–206.

Smart, Michael (2004), Equalization and Stabilization, *Canadian Public Policy*, Jg. 30, H. 2, S. 195–207.

Smart, Michael (2007), Raising Taxes through Equalization, *Canadian Journal of Economics*, Jg. 40, H. 4, S. 1188–1212.

Statistisches Bundesamt (2009a), Fachserie 14 Reihe 10.1: Finanzen und Steuern, Realsteuervergleich (Realsteuern, kommunale Einkommen- und Umsatzsteuerbeteiligungen), 2008, Wiesbaden.

Statistisches Bundesamt (2009b), Fachserie 14 Reihe 10.2: Finanzen und Steuern, Gewerbesteuer, 2004, Wiesbaden.

Statistisches Bundesamt (2011), Fachserie 14 Reihe 10.1: Finanzen und Steuern, Realsteuervergleich (Realsteuern, kommunale Einkommen- und Umsatzsteuerbeteiligungen), 2010, Wiesbaden.

Wissenschaftlicher Beirat beim Bundesministerium der Finanzen (2010), Reform der Grundsteuer – Stellungnahme, Berlin.

III. Der demografische Kollaps
und soziale Sicherung

2041: Nach dem demografischen Übergang

Martin Werding

1. Einleitung

Anfang der 2010er Jahre begann in Deutschland eine verschärfte Phase des demografischen Wandels: Die Erwerbspersonenzahl begann zu schrumpfen. Heute, rund dreißig Jahre später, ist diese Phase weitgehend abgeschlossen.[1] Die Erwerbspersonenzahl ist seit 2010 um rund 5,6 Millionen (circa 13 Prozent) gesunken. Zuletzt ist sie jedoch drei Jahre lang annähernd konstant gewesen und könnte dies auf Sicht auch bleiben. Einige Trends der demografischen Alterung halten an. Vor allem steigt die Lebenserwartung immer weiter. Günstigere Entwicklungen von Geburtenzahl und Zuwanderung wirken dem aber entgegen.

Deutschland ist in die lange Phase des demografischen Übergangs in einer Situation wirtschaftlicher Stärke eingetreten, mit unerwartet guter Arbeitsmarktlage und relativ starkem Wachstum. Tatsächlich hat sich dies aber eher als Nachteil erwiesen. Anpassungen an den Wandel im Bereich der Sozial- und Finanzpolitik, die zuvor heftig diskutiert, aber für unumgänglich gehalten worden waren, wurden ausgesetzt, verschleppt oder nicht mit vollem Nachdruck umgesetzt. Nach der in mehr als einer Hinsicht turbulenten Zeit zwischen 2015 und 2025 haben Bürger und politisch Verantwortliche dann aber mit wachsender Bestimmtheit einen gangbaren Weg für ihre alternde Gesellschaft gefunden, der in diesem Beitrag nachgezeichnet werden soll. Das Land hat sich dabei sicherlich verändert, aber es ist weder finanzpolitisch noch sozialpolitisch im Chaos versunken, wie es von manchen Beobachtern zu Beginn der Phase als einzige Möglichkeiten befürchtet wurde.

---

1 Dieser fiktive Rückblick auf die Zukunft basiert auf Simulationen mit dem vom Autor entwickelten Modell SIM.11 (*Social Insurance Model*, Version 2011). In das Modell gehen Ist-Daten ein, die bis 2011 reichen. Für eine Dokumentation zu Aufbau und Nutzungsmöglichkeiten des Modells vgl. Werding (2013).

Dieser erste Rückblick auf den demografischen Übergang und seine Auswirkungen beschränkt sich auf einige für das Verständnis wichtige Hinweise zur Entwicklung von Demografie, Arbeitsmarkt und gesamtwirtschaftlichem Wachstum (Abschnitt 2), zeichnet dann vor allem die Entwicklung der wichtigsten Zweige des deutschen Systems sozialer Sicherung nach, das von diesem Wandel am unmittelbarsten getroffen wurde (Abschnitt 3), und schließt mit einem Überblick über die Folgen des demografischen Wandels für die Sozialfinanzen und die öffentlichen Finanzen insgesamt (Abschnitt 4).

2. Demografische und wirtschaftliche Entwicklung

2.1 Demografie

Plausible Annahmen für die weitere Bevölkerungsentwicklung sahen zu Beginn des 21. Jahrhunderts ungefähr wie folgt aus (vgl. etwa Statistisches Bundesamt 2009): Für die Geburtenentwicklung erschien es vernünftig, von einer auf Dauer konstanten zusammengefassten Geburtenziffer von knapp unter 1,4 (Geburten je Frau) auszugehen, wie sie zuvor fast 40 Jahre mit kleinen Schwankungen realisiert worden war. Wegen einer ständig abnehmenden Zahl von Frauen in den relevanten Altersgruppen hätte dies eine kontinuierlich sinkende Geburtenzahl bedeutet. In Bezug auf die Lebenserwartung akzeptierten die Demografen im Zuge regelmäßiger Aktualisierungen allmählich, dass diese ohne erkennbare Anzeichen einer Verlangsamung immer weiter zunehmen würde, wobei der Bevölkerungsanteil von Personen höheren Alters wohl in jedem Fall kontinuierlich stiege. Hinsichtlich der Höhe des zu erwartenden Wanderungssaldos (Zuwanderungen minus Abwanderungen) bestanden hingegen gewisse Unsicherheiten, ob dieser trendmäßig, das heißt über ständige Schwankungen hinweg, eher beim langfristigen Durchschnittswert von circa 200.000 Personen pro Jahr liegen würde oder – nach dem weitgehenden Versiegen der Zuwanderung deutscher Aussiedler aus Osteuropa – eher beim Durchschnitt der 2000er Jahre in Höhe von rund 100.000 Personen. Ständige Nettozuwanderung innerhalb dieser Bandbreiten hätte einen nennenswerten Beitrag zur Dämpfung des demografischen Wandels versprochen, aber bei weitem nicht ausgereicht, ihn aufzuhalten.

Im Rückblick haben sich die tatsächlichen Entwicklungen gar nicht sonderlich weit von solchen Annahmen entfernt. Abbildung 1 zeigt die wichtigsten Determinanten der Bevölkerungsentwicklung in Deutschland seit 1991. Die Geburtenziffer blieb bis 2020 auf ihrem langjährigen, auch im internationalen Vergleich niedrigen Niveau. Seither hat sie sich jedoch langsam, aber kontinuierlich auf zuletzt (2040) rund 1,65 erhöht. Das ist weiterhin deutlich weniger als in vielen anderen europäischen Ländern, sorgte in der Übergangszeit aber immerhin für eine annähernd konstante Geburtenzahl. Die Lebenserwartung bei Geburt ist von 72,5 Jahren für Jungen und 79,0 Jahren für Mädchen im Jahre 1991 auf derzeit 84,0 Jahre bzw. 88,0 Jahre gestiegen – im Mittel also um rund zwei Jahre je Dekade. Das übertrifft frühere Annahmen für eine mittlere Bevölkerungsentwicklung, entspricht aber recht exakt den damaligen Annahmen für Projektionen mit starkem Anstieg der Lebenserwartung. Trotzdem ist die Zahl der jährlichen Sterbefälle ständig angestiegen, und der Saldo der natürlichen Bevölkerungsbewegung (Geburten minus Todesfälle) war durchgängig negativ. Beim Wanderungssaldo gab es bis 2015 zunächst einen leichten Anstieg, anschließend aber mehrere Jahre mit negativem Wanderungssaldo. Erst ab 2020 wurde der Saldo wieder klar positiv. Er schwankte zuletzt tatsächlich um 200.000 Personen pro Jahr.

Abbildung 1: Bevölkerungsbewegung (1990–2040).

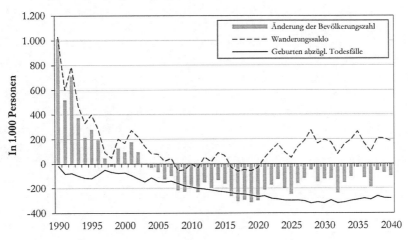

Quelle: Statistisches Bundesamt (bis 2008); Projektionen des Autors.

Die Änderungen der Geburtenziffer und der Verlauf der Nettozuwanderung spiegeln unter anderem wirtschaftliche und politische Entwicklungen wider, während der Anstieg der Lebenserwartung im Laufe der Zeit offenbar weder erkennbar gebremst noch beschleunigt wurde. Alles in allem resultiert aus diesen Komponenten eine demografische Struktur, die aus der Sicht des Jahres 2010 als eher »günstiges«, aber keinesfalls völlig unerwartetes Szenario erschienen wäre. Der Altenquotient der Wohnbevölkerung ist zwischen 1990 und 2040 von 21,7 auf 56,9 (65-Jährige und Ältere je 100 Personen im Alter von 15 bis 64) gestiegen. Die Bevölkerungszahl ist dabei ausgehend von knapp 80 Millionen im Jahr 1990 über 83,5 Millionen um das Jahr 2000 zuletzt auf rund 74,6 Millionen Personen zurückgegangen.

2.2 Erwerbsbeteiligung

Eine wechselvolle Geschichte lässt sich auch an der Entwicklung des deutschen Arbeitsmarktes in den vergangenen Jahrzehnten ablesen. Zwar ist die Erwerbsbeteiligung aller Personen im Alter von 15 bis 69 Jahren seit Anfang des Jahrhunderts insgesamt deutlich gestiegen. In den 2010er Jahren stagnierte sie jedoch vorübergehend, vor allem weil die ab 2011 eingeleitete Heraufsetzung des gesetzlichen Rentenalters auf 67 Jahre (geplant: in kleinen Schritten bis 2029) nach wenigen Jahren gestoppt und die Regelaltersgrenze zunächst wieder auf 65 Jahre herabgesetzt wurde. Wegen zunehmender Finanzierungsschwierigkeiten des gesetzlichen Rentensystems (vgl. Abschnitt 3.1) wurde die Heraufsetzung zwischen 2020 und 2029 jedoch beschleunigt wieder in Kraft gesetzt. Am ursprünglichen Timing für das Rentenalter 67 festzuhalten, erschien dabei als sinnvoll, weil der geburtenstärkste Jahrgang der Nachkriegszeit (1964) damit als erster voll davon betroffen war. Seither ist das gesetzliche Rentenalter in kleineren Schritten kontinuierlich weiter erhöht worden (um je einen Monat pro Kalenderjahr). Derzeit liegt es bei knapp 68 Jahren, 2060 wird es auf 70 Jahre zugehen. Das tatsächliche Renteneintrittsalter hat damit nicht ganz Schritt gehalten. Nach 2020 ist es jedoch ebenfalls deutlich angestiegen und erreicht derzeit 66,6 Jahre für Frauen, 66,8 Jahre für Männer. Die Heraufsetzung der Regelaltersgrenze verläuft langsamer als der Anstieg der Lebenserwartung. Der schon früh gemachte Vorschlag einer gesetzlichen Regelbindung an die Entwicklung der Lebenserwartung (etwa mit einer

Aufteilung der verlängerten Erwerbs- und Ruhestandsphase im Verhältnis 2:1; Sachverständigenrat 2011: Tz. 320-322) ist bis heute jedoch nicht realisiert worden. Die Erhöhung des Rentenalters wird in der Öffentlichkeit mittlerweile gelassener gesehen als vor 30 Jahren. Eine solche Koppelung wäre aber sachgerecht, transparent und würde die Thematik weiter entpolitisieren.

Kontinuierlich gestiegen ist in den letzten vier Jahrzehnten die Erwerbsbeteiligung von Frauen. Dies folgt einem klaren, weiter zurück reichenden Trend, der sich ab 2010 jedoch leicht beschleunigt hat. Damals lag die Erwerbsquote aller Frauen im Alter von 15 bis 69 Jahren bei 87 Prozent des Vergleichswerts für Männer. Mittlerweile ist diese Relation auf 95 Prozent gestiegen. Entsprechende Werte wurden in skandinavischen Ländern, wo solche geschlechtsspezifischen Unterschiede mittlerweile fast völlig verschwunden sind, bereits Anfang des Jahrhunderts erreicht. Wichtig ist auch, dass Frauen heute deutlich weniger in Teilzeit beschäftigt sind oder zumindest mehr Stunden arbeiten als früher. Vor allem deswegen ist das durchschnittliche Arbeitsvolumen Erwerbstätiger seit etwa 2010 um rund 10 Prozent gestiegen, von gut 1.400 Stunden im Jahr auf heute rund 1.550 Stunden. Bestrebungen zu einer Ausweitung der Wochenarbeitszeit von Vollzeitstellen (unverändert circa 1.800 Stunden pro Jahr) haben sich in den vergangenen Jahrzehnten nicht durchsetzen können. Zwar gab es Erhöhungen in einigen Branchen mit unterdurchschnittlicher tariflicher Wochenarbeitszeit. Mit Rücksicht auf die insbesondere von Arbeitgebern erwünschte Erhöhung der Erwerbsbeteiligung Älterer wurde über allgemeine Arbeitszeitverlängerungen mit den Gewerkschaften aber letztlich nie konkret verhandelt.

Im Zeitablauf leicht gesunken ist schließlich die Erwerbsbeteiligung Jüngerer (zwischen 15 und 24 Jahren), insbesondere wegen einer steigenden Bildungsbeteiligung zum Erwerb höherer Qualifikationen. Neben der verzögerten, mittlerweile aber doch deutlichen Erhöhung der Erwerbsbeteiligung liegt im Bereich Bildung einer der Schlüssel dafür, dass die zurückliegende Phase des demografischen Wandels mit der Zeit immer besser bewältigt werden konnte. So hat sich der Anteil jedes Jahrgangs, der vor oder im Übergang ins Erwerbsleben einen Hochschulabschluss erwirbt, zwischen 2010 und 2040 von rund 25 Prozent auf knapp unter 35 Prozent erhöht. Noch wichtiger dürfte sein, dass der Anteil derer, die keinen beruflichen Abschluss erwerben, im selben Zeitraum von annähernd 19 Prozent auf zuletzt knapp 10 Prozent gesenkt werden konnte.

Bemerkenswert ist auch, dass sich das durchschnittliche Qualifikationsniveau der Zuwanderer nach Deutschland in den letzten Jahren klar verbessert hat. Änderungen in der Migrationspolitik, vor allem aber die zuletzt recht günstige wirtschaftliche Entwicklung haben dazu beigetragen, dass sich die traditionell eher geringe Attraktivität Deutschlands für international mobile Hochqualifizierte erhöht hat und der relativ hohe Anteil von Zuwanderern ohne abgeschlossene Berufsausbildung deutlich zurückgegangen ist.

2.3 Beschäftigung und Wachstum

Unter Berücksichtigung des gestiegenen Arbeitsvolumens pro Kopf und höherer Qualifikationen ist das Arbeitsangebot in den letzten vier Jahrzehnten effektiv weit weniger geschrumpft als man zuvor erwartet hatte. Im Laufe der Zeit gab es aber nennenswerte Schwankungen der Beschäftigung (vgl. Abbildung 2). Nach einem trendmäßigen Anstieg der Arbeitslosenquote, der – im damaligen Westdeutschland – letztlich um 1970 begonnen hatte und bis 2005 dauerte, stellt sich danach bis 2015 eine klare Trendwende am Arbeitsmarkt ein. Dazu trug nicht nur eine Serie seinerzeit heftig umstrittener Reformen im Bereich der Arbeitsmarktpolitik bei, sondern auch ein vergleichsweise kooperatives Verhalten der Tarifparteien, die sich dem Druck der Globalisierung ausgesetzt sahen. Dies führte nicht nur zu einer zurückhaltenden Lohnentwicklung, sondern auch zu intensiven Bemühungen beider Seiten um mehr Flexibilität auf betrieblicher Ebene, bei denen Arbeitnehmerinteressen an Beschäftigung und an Beschäftigungssicherheit besser gewahrt wurden als zuvor.

In den Jahren von 2015 bis 2025 folgte eine schwierige Phase. Grund dafür waren zum einen weltweite makroökonomische Turbulenzen. Sie gefährdeten unter anderem die Stabilität des Europäischen Währungssystems, das damals noch in seinen Anfängen steckte. Deutschland war davon nicht unmittelbar betroffen, aber die zuvor äußerst erfolgreiche Exportindustrie stagnierte, und die öffentlichen Haushalte wurden durch Stabilisierungsmaßnahmen in Mitleidenschaft gezogen, die auf europäischer Ebene vereinbart wurden. Zum anderen kam es in dieser Zeit zu einem deutlichen Anstieg der Sozialabgaben, auch aufgrund problematischer politischer Entscheidungen (vgl. Abschnitt 3), der auf die Arbeitsmarktsituation zurückwirkte. Eine günstige Beschäftigungsentwicklung war vor der Phase

des demografischen Übergangs zu einer zentralen Voraussetzung für die
Bewältigung des Wandels erklärt worden (Werding 2011: 35). Deshalb
wurde der erneute, trendmäßige Anstieg der Arbeitslosenquote zu dieser
Zeit als sehr beunruhigend empfunden.

Abbildung 2: Arbeitslosen- und Erwerbslosenquote (1990–2040).

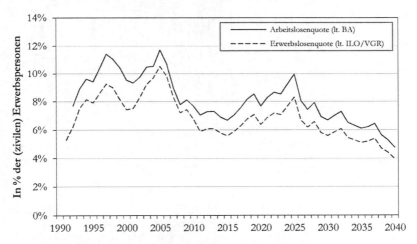

Quelle: Bundesagentur für Arbeit; Statistisches Bundesamt (bis 2011); Projektionen des Autors.

Trotz energischer Reformen, zunächst vor allem im Bereich der Alterssicherung, dann auch in den Feldern Gesundheit und Pflege, stieg die Arbeitslosigkeit nach 2020 zunächst noch weiter an, auf einen Spitzenwert
von rund 10 Prozent. Diverse Wirkungen der Reformen, die sich mit der
Zeit entfalteten, halfen jedoch bei der Überwindung dieser kritischen Phase. Schwer zu belegen ist wahrscheinlich, dass dabei auch ein im In- und
Ausland wieder erwachendes Vertrauen in die Fähigkeit Deutschlands, den
demografischen Wandel zu bewältigen, eine große Rolle spielte. Einen
Hinweis darauf gibt aber der in dieser Zeit endlich klar ansteigende Wanderungssaldo (vgl. Abbildung 1), der aus sinkender Abwanderung, noch
mehr aber aus zunehmender Zuwanderung resultierte. Seit 2025 ist die
Arbeitslosenquote, mit einem gewissen konjunkturellen Auf und Ab, jedenfalls trendmäßig wieder klar gefallen, zuletzt (2040) auf ein Niveau von
4,3 Prozent.

Abbildung 3: Wirtschaftswachstum (1990–2040).

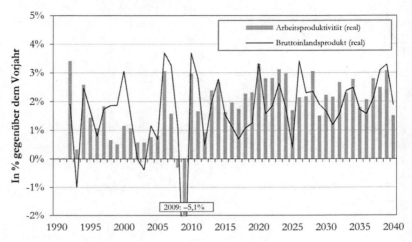

Quelle: Statistisches Bundesamt (bis 2011); Projektionen des Autors.

Abbildung 3 zeigt die Entwicklung der preisbereinigten Wachstumsraten des Bruttoinlandsprodukts (BIP) und der Arbeitsproduktivität (BIP je Erwerbstätigem), die sich aus den hier skizzierten Trends im Bereich des Arbeitsangebots und den Schwankungen der Beschäftigung ergeben hat. Bemerkbar macht sich dabei zugleich eine langsame Zunahme der Investitionen ab etwa 2020 – ein Indikator für wachsendes Vertrauen auch von Investoren im In- und Ausland in den Standort Deutschland –, die im Vergleich zu anderen entwickelten Volkswirtschaften zuvor extrem niedrig gewesen waren (Sinn 2010: 17). Von Interesse ist hier noch einmal der Vergleich mit Vorausberechnungen aus der Zeit vor 2010: Insbesondere aufgrund der absehbaren, besonders ausgeprägten Schrumpfung der Erwerbspersonenzahl wurde von der OECD oder der EU-Kommission in den »Basisszenarien« langfristiger Projektionen für Deutschland in der Zeit bis 2040 ein durchschnittliches Wachstum des BIP im Bereich von nur 1 bis 1,5 Prozent erwartet (Leibfritz/Roeger 2007: 50–61). Ähnliche, teilweise sogar noch ungünstigere Werte ergeben sich auch in Projektionen aus jener Zeit, die im Auftrag der deutschen Bundesregierung angestellt wurden (Werding/Hofmann 2008: 32–44). Tatsächlich belief sich das durchschnittliche reale Wirtschaftswachstum in den letzten drei Jahrzehnten immerhin auf recht genau 2,0 Prozent. Der Unterschied ergibt sich aus einer Vielzahl der hier genannten Einzelaspekte – gestiegene Erwerbsbeteiligung und Beschäftigung, längere Arbeitszeiten, höhere Qualifikationen sowie vermehrte Investitionen –, nicht aus irgendwelchen unvorhergesehenen technologischen Schüben und sonstigen Innovationen.

3. Entwicklung des sozialen Sicherungssystems

Für die Bewältigung des demografischen Wandels galten von Anfang an die gesetzliche Alterssicherung und die Absicherung bei Krankheit und Pflegebedürftigkeit als die größten Problemfelder (Werding 2007). Alle anderen Elemente des sozialen Sicherungssystems sind vom Wandel weniger unmittelbar betroffen, hängen in erster Linie von der Arbeitsmarktentwicklung ab oder werden erst bedeutsam, wenn andere Sicherungszweige – etwa im Falle steigender Altersarmut – versagen.

3.1 Alterssicherung

Die Altersvorsorge wurde in Deutschland traditionell dominiert von der gesetzlichen Rentenversicherung, die in der akuten Phase des demografischen Wandels fast zwangsläufig in finanzielle Schwierigkeiten geriet. Verschärft wurden diese jedoch durch ungünstige wirtschaftliche Rahmenbedingungen, durch Eingriffe der Politik und schließlich auch durch einen Eingriff des Bundesverfassungsgerichts.

Die baldige Suspendierung der 2012 schon einmal in Gang gesetzten Heraufsetzung des gesetzlichen Rentenalters wurde bereits erwähnt. Außer Kraft gesetzt wurde zu dieser Zeit auch der sogenannte Nachhaltigkeitsfaktor, ein demografischer Rückkoppelungsmechanismus, mit dem die jährlichen Rentenanpassungen zuvor für einige Jahre automatisch gedämpft wurden, wenn die Zahl der Rentenbezieher in Relation zu den Beitragszahlern stieg. Die Rücknahme dieser Reformen erfolgte wegen anhaltenden Unmuts in der Bevölkerung und einer vorübergehend äußerst günstigen Lage der Rentenkassen durch steigende Beitragszahlungen, sichtbar in einer stark wachsenden Nachhaltigkeitsreserve des Systems. Als der Finanzminister ab 2013 in wachsendem Maße Mittel zur Stabilisierung des Europäischen Währungssystems bereitstellen musste und gleichzeitig den Konsolidierungspfad zur Einhaltung der kurz zuvor eingeführten

Schuldenbremse einzuhalten versuchte, fror der Bundestag die Bundeszuschüsse an die Rentenversicherung für einige Jahre ein. Sie deckten zu diesem Zeitpunkt nicht weniger als ein Drittel aller Rentenausgaben – ein schwer zu beziffernder Anteil davon allerdings für sogenannte versicherungsfremde Leistungen, die das System seinerzeit gewährte. Mit dem beginnenden Wiederanstieg der Arbeitslosigkeit kippte die Finanzlage des Systems danach rasch um. Früher und heftiger als zuvor erwartet wurden 2017 und 2018 erstmals seit längerer Zeit wieder Erhöhungen des Beitragssatzes fällig (auf 20,5 Prozent der beitragspflichtigen Bruttoentgelte). Zusammen mit stark steigenden Krankenversicherungsbeiträgen (vgl. Abschnitt 3.2) trieb dies die Arbeitslosigkeit noch weiter nach oben. Langfrist-Projektionen sagten damals einen Anstieg des Rentenbeitragssatzes auf über 23 Prozent bis 2040 und auf über 25 Prozent bis 2060 voraus.

Die damalige Regierungskoalition diskutierte noch intensiv darüber, welche der zuvor suspendierten Reformen man wieder in Kraft setzen solle – unter anderem kehrte man zur Heraufsetzung der Regelaltersgrenze zurück – oder ob es grundsätzliche Alternativen für die Rolle des Staates bei der Altersvorsorge gebe, da wurde sie im Jahre 2020 völlig unerwartet mit einem Urteil des Bundesverfassungsgerichts konfrontiert. Die Verfassungsrichter urteilten, wenn auch mit knapper Mehrheit, dass Erhöhungen des Beitragssatzes zu einem umlagefinanzierten Alterssicherungssystem wie der gesetzlichen Rentenversicherung verfassungswidrig seien. Sie beriefen sich dabei auf den erst wenige Jahre zuvor neu gefassten Artikel 20a des Grundgesetzes, demzufolge »die Träger staatlicher Macht [...] in ihrem Handeln den Grundsätzen sozialer und ökologischer Nachhaltigkeit verpflichtet« seien. Als entscheidend werteten sie, dass solche Erhöhungen einer zweckgebundenen Zwangsabgabe unweigerlich zu einer dauerhaften Belastung aller nachfolgenden Generationen von Beitragszahlern führen würden, wie dies Ökonomen bereits Jahre zuvor nachgewiesen hatten (Sinn 2000). Die faktische Einführung des Umlageverfahrens unmittelbar nach dem Zweiten Weltkrieg sei durch die kriegsbedingte Sondersituation, nach dem Totalverlust der letzten Vermögensreserven des ursprünglich kapitalgedeckten Bismarck'schen Rentensystems, als »Akt intergenerationeller Lastenteilung« zu rechtfertigen gewesen. Für die späteren Erhöhungen des Beitragssatzes gelte dies jedoch – spätestens seit Einführung des neuen Verfassungsartikels – nicht. Aus Gründen des Vertrauensschutzes könne das gesetzliche Rentensystem allerdings mit dem aktuell geltenden Beitragssatz von 20,5 Prozent fortgeführt werden.

Das Verfassungsgerichtsurteil wirkte auf die Rentenpolitik wie ein Paukenschlag. Ohne das Urteil wären grundlegende Reformen des Rentensystems, wie sie anschließend ergriffen wurden, zu diesem Zeitpunkt kaum noch möglich gewesen: Ältere Wähler, die dadurch tendenziell belastet wurden, waren gegenüber jüngeren Wählern bereits auf Dauer in der Mehrheit (Sinn/Übelmesser 2002). Angesichts der Kritik an den intergenerationellen Verteilungswirkungen des reinen Umlagemechanismus besann sich die Politik auf die einzig verfügbaren Wege für eine echte Altersvorsorge – durch Ersparnis und Investitionen in Sachkapital oder durch Investitionen in Humankapital und zukünftige Erwerbskapazitäten. Konkret wurde bereits ab 2021 ein neues System zur ergänzenden Vorsorge eingeführt, das an ältere Überlegungen zur Reform des Umlageverfahrens anknüpfte (Sinn 2005; Werding 2006). Neben der weiter bestehenden gesetzlichen Rentenversicherung, deren Leistungen bei fixiertem Beitragssatz im Zuge des fortschreitenden demografischen Wandels ab diesem Zeitpunkt jedoch merklich sinken mussten, wurde eine neue Kinderrente eingeführt, und das bereits bestehende System der ergänzenden Sparrente wurde umgestaltet.

Bei der Kinderrente handelte es sich um ein neues Umlagesystem, mit Beitragspflicht für alle Erwerbspersonen, dessen Leistungen an die Erziehung von Kindern bzw. die Wahrnehmung der wirtschaftlichen Verantwortung für Kinder geknüpft war. Die Leistungen des Systems waren so bemessen, dass sie das sinkende Niveau gesetzlicher Renten für Eltern von drei und mehr Kindern bei vollständiger (Standard-)Rentenbiographie stets auf ein Bruttorentenniveau von 48 Prozent aufstockten, wie es zuletzt im Jahre 2001 realisiert worden war – vor einer Serie früher Reformen, die das Standard-Rentenniveau gezielt herabschleusten. Effektiv war das Rentenniveau 2021 schon so deutlich gesunken, dass man dieses Ziel erst nach einer mehrjährigen Einführungsphase der Kinderrente voll verwirklichen konnte. Eltern von zwei Kindern oder einem Kind erhielten jeweils zwei Drittel bzw. ein Drittel dieser Leistungen, Kinderlose bekamen keine Kinderrente. Wegen der Anknüpfung der Leistungen an die Sorge für Kinder, so wurde argumentiert, falle das neue Umlagesystem nicht unter das Urteil des Bundesverfassungsgerichts. Allerdings wurden die Bundesmittel für die gesetzliche Rente, die 2019/20 wieder regulär angepasst worden waren, erneut eingefroren und alle weiteren Mittel, die nach dem alten Recht aus dem Bundeshaushalt in das System hätten fließen sollen, in die Kinderrente umgeleitet. Faktisch ist das System daher bis heute überwiegend steuerfinanziert, was verfassungsrechtliche Risiken weitgehend ausschließt. Der Beitragssatz, der darüber hinaus auf alle Arten von Erwerbseinkommen – als Resultat früherer Humankapitalinvestitionen – erhoben wird, beläuft sich seit Jahren recht konstant auf rund 1,6 Prozent.

Parallel dazu wurde für alle Erwerbspersonen ab dem Alter von 23 Jahren die Pflicht zur ergänzenden, kapitalgedeckten Vorsorge in Form der Sparrente eingeführt, die zusammen mit der gesetzlichen Rente nach einer Übergangsfrist heute dasselbe, als lebensstandardsichernd angesehene Niveau absichern soll wie die Kinderrente. Die Sparpflicht reduziert sich um ein Drittel bei der Geburt eines Kindes, bis hin zur völligen Befreiung ab drei Kindern. Bei der Geburt eines Kindes wird daher jeweils auch ein Drittel des bereits angesparten Vorsorgevermögens frei von der Anlagepflicht und steht der Familie zur sofortigen Verwendung – oder zu freiwilliger höherer Vorsorge – zur Verfügung. In der Übergangszeit wären für Personen im rentennahen Alter die nötigen Ersparnisse zur Erreichung des Sicherungsziels zu hoch gewesen. Berechnungen von 2021 ergaben, dass ein kinderloser Angehöriger des Jahrgangs 1964 in den zehn Jahren bis zu seinem Renteneintritt 16,6 Prozent seines laufenden Einkommens hätte sparen müssen, selbst wenn er schon ab 2002 durchgängig mit der als »Riesterrente« bekannten Vorläuferregelung vorgesorgt hätte. Wegen starker Zinseszinseffekte reduziert sich dieser Satz für spätere Jahrgänge aber deutlich. Auf Dauer sinkt die nötige Ersparnis auf 4 Prozent des Einkommens, die für alle ab 1980 Geborenen verbindlich vorgeschrieben sind.

Effektiv wurde mit dieser Reform die frühere Förderung ergänzender Vorsorge eingestellt und durch eine Sparpflicht ersetzt. Dieser kommen derzeit rund 80 Prozent der Erwerbstätigen nach, je nach Kinderzahl allerdings in verschiedenem Umfang. Die freiwillige Teilnahme am alten, staatlich geförderten System hatte bis 2020 33 Prozent des Adressatenkreises nie überschritten. Das auf diesem Wege gebildete Vorsorgevermögen liegt derzeit bei gut 35 Prozent des laufenden Bruttoinlandsprodukts und steigt weiter an. Interessant sind jedoch vor allem die Verhaltenseffekte, die sich der Einführung der Kinderrente zurechnen lassen: Im Vergleich zu früher werden Eltern dadurch einige Unsicherheiten abgenommen – etwa bezüglich der Deckung kurzfristiger materieller Bedarfe bei der Geburt eines Kindes oder bezüglich der wirtschaftlichen Risiken einer Trennung oder Scheidung wegen der Anknüpfung von Kinderrentenansprüchen an die Erfüllung von Unterhaltspflichten. Gleichzeitig erscheint der Lebensstandard Kinderloser, die ihre Altersvorsorge nun verstärkt selbst betreiben müssen, nicht mehr als so viel besser. Reaktionen auf diese neuen Rahmenbedingungen haben sich erst allmählich entfaltet. Der ab 2020 einsetzende Anstieg der zusammengefassten Geburtenziffer (vgl. Abschnitt 2.1) ist aber eindeutig eine Folge der neuen Kinderrente, wie mittlerweile mehrere Studien nachgewiesen haben. Zeitpfad und Höhe des Geburteneffekts entsprechen annähernd den Vorausschätzungen, die dazu bereits vor vielen Jahren vorgelegt wurden (Cigno/Werding 2007: 159–164).

Insgesamt hat der Staat die Altersvorsorge ab 2020 also entschieden umstrukturiert, mit einer angemesseneren Zuweisung von Rechten und Pflichten, und seine Rolle dabei verkleinert. Die Summe der Beiträge zum gesetzlichen Rentensystem und zur Kinderrente beträgt heute 22,2 Prozent – weniger als bei einer unveränderten Fortsetzung des alten Systems. Das in der Vergangenheit oft beschworene Risiko, dass die Altersarmut aufgrund des demografischen Wandels und der dadurch erzwungenen Einschnitte bei der staatlichen Alterssicherung deutlich zunimmt, ist vor allem aus zwei Gründen geringer als befürchtet. Zum einen hat der starke Ausbau kinderbezogener Rentenansprüche insbesondere solche Personen begünstigt, die anderenfalls im Alter von Armut bedroht gewesen wären. Zum anderen hat man früher unterschätzt, dass die starken Veränderungen des Erwerbsverhaltens von Frauen heute zu weit vollständigeren Rentenbiographien im herkömmlichen Sinn führen als dies zu Beginn des Jahrhunderts im Rentenbestand der Fall war. Alles in allem wird das Rentensystem nach dem demografischen Übergang derzeit allseits als intakt und leistungsfähig angesehen.

3.2 Gesundheit und Pflege

Finanzierungsprobleme, die sich in den letzten vier Jahrzehnten im Bereich der Krankenversicherung ergaben, sind nicht allein der demografischen Entwicklung zuzurechnen. Dies war bereits vor Beginn des akuten demografischen Wandels absehbar (vgl. etwa Zweifel u.a. 1999; Breyer u.a. 2010). Unter anderem deshalb wurde vorab auch nicht so intensiv nach Möglichkeiten gesucht, das System auf diese Phase vorzubereiten, wie dies bei der Alterssicherung geschah. Vielmehr wurde in den 2010er Jahren unter wechselnder politischer Verantwortung ein schon länger anhaltender Streit über die Finanzierung der gesetzlichen Krankenkassen – durch pauschale Gesundheitsprämien mit Sozialausgleich oder einkommensbezogene

Beiträge im Rahmen einer universellen Bürgerversicherung – ohne klare Entscheidungen fortgesetzt. Gleichzeitig erhöhte sich in dieser Zeit jedoch die Dynamik der Ausgaben des Systems. Zuvor war der Kostenanstieg bei wichtigen Leistungsarten durch weiche Formen der Budgetierung für einige Zeit unter Kontrolle gehalten worden. Im Vergleich zur Demografie erzeugte der medizin-technische Fortschritt aus damaliger Sicht wesentlich größere Unwägbarkeiten in Bezug auf die Entwicklung der Gesundheitsausgaben (Breyer/Ulrich 2000; Werding 2011: 13–16; 38–40). Während er zuvor definitiv als Kostentreiber gewirkt hatte, bestand über seine zukünftige Richtung naturgemäß völlige Unkenntnis. Vermutet wurde allerdings eine systemimmanente Verzerrung zugunsten kostensteigernder Innovation, solange Versicherungen als die eigentlichen Kostenträger nur geringe Kostenkontrolle haben (Breyer u.a. 2005: 515–517).

Untersucht man die Entwicklung der Gesundheitsausgaben in den letzten drei bis vier Jahrzehnten genauer, so lässt sich recht gut erkennen, dass die Altersprofile der Pro-Kopf-Ausgaben ihre grundlegende Form behalten haben. Der starke Anstieg mit fortschreitendem Alter, der Anfang des Jahrtausends bei Frauen wie bei Männern mit etwa 60 Jahren einsetzte, hat sich jedoch kontinuierlich zu einem höheren Alter verschoben. Die Lebensphase mit vergleichsweise hohen Gesundheitsausgaben wurde dadurch komprimiert, und zwar im Mittel um etwa 1,5 Jahre je Dekade. Das ist etwas weniger als die Erhöhung der Lebenserwartung im selben Zeitraum. Gleichzeitig hat sich das Niveau der jeweils anfallenden Pro-Kopf-Ausgaben stark erhöht, beispielsweise gemessen am Pro-Kopf-Bruttoinlandsprodukt. Der Anstieg der durchschnittlichen Gesundheitsausgaben variierte mit der Zeit allerdings sehr in seinem Tempo. Um 2015 beschleunigte er sich recht deutlich und schwächte sich bis 2025 nur langsam wieder ab. Inwieweit dahinter die Ausnutzung von Marktmacht durch wichtige Gruppen von Leistungserbringern stand, etwa der Ärzte oder der Pharmahersteller, oder aber starke Kostensteigerungen durch echten medizintechnischen Fortschritts, lässt sich aus heutiger Sicht nicht mehr genau beurteilen. Spürbare Verbesserungen von Gesundheitsindikatoren oder Lebenserwartung sind den Daten aus dieser Zeit aber nicht zu entnehmen.

Jedenfalls stieg in den Jahren zwischen 2010 und 2023 auch der Beitragssatz zur gesetzlichen Krankenversicherung, trotz wiederholter Beteuerungen einer Fixierung, von knapp 15 Prozent auf 17,5 Prozent an. Erst an diesem Punkt und auch mit Rücksicht auf die anhaltend ungünstige Arbeitsmarktentwicklung (vgl. Abschnitt 2.3) überwand die Politik ihre internen Blockaden und wurde im Bereich Gesundheit aktiv. Eine wichtige Rolle spielte dabei die Aussicht, dass der Beitragssatz der Krankenversicherung damals recht bald denjenigen der gesetzlichen Rentenversicherung überstiegen hätte. Nach den Reformen im Bereich der Alterssicherung, die mittelfristig eine deutliche Dämpfung der Abgabenlast versprochen hatten, war diese Aussicht für die politisch Verantwortlichen, aber auch für viele Bürger frustrierend. Für die lange Zeit heftig umstrittene Frage der Finanzierung der gesetzlichen Krankenversicherung fand sich in dieser Situation eine Lösung. Realisiert wurde nun ein Mischsystem, das vorher mehrmals angekündigt, aber nie eingehalten worden war. Der allgemeine Beitragssatz wurde bis 2028 wieder auf 15 Prozent der beitragspflichtigen Einkommen – weiterhin überwiegend Löhne und Renten – zurückgeführt und dort fixiert. Damit nicht gedeckte Ausgaben der Krankenkassen werden seither über pauschale Zusatzbeiträge finanziert. Versicherte, die dafür selbst bei Wahl eines Basistarifs mehr als 5 Prozent ihres gesamten Einkommens aufwenden müssten, erhalten jedoch einen Sozialausgleich aus allgemeinen Haushaltsmitteln des Bundes.

Viel wichtiger als die Finanzierung von Krankenversicherung und Gesundheitssystem waren jedoch zahlreiche neue Ansätze zur Steuerung der Leistungsanbieter und damit der Ausgabenentwicklung. Die Politik hat dafür einige Rahmenbedingungen geschaffen, vor allem indem sie starre Strukturen des alten Systems auflöste, die aus gesetzlichen Vorgaben resultierten. Die Initiative übernahmen dann jedoch andere Akteure, namentlich die Krankenversicherungen. Hier wirkten sich einige Strukturentscheidungen aus, die während der andauernden Finanzierungsstreitigkeiten immerhin zustande gekommen waren. Das traditionelle, aber schwer zu rechtfertigende Nebeneinander von privater und gesetzlicher Krankenversicherung wurde 2018 auf den Prüfstand gestellt, blieb aber im Prinzip erhalten. Ausschlaggebend war dafür, dass die privaten Versicherungen nennenswerte Vermögensreserven für die Finanzierung des erwarteten Anstiegs der Gesundheitsausgaben gebildet hatten. Die Politik scheute sich, diese Reserven an das gesetzliche System zu übertragen. Eine Auszahlung an die privat Versicherten stellte politisch jedoch auch keine Option dar. Stattdessen wurde die seit 2009 auch für den PKV-Sektor bestehende Krankenversicherungspflicht so modifiziert, dass Personen, deren Einkommen die frühere Beitragsbemessungsgrenze des gesetzlichen Systems überstieg, nun eine private Versicherung abschließen mussten. Ziel war, dass jeder zur Kapitaldeckung der Gesundheitsausgaben beitragen sollte, der die finanziellen Möglichkeiten dazu besaß. Am Sozialausgleich für die Zusatzbeiträge der gesetzlichen Krankenversicherung müssen sich Besserverdienende wegen der progressiven Einkommensteuer dagegen überproportional beteiligen. Kritik an der historisch gewachsenen Zweiteilung des Versicherungssystems ist daher heute so gut wie verstummt.

Nach der Reform von 2023 ergaben sich einerseits neue strategische Kooperationen, andererseits ein intensiver Wettbewerb, in dem verschiedene Versicherer effektiv auch in den Markt der Leistungsanbieter eintraten und eigene Versorgungssysteme mit besserer Balance von Kosten und Qualität aufbauten. Im Kern ging es ihnen darum, Ineffizienzen im Bereich des alten, stark fragmentierten Versorgungssystems zu beseitigen und vor allem die einseitigen Anreize zugunsten kostentreibender Innovationen zu überwinden. Die Jahre zwischen 2025 und 2030 wurden so zu einer Phase der beschleunigten Reorganisation des gesamten Gesundheitswesens. Federführend waren in diesem Prozess zum einen gesetzliche Kassen, die traditionell schon eigene Krankenhäuser und Reha-Einrichtungen betrieben hatten, wie die Knappschaft und einige Ortskrankenkassen, zum anderen zwei private Krankenkassen und später auch das Nachfolgeunternehmen der alten Betriebskrankenkassen. Durch Übernahmen kleinerer Pharmaunternehmen und vor allem einiger Hersteller von Medizin- und Kommunikationstechnik lenkten sie die Forschungs- und Entwicklungstätigkeit in diesen Bereichen in neue Bahnen.

Früher gab es eine strikte Trennung zwischen sogenannter stationärer Versorgung (in Krankenhäusern) und ambulanter Behandlung (durch einzelne Ärzte, auch ohne Spezialisierung als Facharzt). Abgesehen von einigen ländlichen Gegenden ist sie mittlerweile völlig verschwunden. Patienten, die körperliche Untersuchungen, Behandlungen oder Pflege benötigen, suchen Einrichtungen auf, die von ihrer Krankenversicherung getragen oder unter Vertrag genommen werden. Vieles weitere übernehmen Geräte, die für Tele-Diagnosen, Tele-Beratung oder sogar für ein sicheres Tele-Monitoring von Rekonvaleszenten sorgen, sowie mobile Ärzte- und Pflegeteams, die es vor 2025 noch kaum gab. Das Wachstum der durchschnittlichen Gesundheitsausgaben hat sich seither deutlich verlangsamt. In den letzten Jahren ist es sogar unter das Wachstum des Pro-Kopf-Bruttoinlandsprodukts gefallen. Entscheidend ist schließlich, dass Versicherte heute gewisse Wahlmöglichkeiten zwischen verschiedenen Tarifen mit unterschiedlich hohen Zusatzbeiträgen haben, wobei selbst die Qualität der

Leistungen im Basistarif, den alle Versicherungen bereithalten müssen, bei den meisten Anbietern als ausreichend angesehen wird.

Ein Sorgenkind im Bereich des sozialen Sicherungssystems ist in der Phase des demografischen Übergangs die Pflegeversicherung geblieben, zumindest in finanzieller Hinsicht. Die Qualität der Leistungen kann wegen strikter Regulierungen zwar auch hier überwiegend als befriedigend angesehen werden. Die Möglichkeiten zur Dämpfung der Ausgaben je Pflegefall haben sich aber als begrenzt erwiesen. Der altersbedingte Anstieg des individuellen Pflegerisikos hat sich im Zeitablauf weniger stark verschoben als bei den Gesundheitsausgaben, im Durchschnitt um rund ein Jahr je Dekade. Dafür spielen weniger physische Beeinträchtigungen eine Rolle, sondern vor allem Demenzerkrankungen. Deshalb, aber auch wegen der gestiegenen Erwerbsbeteiligung speziell von Frauen, die früher oft die häusliche Pflege älterer Verwandter übernahmen, hat der Anteil der Fälle, die in Pflegehäusern betreut werden, deutlich zugenommen. Ein wichtiger Reformschritt in diesem Bereich, der an den Trend zur Auflösung starrer institutioneller Strukturen im Gesundheitswesen anknüpft, ist die 2031 erfolgte Zusammenlegung von Kranken- und Pflegeversicherung. Sie hat einige Schnittstellenprobleme in Bezug auf die gesundheitliche Versorgung Pflegebedürftiger beseitigt. Die Ausgabenentwicklung im Bereich der Pflege wurde allerdings zumindest bisher nicht deutlich beeinflusst. Der Beitragssatz der sozialen Pflegeversicherung war zu dieser Zeit auf 2,8 Prozent gestiegen. 2,5 Prozentpunkte davon wurden 2031 auf den fixierten Krankenversicherungssatz aufgeschlagen, der Rest in das System der Zusatzbeiträge überführt. Nach den Leistungsstatistiken der Versicherungen haben sich die Effekte von Pflegeleistungen für die Höhe der durchschnittlichen Zusatzbeiträge bis jetzt (2040) verdoppelt. Der für die Zukunft erwartete Rückgang der mittleren Zusatzbeiträge aufgrund eines verlangsamten Wachstums der Gesundheitsausgaben wird dadurch sicherlich verzögert, möglicherweise sogar verhindert.

4. Sozialausgaben und öffentliche Finanzen

Vor und während der gesamten Phase des verschärften demografischen Wandels wurde stets auf die Entwicklung öffentlicher Ausgaben geachtet, die als besonders stark von demografischen Einflussfaktoren abhängig galten. Hier wurden große Risiken für die gesamten öffentlichen Finanzen gesehen, speziell für die Entwicklung von Defizit und Schuldenstand des gesamtstaatlichen Haushalts. Gleichzeitig befürchtete man, dass bei einer gezielten Dämpfung stark steigender Ausgaben grundlegende soziale Sicherungsziele preisgegeben würden.

Große Sorge galt durchgängig auch der Entwicklung der Beitragssätze der gesetzlichen Sozialversicherungen, mit denen ein Großteil der demografieabhängigen Sozialausgaben traditionell finanziert wird, überwiegend aus den Löhnen abhängig Beschäftigter. Hier bestand das Risiko negativer Rückwirkungen auf die globale Wettbewerbsfähigkeit von in Deutschland produzierten Leistungen und Gütern und damit auf die Arbeitsmarktentwicklung. Effekte einer Umfinanzierung der Ausgaben bei unverändertem Gesamtvolumen wurden dabei verschieden beurteilt, insgesamt aber für eher klein gehalten. Alle diese Themen standen in den letzten vier Jahrzehnten daher phasenweise immer wieder im Zentrum äußerst heftiger politischer Auseinandersetzungen sowie öffentlicher Debatten zwischen unterschiedlichsten Parteiungen in der Bevölkerung.

Vor diesem Hintergrund hat sich, trotz vorübergehender, aber sehr nennenswerter Probleme in den 2020er Jahren, effektiv eine Entwicklung der Sozialversicherungsbeiträge ergeben, die sicherlich nicht den schlimmsten Befürchtungen der Vergangenheit entspricht (vgl. Abbildung 4). Sie ist zuletzt erkennbar günstiger ausgefallen als mittlere Szenarien früherer Langfrist-Projektionen erwarten ließen (vgl. Werding 2011: 22). Zu berücksichtigen ist dabei auch, für wen die in der Abbildung ausgewiesenen Beitragssätze im Einzelnen gelten. Die kumulierte Gesamtbelastung trifft sozialversicherungspflichtig Beschäftigte – die im Zeitablauf weitgehend unverändert knapp 70 Prozent aller Erwerbstätigen stellen –, soweit sie auch den Beiträgen zur gesetzlichen Kranken- (und Pflege-)Versicherung unterliegen. Die Krankenversicherungsbeiträge gelten auch für Bezieher gesetzlicher Renten, die bereits in der Erwerbsphase Versicherte des gesetzlichen Systems waren. Zusatzbeiträge der gesetzlichen Krankenversicherung werden hier mit ihrem Durchschnittsbetrag (in Prozent durchschnittlicher Bruttolöhne) ausgewiesen, auch wenn sie als Pauschalbeiträge erhoben und bei Beziehern niedriger Einkommen durch einen Sozialausgleich gedeckt werden. Bezieher höherer Einkommen (und Renten) müssen dagegen private Krankenversicherungen mit anderweitig bestimmten Beiträgen abschließen. Die Beiträge zur Kinderrente gelten für alle Erwerbspersonen über 23 Jahren mit eigenem Einkommen (oder entsprechenden Ersatzleistungen). Nicht erfasst werden hier schließlich die verpflichtenden Sparsätze zur ergänzenden privaten Altersvorsorge, die Kinderlose und, entsprechend abgestuft, Eltern von einem oder zwei Kindern leisten müssen.

Abbildung 4: Sozialversicherungsbeiträge, kumuliert (1990–2040).

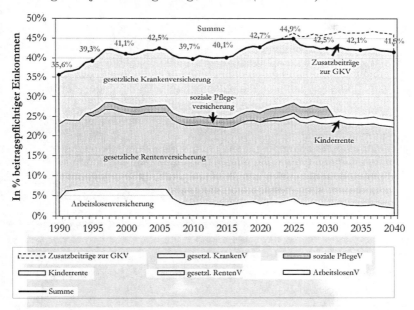

Quelle: Amtliche Daten der Träger, eigene Berechnungen (bis 2012); Projektionen des Autors.

Zwischen 2010 und 2025 sind die kumulierten Sozialversicherungsbeiträge von knapp 40 Prozent auf annähernd 45 Prozent gestiegen. Ab 2030 ist es jedoch gelungen, sie bei 42 Prozent zu stabilisieren. Gegenwärtig ergibt sich sogar ein weiterer Rückgang. Da der demografische Übergang nun so gut wie abgeschlossen ist (vgl. Abschnitt 2.1), kann dies als Erfolg gewertet werden, auch wenn dieser alles andere als leicht zu erzielen war. Die demografieabhängigen Sozialausgaben haben sich in Relation zum laufenden Bruttoinlandsprodukt seit 2010 trendmäßig durchgängig erhöht (vgl. Abbildung 5). Der Anstieg ist hinter früheren Erwartungen zurückgeblieben.

Er fällt allerdings doch stärker aus als in optimistischen Szenarien aus der Vergangenheit (vgl. Werding/Hofmann 2008: 80–82; Werding 2011: 20f.).

Abbildung 5: Öffentliche Ausgaben (1990–2040).

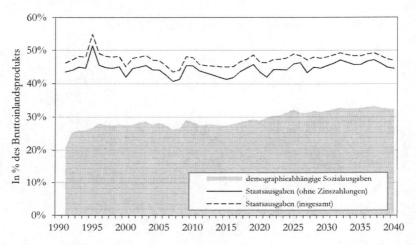

Erläuterung: Als »demografieabhängige Sozialausgaben« werden öffentliche Ausgaben für Alterssicherung (Renten, Pensionen, Förderung privater Vorsorge), Gesundheit und Pflege (Versicherungsleistungen und Beihilfen), Bildung und Familie (Bildungsausgaben, Kinderbetreuung, Geldleistungen an Familien) und ergänzend auch für Arbeitsmarkt (aktive und passive Arbeitsmarktpolitik) und Grundsicherung (für Arbeitsuchende, bei Erwerbsminderung und im Alter sowie sonstige Sozialhilfeleistungen) betrachtet.

Quelle: Amtliche Daten der Träger und des Statistischen Bundesamtes, eigene Berechnungen (bis 2011); Projektionen des Autors.

Die Befürchtung, dass ein demografisch bedingter, starker Anstieg der Sozialausgaben die öffentlichen Finanzen insgesamt in Mitleidenschaft zieht, hat sich nicht bewahrheitet. Ein entscheidender Schritt zur Stabilisierung der öffentlichen Finanzen war sicherlich, dass die seinerzeit für den Bundeshaushalt erstmals voll bindende Schuldenbremse im Jahre 2016 eingehalten wurde – wenn auch mit Mitteln, die an anderer Stelle zu Problemen führten (vgl. Abschnitt 3.1). Anderenfalls hätte diese verfassungsrechtliche Schuldenbegrenzungsregel aber wohl rasch jede praktische Bedeutung verloren. Als sie ab 2020 auch für die Bundesländer voll gelten sollte, ergaben sich Probleme, nicht nur in Ländern, an deren Fähigkeit zur Haushaltskonsolidierung vorab schon gezweifelt worden war. Der Bund und die Mehrheit der Länder setzten im aufgeregten Klima dieser Jahre aber die Einführung von Sanktionen durch: Bei Nichteinhaltung der Regel wurden in den betroffenen Ländern automatisch Zuschläge auf die Einkommensteuersätze erhoben und das erhöhte Aufkommen zur Konsolidierung der Landeshaushalte verwendet. Für den Bund hätte nötigenfalls dasselbe gegolten – eine Konsequenz, die die Politik in der Folgezeit immer gescheut hat. Seit 2031 umfasst die Schuldenbremse außerdem eine Tragfähigkeitskomponente. Sowohl in Deutschland als auch auf EU-Ebene werden »Tragfähigkeitslücken« der zukünftigen Finanzpolitik auf der Basis von 25-Jahres-Projektionen gemessen. Solche Lücken führen gegebenenfalls zu einem Abschlag beim Zielwert für den Finanzierungssaldo des jährlichen Haushalts, der im Rahmen der Schuldenbremse konjunkturbereinigt nicht überschritten werden darf.

Abbildung 6: Haushaltsdefizit und Schuldenstand (1990–2040).

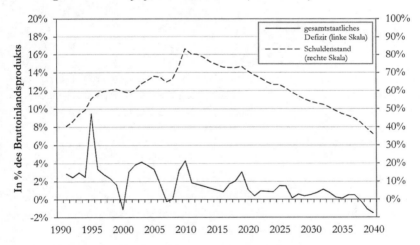

Quelle: Statistisches Bundesamt (bis 2011); Projektionen des Autors.

Resultat dieser Anstrengungen ist, dass das Defizit im Bundeshaushalt, das 2019 noch einmal auf 3,1 Prozent des Bruttoinlandsprodukts hochgeschnellt war, seither auch bei ungünstiger Konjunktur immer unter 1,5 Prozent gehalten wurde und seit 2038 nun sogar drei Jahre in Folge zu einem Überschuss geführt hat (vgl. Abbildung 6). Der Schuldenstand, der

2010 im Zuge einer heftigen internationalen Finanz- und Wirtschaftskrise ein historisches Hoch bei gut 83 Prozent des Bruttoinlandsprodukts erreicht hatte, blieb bis 2020 auf einem Niveau über 70 Prozent und stieg vorübergehend sogar wieder an. Anschließend ist er praktisch durchgängig gefallen. Vor drei Jahren unterschritt er die 40-Prozent-Marke und liegt zuletzt (2040) bei 36,2 Prozent.

5. Schlussbemerkung

Der erwartete weitere Anstieg der Lebenserwartung zwingt in der Sozial- und Finanzpolitik weiterhin zur Vorsicht. Zwar ist die Altersstruktur des Landes derzeit stabil. Der Anteil der aktiven Bevölkerung ist aber deutlich niedriger als zu Beginn des demografischen Übergangs.

In manchen Dingen, die sich für die Bewältigung des demografischen Wandels heute als hilfreich erweisen, hat Deutschland wohl schlicht Glück gehabt. In anderen Punkten hat es – mindestens zeitweise – wahrscheinlich eher ein schlechtes Beispiel gegeben, das anderen Ländern half, ähnliche Fehler von vornherein zu vermeiden. Geprägt wurden die vergangenen drei bis vier Jahrzehnte jedoch auch von einer Reihe politischer Entscheidungen, die seinerzeit hart erschienen, aber hellsichtig waren. Hinzu kommen bemerkenswerte Änderungen im Verhalten von Arbeitnehmern und Arbeitgebern, Sparern und Rentnern, Patienten, Ärzten und vielen anderen Akteuren, die sich hier in aller Kürze nicht eingehend darstellen lassen. Entscheidend für die insgesamt günstige Entwicklung waren die deutlichen Änderungen in Sachen Erwerbsbeteiligung und Bildung – mehr Menschen, die bereit waren mehr zu lernen und mehr und länger zu arbeiten. Solche Entwicklungen lassen sich mit den Mitteln der Politik weder erzeugen noch erzwingen. Politisch Verantwortliche können ihnen aber den Weg ebnen.

Literatur

Breyer, Friedrich/Ulrich, Volker (2000), Gesundheitsausgaben, Alter und medizinischer Fortschritt: Eine Regressionsanalyse, *Jahrbücher für Nationalökonomie und Statistik*, Jg. 220, H. 1, S. 1–17.

Breyer, Friedrich/Zweifel, Peter/Kifmann, Mathias (2005), *Gesundheitsökonomie*, 5. Aufl., Berlin u.a.: Springer.

Breyer, Friedrich/Costa-i-Font, Joan/Felder, Stefan (2010), Ageing, Health and Health Care, *Oxford Review of Economic Policy*, Jg. 26, H. 4, S. 674–690.

Cigno, Alessandro/Werding, Martin (2007), *Children and Pensions*, Cambridge, Mass.: MIT Press.

Leibfritz, Willi/Roeger, Werner (2007), The Effects of Aging on Labor Markets and Economic Growth, in: Ingrid Hamm, Helmut Seitz und Martin Werding (Hg.), *Demographic Change in Germany: The Economic and Fiscal Consequences*, Berlin u.a.: Springer, S. 35–63.

Sachverständigenrat zur Begutachtung der gesamtwirtschaftlichen Entwicklung (2011), *Herausforderungen des demografischen Wandels. Expertise im Auftrag der Bundesregierung*, Wiesbaden: Statistisches Bundesamt.

Sinn, Hans-Werner (2000), Why a Funded Pension System is Useful and Why It is Not Useful, *International Tax and Public Finance*, Jg. 7, H. 4, S. 389–410.

Sinn, Hans-Werner (2005), Europe's Demographic Deficit: A Plea For a Child Pension System, *De Economist*, Jg. 153, H. 1, S. 1–45.

Sinn, Hans-Werner (2010), Rescuing Europe, *CESifo Forum*, Jg. 11, August 2010 (Special Issue), S. 1–22.

Sinn, Hans-Werner/Übelmesser, Silke (2002), Pensions and the Path to Gerontocracy in Germany, *European Journal of Political Economy*, Jg. 19, H. 1, S. 153–158.

Statistisches Bundesamt (2009), *Bevölkerung Deutschlands bis 2060: 12. koordinierte Bevölkerungsvorausschätzung*, Wiesbaden.

Werding, Martin (2006), Kinderrente und Vorsorgepflicht: Der ifo-Vorschlag zur Lösung der demographischen Krise des Rentensystems, *ifo Schnelldienst*, Jg. 59, H. 7, S. 44–53.

Werding, Martin (2007), Social Insurance: How to Pay for Pensions and Health Care?, in: Ingrid Hamm, Helmut Seitz und Martin Werding (Hg.), *Demographic Change in Germany: The Economic and Fiscal Consequences*, Berlin u.a.: Springer, S. 89–128.

Werding, Martin (2011), Demographie und öffentliche Haushalte: Simulationen zur gesamtstaatlichen Finanzpolitik in Deutschland, SVR-Arbeitspapier, Nr. 3/2011, Wiesbaden.

Werding, Martin (2013), *Modell für flexible Simulationen zu den Effekten des demographischen Wandels für die öffentlichen Finanzen in Deutschland bis 2060 – Daten, Annahmen, Methoden*, Gütersloh: Bertelsmann-Stiftung.

Werding, Martin/Hofmann, Herbert (2008), *Projektionen zur langfristigen Tragfähigkeit der öffentlichen Finanzen*, ifo Beiträge zur Wirtschaftsforschung, Band 30, München.

Zweifel, Peter/Felder, Stefan/Meiers, Markus (1999), Ageing of Population and Health Care Expenditure: A Red Herring?, *Health Economics*, Jg. 8, H. 6, S. 485–496.

Denn eins ist sicher:
Die nächste Rentenreform

Robert Fenge

Einleitung

»Nach der Reform ist vor der Reform« – diese Weisheit gilt für kaum einen anderen Bereich so sehr wie für die Rentenpolitik. Seit Bestehen der Bundesrepublik Deutschland kommt die Gesetzliche Rentenversicherung (GRV) nicht zur Ruhe. Leistungen werden ausgeweitet oder wieder zurückgeführt, die Finanzierung wird umgestellt, Rentenanpassungen und Regelaltersgrenzen werden geändert, der Beitragssatz wird angepasst oder nach oben begrenzt. Allein seit 2000 gab es in jedem Jahr gesetzliche Neuregelungen, wovon vier strukturelle Änderungen von besonderer Bedeutung sind (Steffen 2011).

1. Mit der Rentenreform im Jahr 2001 wurde das Verhältnis der staatlichen Rente zum Einkommen, das sogenannte Rentenniveau, abgesenkt. Die Anpassung der jährlichen Rente an die Entwicklung des Nettolohnes wurde umgestellt auf einen modifizierten Nettolohn. Dies führte zu einer beachtlichen Verlangsamung des Rentenanstiegs im Vergleich zur Lohnentwicklung. Um diese relative Senkung der Renten zu kompensieren, wurde gleichzeitig der Einstieg in eine kapitalgedeckte Zusatzrente, die nach dem damaligen Arbeitsminister benannte Riester-Rente, vorgenommen. Seitdem werden ergänzende private Altersvorsorgeverträge staatlich gefördert, die zertifiziert sein müssen und in die Beiträge bis zu einer Höhe von 4 Prozent des Bruttoeinkommens eingezahlt werden können.

2. Im Jahr 2004 fand dann die nächste größere Reform in Gestalt des Rentenversicherungsnachhaltigkeitsgesetzes statt. Die ökonomischen und demografischen Annahmen, die im Jahr 2001 der Riester-Reform zugrunde lagen, hatten sich schon nach drei Jahren als zu optimistisch erwiesen. Um das Ziel der Begrenzung des Beitragssatzes auf maximal 22 Prozent bis zum Jahr 2030 doch noch zu erreichen, wurde in die

Formel der Rentenanpassung der sogenannte Nachhaltigkeitsfaktor eingefügt (Sachverständigenrat zur Begutachtung der gesamtwirtschaftlichen Entwicklung 2007: 175). Die Entwicklung der Renten wird durch diesen Faktor zusätzlich an die Veränderung der Relation zwischen Rentnern und Beitragszahlern, den sogenannten Rentnerquotienten, geknüpft. Steigt dieses Verhältnis, dann wird eine Rentenerhöhung geringer ausfallen als der Anstieg der modifizierten Nettolöhne. Allerdings wird die Rentenanpassung dadurch in beide Richtungen gedämpft.

3. Im Jahr 2007 folgte das Altersgrenzenanpassungsgesetz, durch das im Zeitraum von 2012 bis 2029 die Regelaltersgrenze für den abschlagsfreien Rentenbezug von 65 auf 67 Jahre angehoben wird. Auch diese Regelung wurde vorgenommen, um den Beitragsanstieg langfristig zu dämpfen. Wenn länger gearbeitet wird und die Rentenphase sich verkürzt, dann reicht die höhere Lohnsumme auch bei geringeren Beitragssätzen, um die verbleibenden Rentenausgaben zu finanzieren.

4. 2009 wurde dann wiederum eine Maßnahme ergriffen, um Rentenkürzungen zu verhindern. Mit der Rentenschutzklausel wurde in die Sozialgesetzgebung eine Vorschrift eingefügt, die bei fallenden Löhnen eine Senkung der Renten – entsprechend der dynamischen Rentenformel – ausschließt. Die Kosten dieser Rentengarantie für die Beitragszahler sollen ab 2011 durch verminderte Rentenerhöhungen wieder ausgeglichen werden.

In diesem Beitrag soll erklärt werden, warum solche Reformen nur für kurze Zeit das Problem der Rentenfinanzierung beheben. Der Grund ist, dass viele Reformen die Finanzierungslasten der Rente, die durch den demografischen Wandel entstehen, zwischen den Generationen zwar umverteilen und damit für gewisse Zeit diese Lasten für alle erträglicher machen. Aber sie führen nicht zu einer nachhaltigen Dämpfung des Lastenanstiegs. Im Gegenteil wird die tatsächliche Erhöhung der Finanzierungslast durch eine ergänzende Steuerfinanzierung der Renten kaschiert, die inzwischen deutlich mehr als ein Viertel der Rentenausgaben abdeckt. Diese Entwicklung von einer Beitrags- zu einer Steuerfinanzierung geht aber mit erheblichen Effizienzkosten und Ungerechtigkeiten bei der Verteilung der Finanzierungslasten der Rente einher. Deshalb sind langfristig wirksame Reformen erforderlich, die die demografischen Ursachen der steigenden Finanzierungslasten berücksichtigen. Solche grundlegenden Reformmöglichkeiten liegen aber teilweise außerhalb der eigentlichen Rentenpolitik, zum Beispiel in den Bereichen der Familien- oder auch Arbeitsmarktpolitik.

Der demografische Wandel und seine Folgen für die Rentenfinanzierung

Die Probleme der Rentenfinanzierung, die durch die zahlreichen Reformen beseitigt werden sollen, lassen sich auf die rapide zunehmende Bevölkerungsalterung zurückführen. Die geburtenstarken Jahrgänge der 1960er Jahre wachsen in die höheren Altersgruppen hinein, während die jüngeren Kohorten wesentlich schmaler besetzt sind. Das bedeutet, der Anteil älterer Menschen in der Gesellschaft nimmt im Verhältnis zum Anteil jüngerer Menschen immer mehr zu.

Es gibt zwei Ursachen für die demografische Alterung: die Geburtenraten in den industrialisierten Staaten sind deutlich zurückgegangen und die Lebenserwartung der Menschen ist deutlich gestiegen.

Mitte der 1960er Jahre lag in der Bundesrepublik die durchschnittliche Anzahl der Geburten pro Frau in gebärfähigem Alter noch bei 2,5. Für die Bestandserhaltung der Bevölkerung ist eine Geburtenrate von 2,1 notwendig. Nach 1966 sank die Fruchtbarkeitsrate aufgrund des Pillenknicks bis Mitte der 1980er Jahre auf 1,29 und bewegt sich seitdem in einem Bereich zwischen 1,25 und 1,45. Im Jahr 2010 lag die Rate bei 1,39.

Die Entwicklung der Lebensdauer der Menschen in Deutschland verlief nicht weniger spektakulär. Die durchschnittliche Lebenserwartung bei Geburt betrug 1960 etwa 69,62 Jahre. Im Jahr 2009 lag sie bei 79,84 Jahren. In vierzig Jahren ist es durch den medizinisch-technischem Fortschritt und der Verbesserung hygienischer Bedingungen gelungen, die Lebenszeit der Menschen um mehr als zehn Jahre zu verlängern. Zieht man den für die Dauer des Ruhestandslebens wichtigen Indikator der restlichen Lebenserwartung im Alter von 65 Jahren heran, so lebten 1960 Männer im Durchschnitt noch 12,2 Jahre und Frauen noch 14,3 Jahre. 50 Jahre später hingegen beträgt die fernere Lebenserwartung ab dem Alter von 65 Jahren 17,33 Jahre bei Männern und 20,56 Jahre bei Frauen.[1] Auch hier ist also ein Anstieg von fünf bzw. sechs Jahren zu verzeichnen.

---

1 Siehe Sterbetafel 2008/10 des Statistischen Bundesamtes Deutschland.

Die Folgen der demografischen Entwicklung für die Rentenfinanzierung lassen sich am besten mithilfe des sogenannten Altenquotienten beschreiben. Dieser Quotient gibt das Verhältnis der Personen über 65 Jahre zur Anzahl der Personen zwischen 20 und 64 Jahren an. Er gilt näherungsweise als Maß für die Zahl der Rentner, die auf hundert Erwerbstätige kommen. Aufgrund des demografischen Wandels hat sich der Altenquotient schon in der Vergangenheit deutlich erhöht, wird aber vor allem in den nächsten 20 Jahren deutlich steigen.

Abbildung 1: Der Altenquotient in Deutschland zwischen 1960 und 2060.

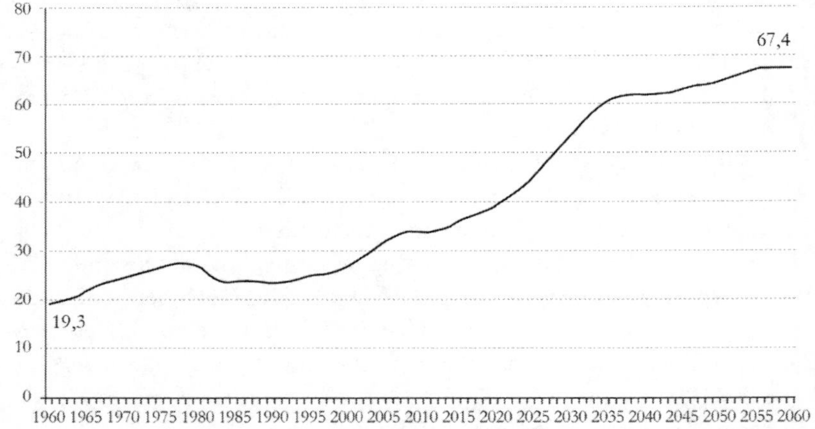

Anmerkung: Altenquotient = 65-Jährige und Ältere je hundert 20- bis unter 65-Jährige; ab 2009 Ergebnisse der 12. koordinierten Bevölkerungsvorausberechnung

Quelle: Statistisches Bundesamt Deutschland.

Abbildung 1 zeigt, dass der Altenquotient von 1960 bis heute um das 1,75fache gestiegen ist und sich bis 2060 nochmals verdoppeln wird. Von 2010 bis 2060 steigt die Anzahl der Personen im Alter von 65 Jahren und mehr, die auf hundert Personen zwischen 20 und 64 Jahren kommen, im Durchschnitt von 33,8 auf 67,4. Das bedeutet, dass von heute aus gesehen im Jahr 2060 ungefähr doppelt so viele Rentner auf einen Beitragszahler kommen.

Ein weiteres Maß für die Auswirkungen der Alterung auf die Rentenversicherung ist die Entwicklung der Rentenbezugsdauer, das heißt die

Zeit, in der ein Versicherter nach Eintritt in den Ruhestand Rente bezieht. Von 1960 bis 2010 stieg diese Dauer bei Männern von 9,6 auf 16,2 Jahre, bei den Frauen erhöhte sie sich im selben Zeitraum von 10,6 auf 20,9 Jahre. Insgesamt stieg die Rentenbezugsdauer in diesem Zeitraum von 9,9 auf 18,5 Jahre (Deutsche Rentenversicherung 2011: 137). Durch den Zugewinn an Lebenszeit genießen Rentnerinnen also etwa zehn Jahre länger ihre Rente, bei Rentnern sind es knapp sieben Jahre.

Diese gravierenden Änderungen im Verhältnis von Rentnern und Beitragszahlern haben Konsequenzen für den Rentenhaushalt. Das in Deutschland und vielen anderen Ländern vorherrschende Finanzierungsverfahren der staatlichen Rente ist das sogenannte Umlageverfahren. In diesem Verfahren werden die laufenden Beiträge der sozialversicherungspflichtig Beschäftigten direkt für die laufenden Leistungen an die Rentner ausgegeben. Wie hoch die ausgezahlte Rente für einen Ruheständler ist, hängt bei dieser Umlage von Beitragszahlern zu Rentnern entscheidend davon ab, wie viele Beitragszahler für einen Rentner aufkommen.

Ein Rentenpolitiker kann bei einem steigenden Verhältnis von Rentnern zu Beitragszahlern kurzfristig zwei Dinge tun, um das Rentenbudget auszugleichen: Entweder werden die Beitragssätze angehoben oder die Renten pro Kopf sinken. In der Realität wird eine Mischung aus beidem erfolgen. Alternativ kann der Rentenpolitiker auch den aus Steuern finanzierten Bundeszuschuss zur Rentenversicherung erhöhen (dazu unten mehr). Oder der Rentenpolitiker denkt langfristig. Dann kann er innerhalb des Umlageverfahrens die Zahl der Beitragszahler bzw. ihre Produktivität und damit ihre einkommensabhängigen Beiträge erhöhen, oder er kann eine kapitalgedeckte Rente einführen, die nicht in dem Maß von der Bevölkerungsentwicklung abhängt. Bei einem solchen Kapitaldeckungsverfahren würden die Beitragszahler mit ihren Beiträgen einen Kapitalstock aufbauen, aus dem sie in ihrem Ruhestand die Rente finanzieren könnten. Diese Finanzierung der Renten ist zwar nicht so demografieanfällig wie das Umlageverfahren, dafür hängen die kapitalgedeckten Renten stärker von der Entwicklung des Kapitalmarktes ab.

Wie auch immer der Rentenpolitiker sich entscheidet, er muss im Blick haben, wie die Reform sich auf die Finanzierungslast der Renten auswirkt. Wenn im Folgenden von der Finanzierungslast der Renten, kurz Rentenlast, die Rede ist, dann ist damit entweder die Last der Beitragszahler gemeint, die aufgrund der Bevölkerungsalterung höhere Beiträge aus ihrem Einkommen für gegebene Renten zahlen müssen, oder es ist die Last der

Rentner gemeint, die bei gegebenen Beiträgen weniger Rente pro Kopf erhalten, oder es ist eine Mischung beider Belastungen gemeint. Auf die steigende Rentenlast wurde und wird in der politischen Arena mit Reformen reagiert, die sich in zwei Kategorien unterteilen lassen. Die eine Art von Reformen begegnet der Rentenlast, indem sie sie gleichmäßiger auf die Generationen verteilt. Steigt aufgrund der demografischen Entwicklung die Anzahl der Rentner im Verhältnis zur Zahl der Beitragszahler, dann bewirken solche Reformen typischerweise, dass der Beitragssatz steigt und/oder das Rentenniveau sinkt beziehungsweise nicht so stark wächst. Steigende Beitragssätze treffen die Erwerbstätigen, während ein sinkendes Rentenniveau die Rentner belastet. Umverteilende Reformen versuchen, die zusätzliche Rentenlast so auf die jüngeren und älteren Generationen aufzuteilen, dass sie unmerklicher wird und gerechter – wie auch immer definiert – verteilt ist. Die andere Art von Reformen ist anspruchsvoller. Sie strebt an, die steigende Rentenlast zu begrenzen oder zu vermindern. Damit soll sowohl die Anhebung der Beitragssätze als auch die Senkung des Rentenniveaus vermieden werden. So kann bei gegebener Belastung anderer Gruppen die Belastung einer Gruppe verringert werden.

Umverteilung der Rentenlast

Umverteilende Rentenreformen waren in den letzten Jahren die Erhöhung des Renteneintrittsalters, die Einführung der kapitalgedeckten Riesterrente, der Nachhaltigkeitsfaktor in der Rentenformel und die sogenannte Rentengarantie.

Eine typische Reform dieser Art ist eine Änderung des gesetzlichen Ruhestandsalters. Die im Jahr 2007 beschlossene *Anhebung des Renteneintrittsalters von 65 auf 67 Jahre* wurde auf den Weg gebracht, um den Beitragssatz zu stabilisieren. Der demografische Hintergrund für diese Maßnahme ist der Anstieg der Lebenszeit. Führt man sich in Abbildung 2 die Steigerung der durchschnittlichen Lebenserwartung seit 1960 vor Augen, dann sieht man, dass diese Zunahme sich sowohl für Männer als auch für Frauen relativ kontinuierlich über die Zeit vollzog. Im Schnitt erhöhte sich die Lebenserwartung um 2,65 Monate pro Jahr.

Abbildung 2: Lebenserwartung bei Geburt in Jahren – Deutschland 1960–2010.

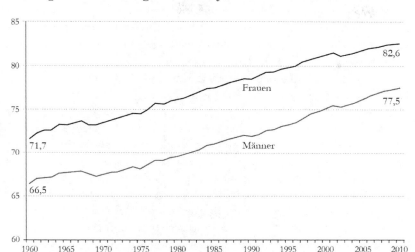

Quelle: Statistisches Bundesamt Deutschland.

Die Anhebung des Renteneintrittsalters auf 67 Jahre wird bis zum Jahr 2029 allmählich vollzogen. Von 2012 an bis 2023 wird das Ruhestandsalter 65 pro Jahr um einen weiteren Monat erhöht. Von 2024 bis 2029 beträgt der Anstieg dann zwei Monate pro Jahr. Der Geburtenjahrgang 1964 wird der erste sein, der mit einem Rentenbeginn im Alter von 67 Jahren eine abschlagsfreie Rente erhalten wird. Über den gesamten Einführungszeitraum ergibt sich damit eine durchschnittliche Erhöhung des Renteneintrittsalters von 1,33 Monaten pro Jahr.

Vergleicht man den Anstieg des Regelalters für den Rentenbezug (1,33 Monate) mit der Erhöhung der Lebenserwartung, dann wird deutlich, dass im Durchschnitt die jedes Jahr gewonnene Lebenszeit für einen neuen Geburtenjahrgang (2,65 Monate) zur Hälfte die Lebensarbeitszeit und zur anderen Hälfte die Ruhestandszeit erhöht. Es ist also keineswegs so, dass die Anhebung des Renteneintrittsalters den Ruhestand verkürzt. Die Rentenzeit steigt nach wie vor, nur nicht mehr wie bei unverändertem Regelalter im vollen Umfang des Anstiegs der Lebenserwartung. Und diese Anpassung ist dringend notwendig. Keine Gesellschaft kann es sich leisten, immer länger zu leben, dabei die Arbeitszeit konstant zu halten und den Ruhestand um die gestiegene Lebenszeit zu verlängern. Die steigende Lebenserwartung der Gesellschaftsmitglieder erfordert mehr Mittel für die Rentenfinanzierung, um das Konsumniveau auch in den hinzugewonnenen Lebensjahren im Alter aufrecht zu erhalten. Diese zusätzliche Rentenlast kann auch aus Gerechtigkeitsgründen nicht allein von den erwerbstätigen Beitragszahlern getragen werden.

Eine Verschiebung des Renteneintrittsalters bedeutet natürlich eine Rentensenkung. Wer bei dem bisherigen Regelalter von 65 mit 67 Jahren in Rente gegangen ist, hat für diese zwei Jahre einen Rentenzuschlag von 12 Prozent (6 Prozent pro Jahr) erhalten. Für die Geburtsjahrgänge ab 1964, die erst mit 67 Jahren eine unkompensierte (abschlags- und zuschlagsfreie) Rente erhalten, geht dieser Rentenzuschlag verloren. Dass dennoch die Rente steigen mag, liegt nicht am höheren Renteneintrittsalter per se, sondern an den Rückkopplungseffekten über die Nettoanpassung in der Rentenformel und den Nachhaltigkeitsfaktor. Der Rückgang der Rentenausgaben führt zu geringeren Beitragssätzen zukünftiger Generationen. Dies wiederum erhöht die Nettolöhne, über die die Rente angepasst wird. Damit steigt der Rentenwert. Außerdem wird über das erhöhte Rentalter das Verhältnis von Rentnern zu Beitragszahlern gesenkt, wodurch der Rentenwert über den Nachhaltigkeitsfaktor ebenfalls steigt. Alles in allem geht der Sachverständigenrat von einer Erhöhung des Rentenniveaus um 0,6 Prozentpunkte im Jahr 2030 aus (Sachverständigenrat zur Begutachtung der gesamtwirtschaftlichen Entwicklung 2007: 180). Abgesehen von diesen Rückkopplungseffekten wirkt aber das erhöhte Renteneintrittsalter negativ auf das Rentenniveau. Und dieser Effekt ist auch beabsichtigt. Schließlich soll die zusätzliche Rentenlast der längeren Lebenserwartung gleichmäßiger auf die zukünftigen Rentner und Beitragszahler verteilt werden und nicht mehr nur zu Lasten der jüngeren Generationen gehen. Der dämpfende Effekt der »Rente mit 67« auf den Beitragssatz wird auf 0,6 Prozentpunkte bis zum Jahr 2030 geschätzt (Rürup-Kommission 2003: 105).

Letztlich ist eine solche Reform aber aus zwei Gründen unbefriedigend. Erstens wird auch ab dem Jahr 2029 die Lebenserwartung weiter steigen und die realitätsferne Diskussion, ob ein höheres Renteneintrittsalter notwendig ist, spätestens dann wieder losgehen. Die Politik hat bisher diskretionär in unregelmäßigen Abständen das Rentenalter neu festgelegt. Dadurch wird die Umsetzung einer notwendigen Maßnahme unnötig erschwert. Der Anstieg der Lebenserwartung erfolgt mit relativ großer Stetigkeit (siehe auch Oeppen/Vaupel 2002). Dies gilt übrigens auch für die

Verlängerung der restlichen Lebenserwartung ab 65 Jahren. Dieses Phänomen legt nahe, eine automatische Anpassung des Renteneintrittsalters an die Entwicklung der Lebenszeit vorzunehmen.

Ob dabei eine gerechte Verteilung der zusätzlichen Rentenlast in der hälftigen Zuweisung zu Beitragszahlern und Rentnern besteht, ist eine offene Frage. Man könnte auch argumentieren, die bisherigen zeitlichen Proportionen des Erwerbslebens und des Ruhestands beibehalten zu wollen. Legt man die Lebenszeitabschnitte für das Erwerbsleben auf 20 bis 65 Jahre und für den Ruhestand auf 65 bis circa 80 Jahre, dann ergibt sich eine Aufteilung von drei Vierteln zu einem Viertel. Jedes zusätzlich gewonnen Lebensjahr sollte dann in diesem Verhältnis auf die Arbeits- und Rentenzeit aufgeteilt werden (Keuschnigg u.a. 2011). Letztlich muss die Gesellschaft sich auf eine faire Aufteilungsregel der zusätzlichen Lebenszeit einigen und diese sollte dann automatisch zu einer Anpassung des Renteneintrittsalters führen.

Zweitens bleibt auch bei dieser Reformmaßnahme unbefriedigend – so notwendig sie zur fairen und erträglichen Aufteilung der Rentenlast ist –, dass sie sich nicht mit den grundlegenden Ursachen der zunehmenden Rentenlast befasst. Das hat zur Folge, dass die demografische Entwicklung mit steigenden Finanzierungserfordernissen für die Rente immer wieder neue Umverteilungsmechanismen notwendig macht. Auf Dauer kann eine durchgreifende Rentenreform nur in der Eindämmung der Rentenlast bestehen.

Mit dem *Nachhaltigkeitsfaktor*, der ab dem Jahr 2005 in die Rentenformel eingefügt wurde, soll erreicht werden, dass der Beitragssatz bis zum Jahr 2030 auf maximal 22 Prozent begrenzt wird. Mit diesem Faktor werden die Rentenanpassungen von dem sogenannten Rentnerquotienten abhängig gemacht. Steigt das Verhältnis von Rentnern zu Beitragszahlern, so wird damit der Rentenanstieg gebremst. Tatsächlich besteht aber der Rentnerquotient nicht aus dem Verhältnis der wirklichen Zahlen der Rentner und Beitragszahler, sondern aus der Relation von Äquivalenzrentnern zu Äquivalenzbeitragszahlern. Die Anzahl der Äquivalenzrentner ergibt sich, wenn die gesamten Rentenausgaben durch die Standdrente (nach 45 Beitragsjahren mit durchschnittlichem Einkommen) geteilt werden. Diese Zahl wird in Relation gesetzt zur aus den gesamten Beitragseinnahmen kalkulierten rechnerisch äquivalenten Anzahl der Beitragszahler, wenn alle den Durchschnittsbeitrag gezahlt hätten (Sachverständigenrat zur Begutachtung der gesamtwirtschaftlichen Entwicklung 2007: 178f.). Damit berücksichtigt der Rentnerquotient auch Änderungen in den Löhnen und der Erwerbstätigkeit. Der Nachhaltigkeitsfaktor kann also zu einem Rentenanstieg führen, wenn die positiven Entwicklungen auf dem Arbeitsmarkt stärker ins Gewicht fallen als der demografische Wandel.

Dieser Faktor bewirkt einen Rückgang oder einen verringerten Anstieg der Renten, wenn die Anzahl der Rentner im Verhältnis zur Anzahl der Beitragszahler im Vorjahr gestiegen ist. Wie stark der Einfluss des Rentnerquotienten auf die Rentenanpassung ist, hängt dabei vom Gewicht ab, mit dem der Quotient in die Formel eingeht. Je höher dieses Gewicht ist, je stärker der Rentnerquotient also bei der Rentenanpassung berücksichtigt wird, desto mehr profitieren die Beitragszahler über geringere Rentensteigerungen von der abnehmenden Beitragsbelastung. Bei dem gewählten Gewicht, das der Faktor jetzt in der Formel besitzt, wird der Beitragssatz im Jahr 2030 21,9 Prozent statt 22,9 Prozent (ohne den Faktor) betragen. Dafür wird das Rentenniveau im Jahr 2030 niedriger sein, nämlich bei 43,8 statt bei 46 Prozent liegen (Sachverständigenrat zur Begutachtung der gesamtwirtschaftlichen Entwicklung 2007: 176). Auch hier zeigt sich wieder die intergenerationale Umverteilungswirkung dieser Reform. Durch den Nachhaltigkeitsfaktor werden die Lasten der demografischen Alterung intergenerational anders verteilt, hier zugunsten der Beitragszahler und zuungunsten der Rentner.

Die *Rentengarantie* soll die Renten nach unten absichern, selbst in Zeiten, in denen das Arbeitseinkommen zurückgeht, und unabhängig davon, welche demografischen Lasten für die jüngeren Generationen entstehen. Da die Anpassungsformel der dynamischen Rente vorsieht, dass die Renten sich in gleichem Ausmaß ändern wie die Arbeitnehmerlöhne, ergab sich in Folge der Finanz- und Wirtschaftskrise im Jahr 2009 zum ersten Mal, dass die für die Rentenanpassung relevante Lohngröße sank. Damit wären auch die Renten gesunken, wenn die Politik nicht mit einer sogenannten Rentengarantie reagiert hätte. Diese Garantie besagt, dass Renten nur noch an steigende, aber nicht an fallende Einkommen angepasst werden. Das Problem ist nur, dass die sinkende Wirtschaftsleistung in der Krise nicht nur die Rentner, sondern auch die Erwerbstätigen und Beitragszahler getroffen hat. Die Rentengarantie bedeutet deshalb, dass nur die Beitrags- und Steuerzahler diesen Krisenverlust tragen sollen, während die Rentner davon ausgenommen werden. Die Kosten der Rentengarantie für die Beitragszahler betragen bis zum Jahr 2016 ungefähr 10 Milliarden Euro. Der Beitragssatz wird über fünf Jahre um 0,2 Prozentpunkte höher liegen als ohne Rentengarantie (Gasche 2010: 18f.). Auch dieser politische Eingriff in die Rentenformel führt also zu einer Umverteilung, diesmal umgekehrt von Beitragszahlern zu Rentnern, um die Renten nicht sinken zu lassen. Die unterbundenen Rentenkürzungen sollen zwar nachgeholt werden, indem gegenwärtige und zukünftige Rentensteigerungen geringer ausfallen. Doch auch damit bleibt diese Maßnahme zweifelhaft: Warum sollten die Renten der Ruheständler nach unten gesichert und über die Zeit geglättet, das heißt konjunkturunabhängig gemacht werden, während die Arbeitsnehmer und Beitragszahler alle Krisenschwankungen mitzumachen haben? Insofern steht dieser Politikeingriff auf einer schwachen normativen Basis und ist wohl nur politökonomisch, das heißt mit Wahlstimmenfang zu erklären.

Auch die Einführung einer zusätzlichen *kapitalgedeckten Rente* wie in der Rentenreform 2001 mit der sogenannten Riesterrente hat eine umverteilende, aber keine reduzierende Wirkung auf die Rentenlast. Mit dem zusätzlichen Beitrag von 4 Prozent des Bruttoeinkommens, der jetzt in einen Kapitalstock investiert werden kann, wird die Belastung der Beitragszahler erhöht, um in der Zukunft das Rentenniveau aufrecht erhalten zu können. Grundsätzlich wird ein kapitalgedecktes Rentensystem gegenüber einem Umlageverfahren die Lasten der Rentenfinanzierung nicht reduzieren können, auch wenn der Kapitalmarkt höhere Renditen verspricht. Der Grund dafür ist, dass das Rentensystem auch nach einem Übergang zur Kapitaldeckung die Rentenansprüche der früheren Generationen aus dem Umlageverfahren bedienen muss, wenn diese nicht schlechter gestellt werden sollen. Das bedeutet aber, dass die Generationen im Übergang der beiden Systeme doppelt zahlen, einmal die Beiträge, die zur Abgeltung der alten Umlageansprüche benötigt werden, und zusätzlich die Zahlungen zum Aufbau des Kapitalstocks für ihre eigenen zukünftigen kapitalgedeckten Renten. Dass sie mit der kapitalgedeckten Rente eine höhere Rendite erzielen werden, bringt den zukünftigen Generationen keinen Vorteil. Sinn (2000) zeigt, dass die Renditedifferenz zur Umlagerente gerade dazu dient, die Einführungsgewinne der ersten Generationen im Umlageverfahren, die für ihre Renten keine Beiträge zahlen mussten, auszugleichen. Jeder Übergang zu einem Kapitaldeckungssystem ändert somit das Umverteilungsmuster zwischen den Generationen, ändert aber nichts an der Finanzierungslast für die Renten insgesamt.

Steuerfinanzierung

Die Steuerfinanzierung der Renten war bis 1991 im Bundeszuschuss für
die allgemeine und für die knappschaftliche Rentenversicherung zusam-
mengefasst. Ab 1992 wurden dann weitere Zuschüsse eingeführt, aus denen seitdem die Renten zusätzlich über Steuern finanziert werden. Zunächst wurden Erstattungen für die Überführung von Zusatzversorgungs-
systemen in die allgemeine Rentenversicherung sowie ab 1999 Erstattungen für einigungsbedingte Leistungen durch zusätzliche Steuern finanziert.
Außerdem hat die Bundesregierung Ende der neunziger Jahre einen zusätzlichen Bundeszuschuss sowie kurz darauf einen Erhöhungsbetrag zum
zusätzlichen Bundeszuschuss eingeführt. Schließlich werden seit 1999
Bundesmittel als Beiträge für Kindererziehungsleistungen gezahlt.

Mit der Anzahl der zusätzlichen staatlichen Zuschüsse stieg auch der
Anteil der Steuerfinanzierung erheblich. Die Abbildung 3 verdeutlicht, dass
in den letzten vierzig Jahren ein immer größer werdender Teil der Einnahmen des Rentenbudgets auf Steuern statt Beiträgen beruht. Von 1970
bis 2010 hat der Steueranteil von 19 auf 30 Prozent zugenommen. Das
bedeutet, dass alle vier zusätzlichen Budgets, die neben dem Bundeszuschuss Steuern in die Rentenkasse einspeisen, die Steuerfinanzierung aus
dem Bundeszuschuss um etwa 77 Prozent erhöht haben.

Ein Argument zur Rechtfertigung der Steuerfinanzierung bezieht sich
auf die sogenannten versicherungsfremden Leistungen in der Rentenversicherung. Diese haben überwiegend umverteilenden Charakter und sollen
deshalb von der Gesellschaft über Steuern getragen werden. Warum allerdings die Allgemeinheit eine Umverteilung finanzieren soll, die nur innerhalb des Kreises der Rentenversicherten vorgenommen wird, bleibt schlei-
erhaft. Stattdessen wäre eine Herausnahme der versicherungsfremden
Elemente aus der Rentenfinanzierung systematisch sinnvoller. Denn warum sollten etwa Familien nur dann eine Förderung bekommen, wenn sie
im Rentensystem versichert sind und Kindererziehungszeiten angerechnet
bekommen? Sollte eine Förderung nicht für alle Familien gleichmäßig
bestehen? Und wenn es einen speziellen Grund gibt, Familien in der Gesetzlichen Rentenversicherung besonders zu fördern, zum Beispiel weil sie
eine Doppelbelastung mit der Kindererziehung und der Beitragszahlung
erbringen, warum soll dann diese besondere Förderung von der Allgemeinheit und nicht aus den Beiträgen des Versichertenkreises finanziert
werden?

Abbildung 3: Steigender Anteil der steuerfinanzierten Bundesmittel an den Einnahmen der deutschen Rentenversicherung.

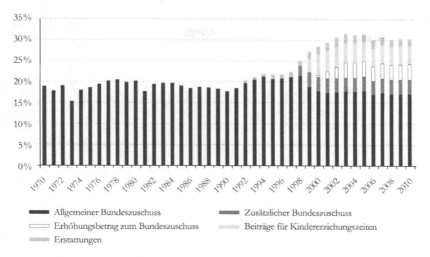

Allgemeiner Bundeszuschuss   Zusätzlicher Bundeszuschuss
Erhöhungsbetrag zum Bundeszuschuss   Beiträge für Kindererziehungszeiten
Erstattungen

Quelle: Statistik der Deutsche Rentenversicherung.

Darüber hinaus besteht die Frage, ob die Bundesmittel tatsächlich nur die versicherungsfremden Leistungen abdecken. Nach den Berechnungen von Raffelhüschen u.a. (2011) reichen die Bundesmittel für die Finanzierung der sogenannten versicherungsfremden Leistungen nicht aus. Im Jahr 2009 fehlten etwa 20 Milliarden Euro zur Deckung dieser Leistungen. Das Ausmaß dieser Unterdeckung werde sich allerdings mit der »drastischen Ausweitung der Steuerfinanzierung Ende der 1990er Jahre« deutlich verringern (Raffelhüschen u.a. 2011: 28). Rechnet man die Hinterbliebenenrenten aus den versicherungsfremden Leistungen heraus, dann ergibt sich ein Überschuss der Bundesmittel über diese Leistungen von mehr als 20 Milliarden Euro. Folgt man dieser konzeptionellen Einschränkung versicherungsfremder Leistungen, dann werden die steuerfinanzierten Bundeszuschüsse also zu einem erheblichen Anteil zur Finanzierung der Rentenleistungen herangezogen. Damit werden weniger Beitragseinnahmen notwendig und »die Steuerzuschüsse mehr und mehr zu einer Subventionierung der Beitragszahler« (Raffelhüschen u.a. 2011: 29). Die Autoren plädieren für die Herausnahme bestimmter versicherungsfremder Leistungen aus der allgemeinen gesetzlichen Rentenversicherung. Die Hinterbliebenenversorgung sollte sachgerechter über eine Zusatzversicherung im Rahmen der

Gesetzlichen Rentenversicherung oder als Fürsorgeleistung mit Bedürftig-keitsprüfung organisiert und finanziert werden (Raffelhüschen u.a. 2011: 29). Auch das Karl-Bräuer-Institut des Bundes der Steuerzahler errechnet eine Unterdeckung der versicherungsfremden Leistungen durch Bundes-mittel (Fichte 2011: 78f.). Doch lehnt das Institut eine Erhöhung der Steu-ermittel ab und rät zu einem Abbau der entbehrlichen Leistungen der GRV. Neben einer Reihe möglicher Abbaumaßnahmen wird auch hier die Überführung der Hinterbliebenenrenten in eine Fürsorgeleistung empfoh-len (Fichte 2011: 80f.).

Da die Bundesmittel nur sehr unsystematisch an die versicherungs-fremden Leistungen anzuknüpfen scheinen, drängt sich der Eindruck auf, dass die Steuerfinanzierung als Instrument zur Vertuschung der begrenzten Wirkung bisheriger umverteilender Reformen eingesetzt wird. Mithilfe des wachsenden Steueranteils werden Versäumnisse kaschiert, die bei der Sta-bilisierung der Beitragsfinanzierung und der Eindämmung der Rentenlast aufgetreten sind. Wenn dem so ist, dann ist es aus mehreren Gründen eine bedenkliche Entwicklung.

Zum einen vermindert eine Steuerfinanzierung die Leistungsanreize der zahlenden Bevölkerung deutlich stärker als eine Beitragsfinanzierung. Wenn Steuern erhöht oder steuerfinanzierte Ausgaben an anderer Stelle reduziert werden müssen, um die Renten zu bezahlen, dann tragen die Zahler eine Last, für die sie keine direkte oder spezifische Gegenleistung erwarten können: Steuern sind eine allgemeine Einnahme des Staates, die er für beliebige Zwecke nach eigenem Gutdünken ausgeben kann. Das heißt, die Steuerzahlung an den Staat reduziert das Einkommen, ohne dass dadurch eine zurechenbare Leistung vom Staat erworben wird. Deshalb sind Steuern sehr leistungsfeindlich, weil sie den Lohn der Anstrengung in voller Höhe vermindern. Ganz anders sieht es bei Beiträgen aus. Der Bei-trag in die Rentenkasse garantiert jedem Einzahler einen rechtlichen An-spruch auf eine Rente im Alter. Dieser Rentenanspruch wird mithilfe der Rentenformel aus den geleisteten Beiträgen errechnet. Insofern verliert man mit dem Beitrag nicht einfach Einkommen an den Staat, sondern erwirbt einen Anspruch auf eine Gegenleistung. Diese mag nicht so hoch sein wie bei einer Anlage des Beitrags auf dem Kapitalmarkt. Deshalb wird auch hier ein Teil der staatlich erzwungenen Beitragszahlung als Steuer angesehen. Aber immerhin erhält man für etwa 75 Prozent des Beitrags einen Anspruch auf eine Rente in einer Höhe, die man auch auf dem pri-vaten Kapitalmarkt erzielt hätte. Das ist der Grund, warum Beitragszahlungen überwiegend nicht als willkürliche Aneignung des Staates von privatem Einkommen verstanden werden, sondern als Preis für eine erworbene Gegenleistung. Darum sind Beiträge weitaus weniger leistungsfeindlich: die Anreize für Arbeit bleiben weitgehend erhalten.

Zum anderen sind aber auch die Umverteilungswirkungen bei einer Steuerfinanzierung kritisch zu betrachten. Da sich der staatliche Haushalt, aus dem die Renten mitfinanziert werden, aus allen möglichen Steuern speist, sind auch alle möglichen Bevölkerungsgruppen über ihre Konsum- und andere Steuern an der Alterssicherung beteiligt, insbesondere alle, die nicht zu den sozialversicherungspflichtigen Arbeitnehmern gehören, zum Beispiel Kinder und Jugendliche, Selbständige, Beamte und die Rentner selbst. Während Beiträge eben nur von den beitragspflichtigen Arbeitnehmern erhoben werden, die sich damit ihren Anspruch auf eine spätere Rente erwerben, werden die Steuern von allen erhoben, auch denjenigen, die nie oder nicht mehr einen Anspruch auf die gesetzliche Rente erwerben können. Dadurch gibt es eine Quersubvention von diesen Gruppen zu den Empfängern der staatlichen Rente. Diese Umverteilung widerspricht dem Äquivalenzprinzip, nach dem ausschließlich die Nutznießer einer Leistung die Kosten dafür zu tragen haben.

Im Ergebnis ist eine zunehmende Steuerfinanzierung der Renten deshalb sowohl aus Effizienzgründen abzulehnen, da sie Leistungsanreize zerstört, als auch aus Gerechtigkeitsaspekten, da die Leistungsempfänger des Rentensystems nicht einmal im Prinzip mit dem Kreis der Steuerzahler zusammenfallen. Es muss also nach anderen Wegen zur Stabilisierung der Rentenfinanzierung gesucht werden.

Senkung der Rentenlast

Eine Reform, die die Rentenlast der Versicherten verringert, hat die Eigenschaft, bei gegebenem Rentenniveau den Beitragssatz zu senken oder bei gegebenem Beitragssatz das Rentenniveau zumindest nicht fallen zu lassen, ohne andere Bevölkerungsgruppen (zum Beispiel Steuerzahler) stärker zu belasten. Um die wirklichen Ursachen des Problems steigender Rentenlasten anzupacken, muss zunächst klar sein, dass die steigende Anzahl älterer Menschen eine erfreuliche Tatsache ist. Die höhere Lebenserwartung ist eine wichtige Errungenschaft moderner Gesellschaften. Nicht die höhere

Zahl alternder Menschen ist das Problem, sondern die geringe Zahl nachwachsender junger Menschen. Aus volkswirtschaftlicher Sicht fehlen diese als zukünftiges Produktionspotential nicht nur in den Sozialversicherungen. Um von dieser Seite her das Rentenproblem anzugehen, sind drei Maßnahmen von Bedeutung.

Eine langfristig orientierte Politik muss sich dem Nachhaltigkeitsproblem der zu niedrigen Kinderzahl stellen. Anreize für mehr Kinder zu setzen, heißt lediglich, *Familien stärker zu fördern* oder besser: zu entlasten. Oft ist nicht der mangelnde Wunsch nach Kindern, sondern die eingeschränkte finanzielle Situation das Problem. Innerhalb der Rentenversicherung sind erwerbstätige Eltern doppelt belastet, da sie nicht nur mit ihren Beiträgen die gegenwärtigen Rentner mitfinanzieren, sondern auch die direkten und indirekten Kosten der Kindererziehung tragen, womit sie einen Beitrag zu den zukünftigen Beitragszahlergenerationen leisten. Innerhalb der Rentenpolitik können Familien durch eine bessere Anrechnung von Kindererziehungszeiten gefördert werden, wie das in der öffentlichen Diskussion zur Zeit erwogen wird. Die Wirkung solcher Anrechnungen war bisher allerdings kaum nennenswert und ihre Finanzierung über Steuern ist, wie oben schon dargelegt, fragwürdig. Ein anderer Vorschlag zur Familienförderung im Rahmen der Rentenversicherung sieht vor, die Rente von der Kinderzahl eines Versicherten abhängig zu machen (Sinn/Werding 2000; Werding 2006). Kombiniert mit der Einfrierung der Umlagerente auf heutigem Niveau und einer obligatorischen kapitalgedeckten Altersvorsorge, die vor allem kinderlose Versicherte unterstützen soll, ergibt sich aus diesem Vorschlag des ifo Institutes ein Beitragssatz bis 2050, der etwa 4 Prozentpunkte geringer wäre als der Beitragssatz, der sich aus der Prognose für die Reform 2004 und der Anhebung des Renteneintrittsalters ergibt. Zudem könnte die Rente bis 2050 auf einem etwa 1,7 Prozentpunkte höheren Niveau gehalten werden. Eine ähnliche Reformoption ist ein Beitragsrabatt für Eltern in der Rentenversicherung (Fenge/von Weizsäcker 2006). Mit diesem Rabatt würde der Beitragssatz pro Kind pauschal gesenkt werden. Der Vorteil einer Beitragssenkung ist eine zeitnahe finanzielle Entlastung der Familien, wenn die Kinder geboren werden und das Einkommen noch nicht hoch ist. Das Versprechen höherer Renten kann zudem durch zukünftige Regierungen wieder rückgängig gemacht werden. Solche Reformen haben das Potential, die Rentenlast für Beitragszahler und/oder Rentner zu senken, ohne dabei auf höhere Steuerzuschüsse zurückzugreifen zu müssen.

Aber auch außerhalb der Rentenversicherung sind familienpolitische Fördermaßnahmen möglich, die den Steuerzahler nicht unbedingt zusätzlich belasten müssen. So werden die Flexibilisierung und familienfreundlichere Ausgestaltung von Arbeitszeiten sowie Arbeitsplätze in Teilzeitmodellen eine große Rolle dabei spielen, wie gut die Erziehung von Kindern und Erwerbstätigkeit vereinbar sein werden. In zunehmendem Maß sind beide Elternteile gut ausgebildet und haben Ambitionen, auf dem Arbeitsmarkt erfolgreich zu sein. Gleichzeitig besteht der Wunsch nach Kindern, so dass die Gesellschaft nur davon profitieren kann, wenn beides möglich wird: mehr Kinder und mehr gut qualifizierte Erwerbstätige.

Letztendlich werden auf die stabile Rentenfinanzierung aber auch alle politischen Maßnahmen einen starken Einfluss haben, die buchstäblich nebenbei die Lage der Beitragszahler und – über mehr Erwerbstätige und höhere Beitragseinnahmen – auch die der Rentner verbessern. Dazu zählen familienpolitische Maßnahmen wie ein besseres Angebot an Betreuungseinrichtungen für Kinder unter drei Jahren, die Ausweitung von Ganztagsschulen oder mehr Hortplätze. Durch mehr Kinder werden die zukünftigen Erwerbsgenerationen gestärkt, die zur Finanzierung der Renten beitragen.

Dazu zählt aber auch eine bessere *Ausbildung zukünftiger Generationen*. Es geht nicht nur um die Anzahl der Kinder, sondern auch um deren zukünftige Produktivität. Wird jetzt stärker in das Humankapital investiert, so steigen auch die Produktivität zukünftiger Beitragszahler und deren Löhne, auf denen die Sozialbeiträge basieren. Deshalb sind Maßnahmen zu einer besseren qualitativen Ausbildung pro Kopf ein wichtiger Reformbeitrag zur Senkung der Rentenlast. Eine höhere Produktivität und damit einhergehende höhere Löhne würden die Lasten der demografischen Entwicklung merklich verringern. Eine Verdopplung der Produktivität bzw. der Löhne hätte für die Rentenfinanzierung den gleichen Effekt wie eine Verdopplung der Kinderzahl.

Und schließlich trägt jede bessere Ausnutzung des gegenwärtigen Erwerbspotentials, sprich jede Reduzierung der Arbeitslosigkeit, zu geringeren Beitragssätzen und höheren Renten bei. Die relativ geringe Zahl der Beitragszahler kann durch eine *Verringerung der Arbeitslosigkeit* erhöht werden. Die im Jahr 2012 sehr hoch ausfallenden Rentensteigerungen (plus 2,18 Prozent im Westen und 2,26 Prozent im Osten Deutschlands) bei gleichzeitiger Senkung des Rentenbeitragssatzes (um 0,3 Prozentpunkte auf 19,6 Prozent; Entlastung der Arbeitnehmer um 1,3 Milliarden Euro) sind

Folge der Lohnsteigerungen und des deutlichen Beschäftigungszuwachses auf dem Arbeitsmarkt in diesem Jahr.

Schlussfolgerungen

Die Gesetzliche Rentenversicherung in Deutschland hat schon viele Reformen durchlaufen. In den 1960er und 1970er Jahren waren es großzügige Ausdehnungen der Leistungen und des Empfängerkreises, in der darauffolgenden Zeit wurden die Konditionen wieder verschärft, um dem demografischen Wandel Rechnung zu tragen und den Beitragssatz in Grenzen zu halten. Auch seit 2000 gab es zahlreiche Reformen.

Um keine Missverständnisse aufkommen zu lassen: Einige dieser Reformschritte sind notwendige und wirkungsvolle Maßnahmen, um die demografischen Folgen für die Rentenfinanzierung erträglich zu machen, das heißt sie gleichmäßiger auf die Generationen zu verteilen. Vorübergehend wird damit eine Stabilisierung des Beitragssatzes gelingen, indem die Renten sinken oder nicht mehr so stark steigen. Zu diesen notwendigen Reformen zählen die Erhöhung des Renteneintrittsalters, die Ergänzung der Rentenformel um den Nachhaltigkeitsfaktor sowie, zur Abfederung sinkender umlagefinanzierter Renten, die Einführung einer kapitalgedeckten Zusatzrente (Riesterrente). Hingegen werden Reformen, die in die entgegengesetzte Richtung umverteilen, also die Renten erhöhen oder zumindest konstant halten, dem demografischen Problem nicht gerecht. Sie belasten einseitig die Beitragszahlergenerationen und werden weder den Beitragssatz noch in der langen Frist das Rentenbudget stabil halten.

Das Problem all dieser Reformen ist, dass sie nur eine kurz- bis mittelfristige Perspektive einnehmen und nicht die tatsächlichen Ursachen der Rentenkrise adressieren. Zudem werden diese Reformen erkauft durch eine stärkere Steuerfinanzierung der Renten. Dieser Trend zu einer Steuerfinanzierung ist aber bedenklich. Sowohl vom Standpunkt der Effizienz und der Leistungsanreize als auch aus Gründen einer gerechten Umverteilung ist diese Finanzierung nicht wünschenswert. Sie ist allerdings ein bequemes Mittel, um die Beitragssätze und die Leistungen der Rentenversicherung zu stabilisieren, ohne dass die Gesellschaft spürt, auf wessen Kosten diese Erfolge zustande kommen. Es werden damit Versäumnisse in der

Rentenreformpolitik verdeckt, die überwiegend immer nur die Lasten der Rentenfinanzierung neu umverteilt hat, ohne sie wesentlich zu reduzieren. Entscheidende Reformschritte, die die demografische Entwicklung und die Folgen für die Rentenfinanzierung berücksichtigen, stehen noch aus. Insbesondere die Familien müssen stärker unterstützt werden. Sie sind der Ursprung zukünftiger Generationen. Mit der Entscheidung, Kinder zu bekommen und in ihre Bildung zu investieren, leisten Familien den wesentlichen gesellschaftlichen Beitrag zur Einnahmeseite der umlagefinanzierten Renten. Von ihnen hängt die Stärke der zukünftigen Beitragszahlergenerationen ab, sowohl deren Größe als auch deren Produktivität und Einkommen. Innerhalb des Rentensystems tragen Familien eine Doppelbelastung und sollten daher durch eine kinderabhängige Erhöhung der Renten oder Senkung der Beiträge entlastet werden. Die Anrechnung der Kindererziehungszeiten ist bei weitem nicht ausreichend, und die Finanzierung der Anrechnung über Steuern ist nicht angemessen.

Wahrscheinlich aber werden die entscheidenden langfristigen Verbesserungen für die Rentenfinanzierung außerhalb rentenpolitischer Maßnahmen erreicht. Eine wirksame Familien- und Kinderförderung ist wohl am besten über die Vereinbarkeit von Familie und Beruf möglich, indem externe Betreuungseinrichtungen für Kinder in allen Altersgruppen subventioniert werden (vgl. Fenge/Stadler 2012). Dies kann über eine Objektförderung der Einrichtungen stattfinden oder besser noch über Gutscheine für Eltern, die damit ihr Kind kostenfrei oder vergünstigt in einer Krippe oder einem Hort unterbringen können. Auch arbeitsmarktpolitische Vorkehrungen, die Arbeitszeiten familienfreundlicher und flexibler gestalten, dürften einen wesentlichen Beitrag liefern. Es bleibt also viel zu tun für die Rente, wobei die Perspektive der einschlägigen Handlungsspielräume wohl erweitert werden muss. Nach der Rentenreform ist vor der familienpolitischen Reform.

Literatur

Deutsche Rentenversicherung (2011), *Rentenversicherung in Zeitreihen*, DRV-Schriften, Band 22, Berlin.

Fenge, Robert/von Weizsäcker, Jakob (2006), »Generation Enkellos« und Rentenbeitragsrabatt für Eltern, *ifo Schnelldienst*, Jg. 59, H. 5, S. 11–18.

Fenge, Robert/Stadler, Lisa (2012), Three Family Policies to Reconcile Fertility and Labor Supply, Working Paper, Rostock.

Fichte, Damian (2011), *Versicherungsfremde Leistungen in der Gesetzlichen Rentenversicherung und ihre sachgerechte Finanzierung*, Karl-Bräuer-Institut des Bundes der Steuerzahler e.V., Heft 107, Berlin.

Gasche, Martin (2010), Rentenanpassung 2010 – Wem nützt die Rentengarantie?, MEA-Diskussionspapier 199-2010, Mannheim Research Institute for the Economics of Aging, Mannheim.

Keuschnigg, Christian/Keuschnigg, Mirela/Jaag, Christian (2012), Aging and the Financing of Social Security in Switzerland, Vortrag im Rahmen des Gastforscherprogramms Demographic Change and Economics, Universität Rostock, September 2012, *http://www.wiwi.uni-rostock.de/fileadmin/Institute/VWL/Lehrstuhl_Finanzwissenschaft/Gastforscherprogramm/Folien_Keuschnigg.pdf*.

Oeppen, Jim/Vaupel, James W. (2002), Broken Limits to Life Expectancy, *Science*, Jg. 296, H. 5570, S. 1029–1031.

Raffelhüschen, Bernd/Moog, Stefan/Vatter, Johannes (2011), *Fehlfinanzierung in der deutschen Sozialversicherung*, Studie des Forschungszentrums Generationenverträge im Auftrag der Initiative Neue Soziale Marktwirtschaft, Freiburg.

Rürüp-Kommission [Kommission zur Nachhaltigkeit in der Finanzierung der Sozialen Sicherungssysteme] (2003), *Nachhaltigkeit in der Finanzierung der Sozialen Sicherungssysteme: Abschlussbericht*, Berlin.

Sachverständigenrat zur Begutachtung der gesamtwirtschaftlichen Entwicklung (2007), *Das Erreichte nicht verspielen*, Jahresgutachten 2007/08, Wiesbaden: Statistisches Bundesamt.

Sinn, Hans-Werner (2000), Why a Funded Pension System is Useful and Why It is Not Useful, *International Tax and Public Finance*, Jg. 7, H. 4, S. 389–410.

Sinn, Hans-Werner/Werding, Martin (2000), Rentenniveausenkung und Teilkapitaldeckung – ifo Empfehlungen zur Konsolidierung des Umlageverfahrens, *ifo Schnelldienst*, Jg. 53, H. 18, S. 12–25.

Steffen, Johannes (2011), *Sozialpolitische Chronik – Rentenversicherung (seit 1978)*, Studie der Arbeitnehmerkammer Bremen, Bremen.

Werding, Martin (2006), Kinderrente und Vorsorgepflicht – Der ifo-Vorschlag zur Lösung der demographischen Krise des Rentensystems, *ifo Schnelldienst*, Jg. 59, H. 7, S. 44–53.

IV. Gut bezahlte Arbeit – eine Frage der Ausbildung?

Zurück zu den Wurzeln – Deutschland als »Weltmarktführer« in Sachen Bildung?

Sascha O. Becker/Ludger Wößmann

1. Unser Bildungssystem damals und heute: Notwendige Reformen

Im 19. und frühen 20. Jahrhundert gehörte Deutschland sowohl in der Grundbildung als auch an den Hochschulen in vielerlei Hinsicht zur Weltspitze. Diese Führungsposition ist uns abhandengekommen. Das hat zum Teil damit zu tun, dass viele Aspekte des heutigen Bildungssystems noch aus dem 19. Jahrhundert stammen. So entstand beispielsweise das dreigliedrige Schulsystem im Preußen des 19. Jahrhunderts und besteht in weiten Teilen Deutschlands noch heute in ähnlicher Form. Und das Abitur als lokal gestellte Reifeprüfung zum Hochschulzugang geht auf das ausgehende 18. Jahrhundert zurück, als eine Vergleichbarkeit der Abschlussleistungen an den wenigen *Gelehrten Schulen* noch durch lokale Visitationen der preußischen Beamten sichergestellt werden konnte.

Um wirtschaftlichen Wohlstand auch in Zukunft sichern zu können, müssen die institutionellen Rahmenbedingungen unseres Bildungssystems auf das 21. Jahrhundert angepasst werden. Im Schulbereich ist die Dreigliedrigkeit grundsätzlich zu hinterfragen. Die Qualität der Schulbildung sollte durch ein gemeinsames Kernabitur (und gemeinsame Kernprüfungen in allen Abschlüssen) gepaart mit Schulautonomie und freier Trägerschaft – alles Elemente eines stärker wettbewerbsorientierten Schulsektors – verbessert werden. Im Hochschulbereich sollten Studiengebühren gepaart werden mit einem System von einkommensabhängig rückzahlbaren Studienkrediten, um so gleichberechtigt Zugang zu den Hochschulen zu ermöglichen und die Hochschullehre finanziell verlässlich aufzustellen. Mit solchen Reformen ließe sich die Grundlage dafür legen, dass Deutschland wieder zur Weltspitze in Sachen Bildung aufschließen kann. Denn eine hervorragende Bildung der Bevölkerung ist die zentrale Quelle unseres zukünftigen Wohlstandes.[1]

2. Deutschland als »Weltmarktführer« in Sachen Bildung? Damals und heute

In historischer Perspektive hat Deutschland, und allen voran Preußen, in Fragen des Bildungssystems im internationalen Vergleich in den letzten Jahrhunderten eine führende Rolle gespielt.

2.1 Deutschland als »Weltmarktführer« der Grundbildung im 19. Jahrhundert

Spätestens seit der Napoleonischen Besatzung und dem Wiener Kongress von 1815 bis in die zweite Hälfte des 19. Jahrhunderts waren die meisten deutschen Gebiete führend in der Grundbildung und hatten die weltweit höchsten Schulbesuchsquoten. Während des gesamten 19. Jahrhunderts hatte Deutschland die höchsten Ausgaben für Bildung am Bruttosozialprodukt weltweit. Lindert (2004) beschreibt Preußen gar als den »Weltbildungsführer« zu dieser Zeit.

Schon weit früher war die Bedeutung von Bildung den Reformatoren um Martin Luther bewusst. Luther schrieb 1524 »An die Ratsherren aller Städte deutschen Landes, dass sie christliche Schulen aufrichten und halten sollen« (Luther 1899 [1524]). Reformatoren wie Philipp Melanchthon und Johannes Bugenhagen kümmerten sich in der Folge um die Einführung und Aufrechterhaltung des Schulwesens in den protestantischen Gebieten. Luther wünschte sich bereits im Jahr 1520, »eine jegliche Stadt hätte auch eine Mädchenschule« (Luther 1888 [1520]). Erste Bemühungen um Geschlechtergleichheit beim Zugang zur Bildung gehen also bereits einige Jahrhunderte zurück. Insgesamt erarbeiteten sich die protestantischen Gegenden einen Bildungsvorsprung vor den katholischen, den diese teilweise erst mit der Einführung der allgemeinen Schulpflicht aufholen konn-

---

1 Einzelne Teile dieses Beitrags basieren auf in Wößmann (2009a; 2011a; 2011b) veröffentlichtem Material.

ten. Im Jahr 1871 war der Anteil derjenigen, die lesen und schreiben konnten, in den protestantischen Gegenden Preußens deutlich höher als in den katholischen, und die Geschlechterunterschiede waren bei den Protestanten geringer (Becker/Wößmann 2008; 2009).

Angetrieben von den preußischen Schulreformen zu Beginn des 19. Jahrhunderts, die nach und nach in den anderen deutschen Staaten aufgegriffen wurden, schaffte es Deutschland im 19. Jahrhundert zusammen mit nur wenigen anderen Ländern, nahezu allen Bürgern Lesen und Schreiben beizubringen (Becker/Wößmann 2009).

2.2 Deutschland als »Weltmarktführer« der höheren Bildung in der ersten Hälfte des 20. Jahrhunderts

Deutschland blieb mit seiner führenden Rolle nicht bei der Grundbildung stehen, sondern expandierte auch im Sekundarschul- und universitären Bereich. Das dreigliedrige Schulwesen geht ebenfalls auf die Schulreformen des 19. Jahrhunderts zurück. Einerseits steht es für den stetig wachsenden Drang zu höherer Bildung. Andererseits blieb damals wie heute der Besuch eines Gymnasiums und somit die Chance auf eine höhere Bildung auf teils kleinere Teile der Bevölkerung beschränkt. Insgesamt aber kam es zu einem rasanten Ausbau der Gymnasien: Die Zahl der Gymnasiasten in Deutschland vervierfachte sich nahezu zwischen 1885 und 1926 (Flora 1983). Auch die Zahl der Universitäten wuchs rapide an, so dass sich auch die Zahl der Studenten nahezu vervierfachte.

Deutschland schaffte es im Laufe des 19. Jahrhunderts sogar, das Mutterland der Industrialisierung, Großbritannien, zu überholen (Broadberry 1998). Dazu trug auch bei, dass Erfindungen im universitären und außeruniversitären Bereich erfolgreich ins verarbeitende Gewerbe übertragen wurden. So entwickelte sich Deutschland beispielsweise im chemischen Bereich zur führenden Nation. Neugründungen des 19. Jahrhunderts wie BASF, Bayer und Hoechst stiegen zu »Weltmarktführern« auf.

Am deutlichsten wird die führende Rolle Deutschlands im Universitätsbereich. In der ersten Hälfte des 20. Jahrhunderts nahm Deutschland in der Wissenschaft einen ähnlichen Platz ein wie heute die USA. So hatte Deutschland in den ersten Jahrzehnten des 20. Jahrhunderts beispielsweise bei den Nobelpreisen in Physik und Chemie die Nase weit vorn (Abbildung 1): In den ersten beiden Jahrzehnten gingen mehr als 40 Prozent der

Nobelpreise nach Deutschland, aber nur weniger als 10 Prozent in die USA (Waldinger 2012). Nach dem Zweiten Weltkrieg hat sich dieses Muster komplett umgekehrt.

Abbildung 1: Nobelpreise in Physik und Chemie nach Ländern.

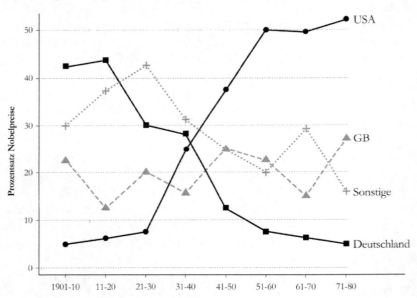

Quelle: Basierend auf Waldinger (2012).

2.3 Deutschlands Bildung im internationalen Vergleich heute: Abgehängt

Es ist hinlänglich bekannt, dass Deutschland die »Weltmarktführerrolle« in Sachen Grund- und höherer Bildung heutzutage eingebüßt hat. Einige Schlaglichter können diesen Tatbestand beispielhaft beleuchten.

Grundbildung: Das in PISA und ähnlichen internationalen Tests gemessene Kompetenzniveau deutscher Schülerinnen und Schüler liegt regelmäßig im internationalen Mittelmaß. Bei der letzten PISA-Studie in 2009 lagen die durchschnittlichen Leseleistungen knapp unter dem Mittelwert der OECD-Länder (OECD 2010a). In Mathematik und Naturwissenschaften liegen die Leistungen mittlerweile leicht über dem internationalen Durchschnitt, und in allen Fächern lassen sich seit der ersten PISA-Studie in 2000 leichte positive Trends erkennen. Gleichwohl liegt der Abstand zu den besten OECD-Ländern immer noch bei 25-40 Punkten, was in etwa dem durchschnittlich in einem ganzen Schuljahr Erlernten entspricht. In Bezug auf die Bildungsabschlüsse verlassen in Deutschland Jahr für Jahr 7,5 Prozent eines Jahrgangs die Schule ohne jeglichen Abschluss (Autorengruppe Bildungsberichterstattung 2010). Gar 17,3 Prozent (gemessen als Anteil der 30- bis unter 35-Jährigen) erzielen keinen beruflichen Bildungsabschluss.

Höhere Bildung. In der höheren (tertiären) Bildung, unter der hier gemäß der internationalen Standardklassifikation der Bildung sowohl Universitäts- und Fachhochschulabschlüsse als auch Abschlüsse an Fachschulen und Berufsakademien subsumiert werden, liegt die deutsche Abschlussquote mit 35,6 Prozent deutlich unter dem OECD-Durchschnitt von 47,5 Prozent und weit entfernt von Spitzenreitern mit Abschlussquoten von über zwei Dritteln (OECD 2010b: 68). Zwar sind Niveauvergleiche mit anderen Ländern insofern immer mit Vorsicht zu interpretieren, als Deutschland die Besonderheit des dualen Berufsbildungssystems aufweist, dessen qualifikationsintensivere Teile möglicherweise mit den unteren Bereichen des tertiären Sektors anderer Länder vergleichbar sind. Gleichwohl lassen die folgenden Daten schließen, dass Deutschland in Bezug auf die tertiäre Bildung nicht nur ein schwaches Niveau aufweist, sondern auch über die Zeit relativ zu anderen Nationen gesehen immer weiter zurückfällt (OECD 2010b).

So ist die tertiäre Abschlussquote in Deutschland von 1995 bis 2008 um 8,6 Prozentpunkte gestiegen. Im Durchschnitt der anderen OECD-Länder mit verfügbaren Daten war dieser Anstieg mit 20,2 Prozentpunkten aber um ein Vielfaches größer. Noch 1995 lag Deutschland nur knapp unter dem OECD-Durchschnitt. Doch die anderen Länder haben ihr Hochschulsystem seitdem rapide ausgebaut, während Deutschland nur mit sehr kleinen Schritten vorangekommen ist.

Forschung. Um die Qualität der universitären Forschung zu vergleichen, wurden in den letzten Jahren internationale Rankings entwickelt. Das wohl bekannteste ist das sogenannte Shanghai-Ranking, das weltweit mehr als 1.000 Universitäten anhand einer Vielzahl von Indikatoren vergleicht – unter anderem die Zahl der Mitarbeiter und Alumni, die Nobelpreise gewonnen haben, in den führenden Fachzeitschriften publizieren und deren Forschungsarbeiten am stärksten zitiert werden. Auch wenn solche Rankings immer problematisch sind und die Forschungsqualität nur unzureichend abbilden können, geben sie doch einen Hinweis für eine grobe Einschätzung.

So finden sich im Shanghai-Ranking nur wenige deutsche Universitäten unter den ersten 100, weit entfernt von der Führungsposition vor dem Zweiten Weltkrieg. Nur die TU und die LMU München sowie die Universitäten Bonn, Göttingen und Heidelberg finden sich regelmäßig zwischen den Rängen 40 und 100 wieder (ARWU 2003–2011).

Eine umfassende Behandlung der Ursachen dieser Entwicklung liegt sicherlich jenseits des Rahmens dieses Beitrags. Aber ein Faktor dürfte in der Ausweisung jüdischer Wissenschaftler durch das nationalsozialistische Regime ab dem Jahr 1933 bestehen. Waldinger (2010; 2012) zeigt, dass Deutschland alleine dadurch elf Nobelpreisträger verlor.

3. Bildung als zentrale Wohlstandsquelle: Damals und heute

Welche Rolle spielt der Verlust der Bildungsführerschaft für Wirtschaft und Wohlstand in Deutschland? Die moderne Wirtschaftstheorie schreibt der Bildung als Investition in Humankapital eine bedeutende Rolle für das Wirtschaftswachstum zu. Neuere empirische Studien belegen, dass dies in der Tat sowohl in der Wirtschaftsgeschichte als auch in der modernen Wirtschaft der Fall ist.

3.1 Die Bedeutung der Bildung für die deutsche Industrialisierung

Im historischen Bereich betont etwa Easterlin (1981) die Rolle der Massenbildung in der Wirtschaftsgeschichte. Auch in neueren Arbeiten wird häufig die Bedeutung von Humankapital für historische Wirtschaftsentwicklungen hervorgehoben (zum Beispiel Goldin 2001; Galor 2005). Gleichwohl ist die empirische Evidenz hierfür sowohl für die vorindustrielle Wirtschaftsentwicklung (zum Beispiel Allen 2003) als auch für die Industrialisierung (zum Beispiel Mitch 1999), um es gelinde zu sagen, eher dünn. Stellvertretend für diese Sicht sei hier das bekannte Diktum von Mokyr (1990: 240) erwähnt:»Wenn England den Rest der Welt in der Industriellen Revolution anführte, war es trotz, nicht wegen seines formalen Bildungssystems.« Insofern lautet die in der Literatur bisher vorherrschende Lehrmeinung, Schulbildung hätte keine Rolle für die wirtschaftliche Entwicklung während der Industriellen Revolution gespielt. Doch während die Entwicklung in England durch verschiedene Faktoren vorangetrieben wurde oder sich auch zufällig vollzogen haben könnte, verlief sie auf dem europäischen Festland doch etwas anders (zur Industriellen Revolution in Deutschland generell siehe etwa Borchardt (1972) und Pierenkemper/Tilly (2004)). Als in England neue Maschinen und Arbeitsprozesse eingeführt worden waren, mussten die anderen Länder diese Entwicklung nur noch kopieren. Die Übernahme britischer Technologien und Maschinen war somit wichtig, um zur technologischen Grenze aufzuholen. Doch die Voraussetzungen waren nicht für alle gleich. In einigen Regionen reichte das Bildungsniveau der Bevölkerung für eine sofortige Einführung einfach nicht aus.

In Becker u.a. (2011) argumentieren wir in Anlehnung an Nelson und Phelps (1966), dass Schulbildung eine Voraussetzung für die Einführung der neuen Technologien und damit entscheidend für den wirtschaftlichen Aufholprozess technologisch eher rückständiger Nationen war. Unsere empirischen Ergebnisse, die auf den regionalen Industrialisierungsmustern im Preußen des 19. Jahrhunderts beruhen, stützen diese Hypothese. Aus den Daten der preußischen Statistik haben wir ein historisch einzigartiges mikroregionales Panel mit 334 preußischen Landkreisen zusammengestellt, das quasi das ganze 19. Jahrhundert abdeckt: von 1816, vor Beginn der Industriellen Revolution (üblicherweise auf die Mitte der 1830er datiert, siehe Tilly 1996), über 1849, gegen Ende der ersten Phase der Industriellen Revolution, bis 1882, in der zweiten Hochindustrialisierungsphase. Der Fortschritt der Industrialisierung wird anhand des Anteils der Bevölkerung, der in Fabriken (1849) beziehungsweise im Verarbeitenden Gewerbe (1882) arbeitet, gemessen. Wie Abbildung 2 verdeutlicht, war die Industrielle Revolution ein regionales Phänomen mit regional sehr unterschiedlichen Industrialisierungsgraden.

Unsere Ergebnisse zeigen, dass der Bildungsstand der Bevölkerung sowohl in der ersten als auch in der zweiten Phase der Industriellen Revolution eine wichtige Rolle im Industrialisierungsprozess spielte. Diejenigen preußischen Landkreise, deren Bewohner im Jahr 1816 – vor der Industriellen Revolution – besser gebildet waren, konnten die Chancen, die sich durch die neuen britischen Technologien boten, besser nutzen. Zahlreiche Analysen legen nahe, dass die Ergebnisse einen kausalen Einfluss der Bildung auf die Industrialisierung wiedergeben. Der Bildungsgrad nahm zwischen der ersten und der zweiten Phase sogar zu. Ohne dieses hohe durchschnittliche Bildungsniveau wären in Preußen gemäß den Ergebnissen in beiden Phasen rund ein Drittel weniger Arbeitnehmer in der Industrie beschäftigt gewesen.

Abbildung 2: Anteil der Fabrikbeschäftigten an der Gesamtbevölkerung im Jahr 1849.

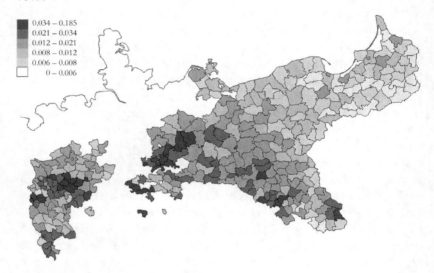

Quelle: Becker u.a. (2011, Web Appendix).

Die von Wilhelm von Humboldt befürwortete allgemeine Grundbildung wurde wichtig, als es darum ging zu lernen, sich auf Veränderungen einzustellen und die neuen technologischen Entwicklungen zu verstehen. In der Tat finden wir signifikante Effekte durch Elementarschulbildung, nicht aber durch weiterführende und höhere Bildung.

Unsere Befunde belegen, dass Bildung sowohl in der ersten als auch in der zweiten Phase der Industriellen Revolution eine sehr viel wichtigere Rolle spielte als die meisten bisherigen Untersuchungen vermuten lassen. Sie zeigen auf, dass die Einschätzung der einschlägigen Literatur die Bedeutung der Bildung für die wirtschaftliche Entwicklung und die Industrialisierung unterschätzt. Letzten Endes ist es wohl kein Zufall, dass Preußen, der damalige Weltführer in Sachen Bildung, in der Aufholphase der Industrialisierung besonders erfolgreich war.

In ähnlicher Weise kann der Bildungsvorsprung der protestantischen gegenüber den katholischen Regionen in Preußen auch weitestgehend deren wirtschaftlichen Vorsprung erklären, den Max Weber mit der protestantische (Arbeits-)Ethik zu erklären versuchte (Becker/Wößmann 2009). Wenn wir den wirtschaftlichen Effekt der Bildung in einer Größenordnung herausrechnen, die mit kausalen Schätzergebnissen in der Literatur konsistent ist, dann schwindet der separate wirtschaftliche Effekt des Protestantismus auf die wirtschaftliche Entwicklung nach Herausrechnung der Bildungseffekte nahezu auf null. So unterstützen die Ergebnisse eine Humankapitaltheorie der protestantischen Wirtschaftsgeschichte.

3.2 Bildungskompetenzen und modernes Wirtschaftswachstum

Auch in heutigen Zeiten ist die zentrale Bedeutung der Bildung für die Entwicklung des wirtschaftlichen Wohlstands belegt. Seit Mitte der 1960er Jahre gibt es internationale Vergleichstests von Schülerleistungen in Mathematik und Naturwissenschaften. Hanushek und Wößmann (2008) haben die Leistungen aller 36 Tests mit empirischen Kalibrierungsmethoden auf eine gemeinsame Skala gebracht, die es ermöglicht, die durchschnittlichen schulischen Leistungen der Bevölkerung für 50 Länder, für die auch international vergleichbare Daten über das langfristige Wirtschaftswachstum vorliegen, abzubilden. Nimmt man das Maß der schulischen Leistungen in übliche Modelle des volkswirtschaftlichen Wachstums auf, dann ist der eindeutige Zusammenhang frappierend: Je besser die Leistungen in den PISA-Vorgängertests, desto höher ist das zwischen 1960 und 2000 gemessene Wachstum des Bruttoinlandsprodukts pro Kopf (Abbildung 3).

In das einfachste Modell gehen als weitere Erklärungsfaktoren lediglich die Ausgangsniveaus des Pro-Kopf-Einkommens sowie die in Jahren gemessene Quantität der Bildung ein. Ohne Berücksichtigung der schulischen Leistungen kann dieses Modell nur ein Viertel der langfristigen Wachstumsunterschiede zwischen den Ländern erklären. Die Berücksichtigung der schulischen Leistungen erhöht die Erklärungskraft auf sage und schreibe drei Viertel der gesamten internationalen Wachstumsunterschiede. Und: Sobald das Maß der kognitiven Leistungen berücksichtigt wird, verschwindet jeglicher Effekt der Anzahl der Bildungsjahre. Anders ausgedrückt: Schulbildung wirkt sich nur in dem Maße wirtschaftlich aus, wie sie auch tatsächlich kognitive Kompetenzen vermittelt. Es reicht nicht, nur die Schul- oder Universitätsbank zu drücken; auf das Gelernte kommt es an.

Abbildung 3: Schulische Leistungen und volkswirtschaftliches Wachstum.

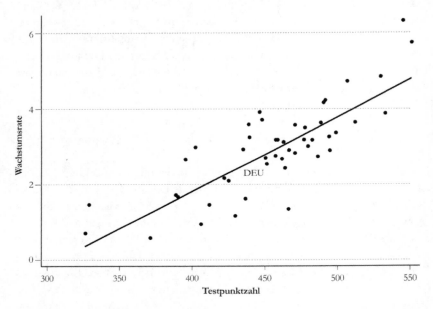

Zusammenhang zwischen schulischen Leistungen (äquivalent zu PISA-Testpunkten) und Pro-Kopf-Wirtschaftswachstum (1960 bis 2000) nach Herausrechnung weiterer Einflussfaktoren; jeder Punkt steht für ein Land. Eigene Berechnung in Anknüpfung an Hanushek/Wößmann (2008).

Die Größe dieses Effektes ist beträchtlich: Langfristig gehen 50 zusätzliche PISA-Punkte – grob der Abstand zwischen Deutschland und den PISA-Spitzenreitern in Finnland, Korea oder Hongkong – mit einem zusätzlichen jährlichen Wachstum von gut 0,6 Prozentpunkten einher. Das hätte unser Wachstum über das letzte Jahrzehnt etwa um die Hälfte erhöht. Über die vierzig Jahre gerechnet könnte unser Pro-Kopf-Einkommen heute also um zusätzliche 30 Prozent höher sein. Die langfristige Bedeutung erfolgreicher Bildungsreformen für den Wohlstand einer Volkswirtschaft ist also immens. Neben dem Ausgangsniveau des Pro-Kopf-Einkommens und den institutionellen Rahmenbedingungen gehören die in PISA und ähnlichen Tests gemessenen kognitiven Basiskompetenzen zu den wichtigsten Ursachen volkswirtschaftlichen Wachstums überhaupt. Zahlreiche zusätzliche Untersuchungen legen darüber hinaus nahe, dass der Zusammenhang äußerst robust ist und dass es sich bei der Korrelation tatsächlich auch um einen kausalen Zusammenhang handelt (Hanushek/Wößmann 2012): Im Schulsystem generierte Bildungsleistungen erhöhen das volkswirtschaftliche Wachstum.

Diese Befunde untermauern Wachstumstheorien, die dem Humankapital der Bevölkerung eine wesentliche Rolle für das langfristige volkswirtschaftliche Wachstum zuschreiben (vgl. etwa Aghion/Howitt 2009 für einen Überblick). Erweiterte neoklassische Wachstumsmodelle modellieren Humankapital als einen akkumulierbaren Produktionsfaktor, der das Wachstum zumindest im Übergang zu einem höheren Produktionsniveau erhöht (Mankiw u.a. 1992). Endogene Wachstumsmodelle betonen die Rolle des Humankapitals als Motor für Innovationen und technischen Fortschritt, der die langfristigen Wachstumsraten erhöht (Romer 1990).

Da stellt sich die Frage, was denn nun wichtiger ist: ein paar Spitzenwissenschaftler, die die Innovationen der Zukunft aushecken, oder eine gute Bildungsbasis in der breiten Bevölkerung, um moderne Wirtschaftsmethoden umsetzen zu können? Um dies beantworten zu können, haben Hanushek und Wößmann (2012) anhand der Mikrodaten der internationalen Vergleichstests berechnet, welcher Anteil der Bevölkerung eines Landes über 600 PISA-äquivalente Punkte (die *rocket scientists*) und welcher Anteil zumindest 400 Punkte (als Maß einer mathematisch-naturwissenschaftlichen Grundlagenkenntnis) erzielt. Das Ergebnis: Nicht die eine oder die andere, sondern beide Dimensionen – der Anteil der Überflieger und eine gute Bildung für alle – haben einen separat signifikanten Einfluss auf das Wirtschaftswachstum. Es kommt also sowohl auf die Spitze als auch auf die Breite an.

Eng verwandt mit diesen Befunden über die Bedeutung von sowohl Spitze als auch Breite bei den Schülerleistung sind die Ergebnisse von Vandenbussche, Aghion und Meghir (2006). Sie argumentieren, dass allgemeine Schulbildung (die *Breite*) entscheidend für Imitation ist, also die Übernahme von Ideen Anderer. Um aber selbst Innovationen voranzutreiben, bedarf es höherer Bildung in Form insbesondere von Universitätsbildung. Hinzu kommt, dass Einkommen und Beschäftigungswahrscheinlichkeiten von Personen mit tertiärer Bildung im Durchschnitt deutlich höher sind als mit mittlerer Bildung (siehe etwa Wößmann 2007). Für ein Land, das im Innovationsbereich eine führende Stellung einnehmen will, sind Investitionen in das Humankapital im Bereich der höheren Bildung eine wesentliche Grundlage.

4. Wie wird Deutschland wieder zum »Weltmarktführer« in Sachen Bildung?

Die vorangegangen Abschnitte haben aufgezeigt, dass Deutschland seine Spitzenposition im Schul- und Universitätsbereich, die es vormals innehatte, verloren hat – und dass dies bedeutende Konsequenzen für zukünftige Wirtschaftskraft und Wohlstand hat. Was muss also geschehen, um Deutschland in Sachen Bildung wieder an die Spitze zu bringen? Im Folgenden leiten wir einige Empfehlungen für das deutsche Schul- und Hochschulsystem ab, die sich aus der bildungsökonomischen Forschung ergeben. Sicherlich sind auch weitere Reformen in wichtigen Bereichen wie der frühkindlichen Bildung, der dualen Berufsausbildung und dem lebenslangen Lernen bedeutsam, diese gehen aber über den Rahmen dieses Beitrags hinaus.

4.1 Notwendige Reformen im Schulsystem

Die berichtete Evidenz belegt, dass Reformen, die die Kompetenzen der Schülerinnen und Schüler signifikant verbessern, langfristig der wichtigste Hebel für höheres Wirtschaftswachstum sind. Wie müssten also Bildungsreformen, die die schulischen Leistungen tatsächlich verbessern, konkret aussehen (vgl. zum Folgenden Wößmann 2007; Wößmann u.a. 2009)? Zahlreiche Studien anhand der internationalen Schülervergleichstests belegen, dass bloße Erhöhungen der Bildungsausgaben und Verkleinerungen der Klassengrößen innerhalb des Systems, wie es derzeit strukturiert ist, für die Kompetenzentwicklung der Schülerinnen und Schüler kaum etwas bringen. Solange sich die bestehenden Rahmenbedingungen unseres Schulsystems und die Anreize, die es bietet, nicht verändern, werden unsere Kinder nicht mehr lernen, wenn wir einfach nur mehr Geld ins System stecken.

Es kommt auf die Rahmenbedingungen an, unter denen die Menschen im Bildungssystem arbeiten. Denn die institutionellen Rahmenbedingungen bestimmen die Anreize: Wir benötigen institutionelle Reformen, die für alle Beteiligten Anreize setzen, damit sich ihre Anstrengung für bessere Bildungsergebnisse lohnt. Damit es im Schulsystem zu erfolgreicher Kompetenzvermittlung kommt, müssen alle Beteiligten für ihre Aufgaben motiviert sein – Schülerinnen und Schüler zum Lernen und Lehrerinnen und Lehrer zum Lehren. Darum sind Anreize so wichtig – Anreize im weitesten Sinne des Wortes: Wenn es sich lohnt, sich beim Lernen und Lehren anzustrengen, dann wird es auch dazu kommen. Analysen der internationalen Schülervergleiche zeigen, dass dafür vor allem drei Dinge wichtig sind: externe Leistungsüberprüfung, mehr Selbständigkeit für Schulen und Lehrer und mehr Wettbewerb unter den Schulen.

Externe Überprüfung der erzielten Leistungen: Sowohl der Bundesländer- als auch der internationale Vergleich belegen, dass Schülerleistungen dort wesentlich besser sind, wo es externe Prüfungen der verschiedenen Abschlüsse wie das Zentralabitur gibt (vgl. Wößmann 2008). Die Noten des Abschlusszeugnisses haben für potentielle Arbeitgeber eine wesentlich größere Signalwirkung über die tatsächlichen Leistungen eines Bewerbers, wenn sie durch externe Prüfungen Vergleichbarkeit aufweisen. So wird ein Lehrmeister in einem Bundesland, in dem externe Prüfungen einen klaren Maßstab setzen, einer zwei in Mathe auf dem Realschulzeugnis eines Bewerbers für eine Ausbildungsstelle in seinem Betrieb viel mehr Bedeutung zumessen als in einem Bundesland ohne externe Prüfungen. Dort weiß er nämlich nicht, ob die zwei durch gute Leistungen des Schülers oder durch niedrige Standards des Lehrers zustande gekommen ist. Das weiß aber auch der Schüler: Bei externen Prüfungen lohnt es sich viel mehr, sich für gute Noten anzustrengen, denn sie werden später Konsequenzen haben.

Externe Prüfungen motivieren auch die Lehrer. Sie setzen einen Maßstab, mit dem die Lehrer sehen können, wie sehr sich ihr Einsatz gelohnt hat. Sie eröffnen auch Eltern und Schulleitern, ob Lehrer eine erfolgreiche Wissensvermittlung leisten. Damit entstehen auch für die Lehrer verstärkte Anreize, den Schülern möglichst viel des erwarteten Stoffes beizubringen. So machen externe Prüfungen alle Beteiligten für das Erreichte verantwortlich. Darüber hinaus machen sie den Lehrer vom *Richter* eher zum *Coach*, der nicht gegen, sondern mit seinen Schülern zusammen arbeitet. Das kann das Verhältnis zwischen Schülern und Lehrern wesentlich verbessern.

Die vergleichende Prüfung der Bundesländer löst weitere Anreizwirkungen aus: Im letzten PISA-Bundesländervergleich im Jahr 2006 hatten sich die Schlusslichter aus dem Jahr 2000 – Bremen, Sachsen-Anhalt, Brandenburg – am meisten verbessert, während sich die Spitzenreiter eher auf ihren Lorbeeren ausgeruht haben. Bei den Schlusslichtern hat der Leistungsvergleich gewirkt, sie haben mehr als die Hälfte ihres Rückstandes zu den Spitzenreitern aufgeholt. Hier zeigt sich die Bedeutung der Veröffentlichung von bundeslandspezifischen PISA-Ergebnissen: Bei den Landesregierungen, die am schlechtesten abschneiden, entsteht ein gewaltiger politischer Druck, endlich etwas zu ändern und besser zu machen. Auch Kultusminister reagieren auf Anreize. Umso verheerender ist das Signal, dass die Kultusministerkonferenz beschlossen hat, seit der 2009 stattfindenden PISA-Runde keine Vergleiche zwischen den Bundesländern mehr durchzuführen.

Externe Leistungsprüfungen machen die Akteure für ihr Verhalten verantwortlich und stellen sicher, dass die Lernanstrengungen für andere sichtbar werden und sich deshalb später auszahlen. Deshalb schlägt der Aktionsrat Bildung (2011) für Deutschland ein bundesweit Gemeinsames Kernabitur vor, in dem ein gemeinsam durchgeführter Prüfungsbestandteil in den Kernfächern Mathematik, Deutsch und Englisch auf der Basis der vereinbarten nationalen Bildungsstandards 10 Prozent der Abiturabschlussnote ausmachen soll. Auf diese Weise könnten die Umsetzung von nationalen Bildungsstandards sowie ein fairer Hochschulzugang gesichert werden.

Selbständige Schulen: Ein weiterer zentraler Aspekt für die Motivation von Lehrern und Schulleitern besteht darin, dass sie selbständiger entscheiden dürfen. Die internationalen Leistungsvergleiche belegen, dass – solange externe Prüfungen die richtigen Anreize setzen – die Schüler dort signifikant mehr lernen, wo Lehrer und Schulen mehr Selbständigkeit haben. Vor allem in Personalfragen und in Fragen des Tagesgeschäfts benötigen die Schulen viel mehr Freiheit. So ist die planwirtschaftlich organisierte Zuweisung von Lehrern auf die öffentlichen Schulen durch Schulbehörden ein Anachronismus, der die Schulen in den meisten deutschen Bundesländern darin behindert, das Beste aus dem Potential ihrer Lehrer und Schüler herauszuholen.

Außerdem sollten Schulen und Lehrer selbst darüber entscheiden können, wie sie das ihnen zustehende Budget verwenden wollen. Dort, wo Schulen selbst über den Einkauf von Materialien entscheiden und Lehrer die Ressourcenanschaffung beeinflussen können, lernen Schüler mehr. Es motiviert, wenn man als Fachmann für die Kompetenzvermittlung angesehen wird und echte Verantwortung übertragen bekommt.

In diesem Zusammenhang ist es wichtig zu betonen, dass Selbständigkeit von Schulen und externe Leistungsüberprüfungen zusammengehören. Eine erfolgreiche Bildungspolitik legt Standards extern fest und überprüft ihr Erreichen extern, überlässt es dann aber den Schulen selbst, wie sie diese am besten erreichen können. Denn externe Prüfungen erhöhen nicht nur wesentlich die Schülerleistungen, sondern sie führen auch dazu, dass sich Schulautonomie positiver auf die erzielten Bildungsleistungen auswirkt (Abbildung 4; vgl. Wößmann 2008). In vielen Entscheidungsbereichen kehren sie sogar einen ansonsten negativen Autonomieeffekt komplett in einen positiven um.

Abbildung 4: Externe Prüfungen, Selbständigkeit von Schulen und PISA-Leistungen.

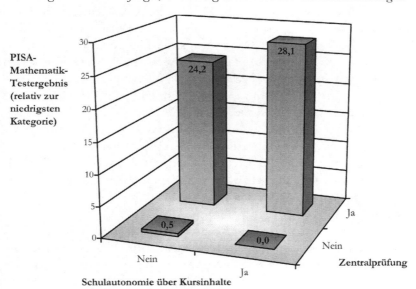

Leistungsunterschied im Verhältnis zur niedrigsten Ergebniskategorie, nach Herausrechnung zahlreicher weiterer Einflussfaktoren. Basierend auf einer internationalen multiplen Regression auf Schülerebene anhand der PISA-2003-Mikrodaten.

Quelle: Wößmann u.a. (2009).

Wettbewerb der Schulen: Schließlich erweist sich Wettbewerb der Schulen um die besten Ideen, der durch größere Wahlmöglichkeiten der Eltern entsteht, als ein entscheidender Einflussfaktor auf die Bildungsergebnisse. Müssen die Schulen um die Gunst der Eltern konkurrieren, dann können diese die aus ihrer Sicht beste Alternative wählen, und schlechte Schulen verlieren ihre Schüler. Das schafft Anreize, die Sache möglichst gut zu machen. Dies ist besonders dann der Fall, wenn es viele Schulen in freier Trägerschaft gibt, die echte Alternativen bieten (vgl. West/Wößmann 2010). Umfassende Analysen der internationalen Vergleichsstudien – sei es TIMSS oder die verschiedenen PISA-Studien – haben wiederholt belegt, dass Schulsysteme mit mehr Schulen in freier Trägerschaft wesentlich bessere Schülerleistungen erzielen (siehe Wößmann 2011c für einen Überblick).

Dazu ist aber – ganz im Gegensatz zur Trägerschaft – bei der Finanzierung der Staat gefragt: Die Ergebnisse belegen, dass öffentliche Finanzierung zu besseren Ergebnissen führt – insbesondere dann, wenn sie privat geleitete Schulen finanziert. Denn wenn sich aufgrund von hohem Schulgeld nur die oberen Zehntausend den Besuch von Privatschulen leisten können, entsteht ja kaum Wettbewerb: Die meisten Eltern haben keine Alternative. Erst wenn durch staatliche Finanzierung alle Schüler unabhängig von ihrem Hintergrund die gleichen Wahlmöglichkeiten haben, entsteht ein Wettbewerb der Schulen um die besten Konzepte, der allen Schülern zugutekommt. Deshalb schneiden Länder, die relativ hohe Anteile privater Schulträgerschaft mit relativ hohen Anteilen staatlicher Finanzierung verbinden, am besten ab, während Länder mit rein staatlicher Trägerschaft und relativ großer privater Finanzierung systematisch am schlechtesten abschneiden (Abbildung 5).

Das Paradebeispiel für die Kombination aus freier Trägerschaft und öffentlicher Finanzierung sind die Niederlande: Drei Viertel der Schüler gehen dort auf privat geleitete Schulen, die gleichzeitig vom Staat finanziert werden. So haben Eltern mehr Wahlmöglichkeiten. Das zwingt Schulen dazu, sich gute Konzepte einfallen zu lassen. Gleichzeitig gibt es durch die öffentliche Finanzierung keine Diskriminierung ärmerer Familien, da auch an den freien Schulen keine Schulgebühren anfallen. Die international vergleichenden Studien zeigen, dass in solchen Systemen nicht nur die Leistungen insgesamt besser sind, sondern vor allem Kinder aus bildungsfernen Schichten profitieren. Dabei sind es gerade die öffentlichen Schulen, die besser werden, wenn es in ihrem Land mehr Schulen in freier Trägerschaft gibt. Wenn der Staat auch in Deutschland jeder Schule in freier Trägerschaft den gleichen Satz pro Schüler erstatten würde, den auch die öffentlichen Schulen bekommen, würde das ein großes Potential zur Verbesserung der Bildungsergebnisse eröffnen.

Abbildung 5: Private Trägerschaft, öffentliche Finanzierung und PISA-Leistungen.

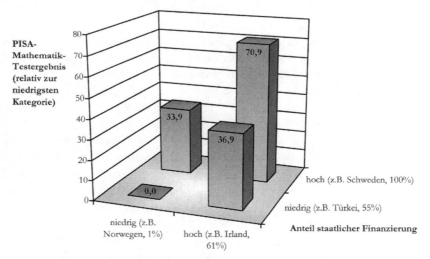

Leistungsunterschied im Verhältnis zur niedrigsten Ergebniskategorie, nach Herausrechnung zahlreicher weiterer Einflussfaktoren. Basierend auf einer internationalen multiplen Regression auf Schülerebene anhand der PISA-2003-Mikrodaten. Die angegebenen Länder und Prozentwerte entsprechen jeweils den drittniedrigsten und -höchsten Werten unter den Teilnehmerländern.

Quelle: Wößmann u.a. (2009).

Mehrgliedrigkeit: Die Frage der Aufteilung auf verschiedene Schularten ist eine weitere Rahmenbedingung, die sich in der empirischen Forschung als relevant für die Bildungsergebnisse erwiesen hat. Allerdings geht es dabei weniger um das allgemeine Leistungsniveau als vielmehr um die Chancengleichheit. Die Tatsache, dass die Kinder in den meisten Bundesländern schon nach der vierten Klasse, im Alter von 10 Jahren, auf unterschiedliche Schulformen – zumeist Hauptschule, Realschule und Gymnasium – aufgeteilt werden, ist im internationalen Vergleich äußerst ungewöhnlich.

Diese frühe Selektion in ein mehrgliedriges Schulsystem gibt es sonst nur noch in Österreich. Zahlreiche Länder wie Finnland, Großbritannien oder Schweden, die früher ebenfalls eine schulische Selektion in jungen Jahren hatten, haben diese spätestens in den 1970er Jahre aufgegeben. In zwei Dritteln der OECD-Länder findet die erste schulische Selektion erst im Alter von 15 oder 16 Jahren statt.

Die empirische bildungsökonomische Forschung hat mittlerweile zahlreiche Belege dafür geliefert, dass die frühe Aufteilung zu einer Verringerung der Chancengleichheit für Kinder aus benachteiligtem Hintergrund führt, ohne dass andere Schüler davon profitieren würden (vgl. überblicksartig Wößmann 2007; 2009b). In international vergleichenden Studien zeigt sich, dass die Streuung der Bildungsleistungen in mehrgliedrigen Schulsystemen nach der vierten Klasse wesentlich stärker zunimmt als in eingliedrig bleibenden Schulsystemen. Auch erweist sich die Abhängigkeit der individuellen Schülerleistungen vom jeweiligen familiären Hintergrund sowohl im Bundesländer- als auch im internationalen Vergleich als umso geringer, je später die Selektion in unterschiedliche Schulformen erfolgt und je geringer die dann einsetzende Anzahl an Schulformen ist. Gerade auch für die Integration von Kindern mit Migrationshintergrund hat sich die frühe Aufteilung als schädlich erwiesen (Schneeweis 2011).

Gleichzeitig geht die geringere Selektion nicht zu Lasten des Leistungsniveaus. Der Zusammenhang zwischen Zeitpunkt der Aufteilung und durchschnittlichem Leistungsniveau ist statistisch zumeist nicht signifikant, deutet aber regelmäßig darauf hin, dass eine spätere Aufteilung eher mit einem besseren denn mit einem schlechteren Leistungsniveau einhergeht. Selbst für die Leistungen etwa des 75. oder gar 95. Perzentils sind keine negativen Effekte des längeren gemeinsamen Lernens belegt. Insofern geht die Verringerung der Leistungsstreuung auch nicht auf Kosten der Spitzenleistungen.

Zusätzlich hat sich im internationalen wie im Bundesländervergleich gezeigt, dass Kinder aus sozial schwachen Familien dort bessere Chancen haben, wo es nach der Aufteilung nicht drei, sondern nur zwei Schulformen gibt. Insofern geht der mittlerweile in zahlreichen Bundesländern erkennbare Trend, den Schritt von einem drei- zu einem zweigliedrigen Schulsystem zu machen, in die richtige Richtung.

Die bürgerliche Gemeinschaftsschule, die allen Schichten ein Recht auf Teilhabe an guter Bildung gewährt, hat überall längst Einzug gehalten – außer in Deutschland und Österreich. Das Problem der ideologisierten deutschen Bildungsdebatten seit den 1960er Jahren lag vor allem darin, dass die Idee eines integrierenden Systems gedanklich immer mit der Ablehnung von Leistung und Wettbewerb verbunden wurde. Es ist eine ebenso falsche wie verhängnisvolle (und außerhalb Deutschlands kaum vermittelbare) Verknüpfung im deutschen Denken zu meinen, dass gemeinsamer Unterricht für alle mit einem Absenken des Leistungsanspruchs einhergehen müsse. Beides – sowohl die Abkehr vom selektiven System als auch klare Leistungsorientierung und Wettbewerb – wird benötigt, damit alle Kinder eine hervorragende Bildung erlangen.

4.2 Notwendige Reformen im Hochschulschulsystem

Auch im Bereich der höheren Bildung besteht in Deutschland noch dringender Handlungsbedarf, um der Weltspitze wieder näher zu kommen.

Erweiterung des Zugangs zu höherer Bildung: Insgesamt scheint ein signifikanter Ausbau der direkt in den Hochschulzugang mündenden Schulformen und ein entsprechender Ausbau der Studienplätze an den Hochschulen angezeigt. Allerdings wird ein solcher Ausbau vor dem Hintergrund des Tatbestandes, dass Kinder aus bildungsfernen Milieus selbst bei hohen Kompetenzniveaus eher selten ein Gymnasium und noch seltener eine Hochschule besuchen, allein vermutlich noch nicht zu einer signifikanten Erhöhung des Hochschulbesuchs führen. Vielmehr ist dazu in Teilen der Bevölkerung wohl auch eine Wandlung der Mentalität zum Zugang zu höherer Bildung erforderlich. Hier könnte es einerseits immer noch an dem Bewusstsein über die hohen Erträge tertiärer Bildung in Form von Beschäftigungsmöglichkeit und Einkommen mangeln, so dass in die breite Öffentlichkeit zielende Informationskampagnen über die Bedeutung höherer Bildung für den Lebensweg helfen könnten.

Andererseits und noch wichtiger dürfte eine effektive Erhöhung der späteren Durchlässigkeit des Bildungssystems sein, so dass Kinder aus bildungsfernen Schichten sich auch noch später selbständig für eine höhere Bildung entscheiden können. Ein wichtiger Bestandteil besteht daher darin, die duale Berufsausbildung verstärkt mit Zugangsmöglichkeiten zu einem Hochschulstudium zu verbinden. Es muss normal werden, dass die Besten eines Ausbildungsjahrgangs an ihre Ausbildung ein angewandtes Studium anschließen. Berufsbildungssystem und Hochschulsystem existieren noch immer relativ abgeschottet voneinander, so dass die Durchlässigkeit von beruflicher Bildung in die Hochschule unzureichend bleibt. Zu einer Verbesserung der Übergangs- und Anrechnungsmöglichkeiten würde eine Vereinheitlichung der unübersichtlichen bundesländerspezifischen Übergangsregelungen beitragen.

System einkommensabhängig rückzahlbarer Studienkredite: Um gleichzeitig das Ziel eines erweiterten Zugangs zu höherer Bildung und die aus der Lebenszyklusperspektive gebotene Verlagerung der öffentlichen Finanzierung in jüngere Bildungsalter erreichen zu können, wird im Hochschulbereich ein klares Studienfinanzierungssystem benötigt, das Studiengebühren mit Studienkrediten verbindet, die abhängig vom späteren eigenen Einkommen rückzahlbar sind (vgl. Barr 2004; Chapman 2006). Niemand sollte von einem lohnenden Hochschulstudium abgehalten werden, weil ihm oder seiner Familie dazu zum Zeitpunkt des Studiums das Geld fehlt. Gleichwohl muss deshalb nicht der Staat die komplette Finanzierung der höheren Bildung übernehmen. Denn sowohl unter Effizienz- als auch unter Gerechtigkeitsaspekten bedarf es einer Entkoppelung der Finanzierung des Studiums von der finanziellen Lage des Elternhauses, nicht aber der zukünftigen finanziellen Lage der Studierenden selbst. Da die Investitionen in Hochschulbildung aber in der Zukunft im Durchschnitt zu wesentlich höheren Einkommen führen, haben die Studierenden in der Regel später selbst die finanziellen Möglichkeiten, ihr Studium nachträglich zu finanzieren.

Dazu ist aber eine vorübergehende Finanzierung der Studiengebühren durch Studienkredite notwendig, die in Abhängigkeit vom später erzielten Einkommen zurückgezahlt werden müssen. Die Gebühren werden den Studierenden während des Studiums gestundet und werden dann – und nur dann – zurückgezahlt, wenn das spätere Einkommen der Hochschulabsolventen einen bestimmten Mindestbetrag übersteigt. So fallen die Studiengebühren letztendlich nur dann an, wenn das Hochschulstudium auch tatsächlich zu einem hohen Lebenseinkommen geführt hat. Somit kann niemand aufgrund der finanziellen Lage seines Elternhauses von einem gebührenfinanzierten Studium abgeschreckt werden.

Eine solche Kombination aus Studiengebühren und (bedingt) rückzahlbaren Krediten entkoppelt die Finanzierung des Hochschulstudiums von der Herkunft, nicht aber von der eigenen späteren Lage. Australien, Neuseeland und England liefern mittlerweile Beispiele, wie einkommensabhängige Studienkredite erfolgreich eingeführt werden können. Die meisten Erfahrungen gibt es mit dem am längsten eingeführten australischen

System (vgl. Chapman 2006: 1484–1495). Die bestehende empirische Evidenz deutet darauf hin, dass die Einführung des kombinierten Systems aus Studiengebühren und einkommensabhängigen Studienkrediten die sozioökonomische Zusammensetzung der Studentenschaft nicht verändert hat. Kinder aus einkommensschwachen Elternhäusern wurden also nicht von einem Hochschulstudium abgeschreckt. Insgesamt sind die Studierendenzahlen in Australien nach der Reform sogar erheblich gestiegen.

Die Bundesländer, die in den letzten Jahren Studiengebühren eingeführt haben, haben zu wenig systematisch an solchen Kreditprogrammen gearbeitet, die sicherstellen können, dass Kinder aus ärmeren Schichten durch die Studiengebühren nicht vom Studium abgeschreckt werden. So deutet erste Evidenz darauf hin, dass die Einführung von Studiengebühren in Deutschland (im Gegensatz zu Australien) zwar geringe, aber doch signifikante negative Effekte auf den Universitätsbesuch gehabt haben könnte (Dwenger u.a. 2012). Insofern wurden die Studiengebühren zu kontroversen Themen in Landtagswahlkämpfen, die dazu führten, dass die meisten Bundesländer die Studiengebühren wieder abgeschafft haben – mit entsprechenden negativen Konsequenzen für die langfristige Tragfähigkeit der Hochschulfinanzierung.

Hier besteht dringender Handlungsbedarf. Allen Studienwilligen muss klar sein, dass die Studiengebühren sie und ihre Familien niemals in den finanziellen Ruin treiben können. Dazu bedarf es eines allgemeinen, einfachen und allseits bekannten Systems der Studienkredite, die aus dem und abhängig von dem späteren Einkommen zurückgezahlt werden können. Der Staat sollte gegebenenfalls durch eine Sicherung der Studienkredite dazu beitragen, dass der Zinssatz nicht unnötig hoch ausfällt. Aufgrund der hohen regionalen Mobilität der Studierenden und der unterschiedlichen Ausstattung der Bundesländer mit Hochschulangeboten spricht vieles dafür, dass ein solches einheitliches System der Studienkredite Aufgabe des Bundes sein sollte. Rein praktisch könnte es etwa an das BAföG-System angegliedert werden. Mit einem solchen System sollte es auch politisch leichter fallen, den sich umkehrenden Trend, dass sich die meisten Bundesländer aus der Studiengebührenfinanzierung wieder zurückziehen, zu stoppen.

Trägerschaft und Wettbewerb: Neben der Finanzierung der Hochschulbildung besteht auch im Bereich der Organisation der Hochschulbildung wichtiger Handlungsbedarf. Deutschland hat in den letzten Jahren auf dem Weg der Autonomisierung der Hochschulen einige Schritte getätigt. Einiges spricht dafür, dass auf diesem Wege noch weiter vorangeschritten werden sollte. Zur Verbesserung der Hochschulforschung, aber auch der Hochschullehre dürften noch wesentliche Schritte im Bürokratieabbau der Hochschulinstitutionen notwendig sein.

Wichtige Durchbrüche dürften hier davon abhängen, dass eine große Zahl der Hochschulen aus der öffentlichen Trägerschaft herausgelöst wird, damit es zu echtem Wettbewerb um die Studierenden kommt. Neuere Evidenz, die sich allerdings nur auf die Forschungsleistung bezieht, zeigt positive Effekte von Autonomie und Wettbewerb auf die Forschungsergebnisse von Universitäten in Europa und den Vereinigten Staaten (Aghion u.a. 2010). Wettbewerb bezieht sich dabei sowohl auf Wettbewerb durch private Forschungsuniversitäten als auch auf Wettbewerbe um öffentliche Forschungsgelder. Es stünde zu erwarten, dass eine zusätzliche Dezentralisierung und Deregulierung der Hochschulorganisation zusätzliche private Angebote und stärkeren Wettbewerb zwischen den Anbietern generieren und damit die Effizienz des Hochschulsystems in Forschung und Lehre steigern könnte.

5. Der Weg nach vorne

Im 19. und frühen 20. Jahrhundert gehörte Deutschland sowohl in der Grundbildung als auch an den Hochschulen in vielerlei Hinsicht zur Weltspitze. Diese Führungsposition ist uns abhandengekommen. Dies hat zum Teil damit zu tun, dass viele Aspekte des heutigen Bildungssystems noch aus dem 19. Jahrhundert stammen. So ist das dreigliedrige Schulsystem ein Kind des 19. Jahrhunderts, als es gesellschaftlich gewünscht war, verschiedene Schichten in verschiedenen Schultypen zu unterrichten. Dies ist nicht mehr zeitgemäß und steht im Widerspruch zu Forschungsergebnissen, die zeigen, dass diese Selektion vielen Kindern die Chance auf höhere Bildung nimmt. Die Reformen von oben, wie die preußischen Reformen des 19. Jahrhunderts oft bezeichnet werden, haben in Deutschland eine allzu starke Rolle des Staates in jedem einzelnen Aspekt der Schul- und Hochschulbildung verankert.

Um wirtschaftlichen Wohlstand auch in Zukunft sichern zu können, müssen die institutionellen Rahmenbedingungen unseres Bildungssystems aber an die Anforderungen des 21. Jahrhundert angepasst werden. Die

Autonomie der Bundesländer in Bildungsfragen kann ihre möglichen Stärken solange nicht ausspielen, wie es keine Vergleichbarkeit von Schülerleistungen anhand gemeinsamer Prüfungen gibt. Ein gemeinsames Kernabitur gepaart mit Schulautonomie und freien Trägern würde Anreize bei Schülern und Lehrern schaffen und die Autonomie den Schulen die Möglichkeiten geben, neue Wege einzuschlagen und sich dem Wettbewerb zu stellen. Staatliche Finanzierung bei der Schulbildung ist weiterhin notwendig, um allen Kindern die Möglichkeit zu geben, die besten Schulen zu besuchen.

Im Hochschulbereich sollten Studiengebühren gepaart werden mit einem System von einkommensabhängig rückzahlbaren Studienkrediten. Das entkoppelt die Entscheidung zum Studium vom Elterneinkommen. Gleichzeitig stellt es sicher, dass niemand fürchten muss, er bliebe auf einem Schuldenberg sitzen, da die Rückzahlung nur fällig wird, wenn das Einkommen einen gewissen Schwellenwert überschreitet.

Als Investition in den Bestand an Wissen und Kompetenzen der Bevölkerung ist Bildung eine zentrale Quelle von wissensbasiertem Wachstum. In der dynamischen Weltwirtschaft des 21. Jahrhunderts kann Deutschland langfristig überhaupt nur durch besseres Wissen bestehen. Schon um unseren hohen Lebensstandard angesichts des globalen Niedriglohnwettbewerbs zu halten, müssen wir uns durch besseres Wissen und bessere Kompetenzen abheben. Um bei der dynamischen Entwicklung vorne dabei zu sein, haben wir gar keine andere Alternative, als den Weg höherer Kompetenzen und ständig neuer Ideen zu gehen.

Literatur

Aghion, Philippe/Dewatripont, Mathias/Hoxby, Caroline M./Mas-Colell, Andreu/Sapir, André (2010), The Governance and Performance of Universities: Evidence from Europe and the US, Economic Policy, Jg. 25, H. 61, S. 7–59.

Aghion, Philippe/Howitt, Peter (2009), The Economics of Growth, Cambridge, Mass.: MIT Press.

Aktionsrat Bildung (2011), Gemeinsames Kernabitur: Zur Sicherung von nationalen Bildungsstandards und fairem Hochschulzugang, Münster: Waxmann.

Allen, Robert C. (2003), Progress and Poverty in Early Modern Europe, Economic History Review, Jg. 61, H. 3, S. 403–443.

ARWU (2003–2011), Academic Ranking of World Universities, Zugriff: 16.08.2012, http://www.arwu.org.

Autorengruppe Bildungsberichterstattung (2010), *Bildung in Deutschland 2010: Ein indikatorengestützter Bericht mit einer Analyse zu Perspektiven des Bildungswesens im demografischen Wandel*, Bielefeld: Bertelsmann.

Barr, Nicholas (2004), Higher Education Funding, *Oxford Review of Economic Policy*, Jg. 20, H. 2, S. 264–283.

Becker, Sascha O./Hornung, Erik/Wößmann, Ludger (2011), Education and Catch-up in the Industrial Revolution, *American Economic Journal: Macroeconomics*, Jg. 3, H. 3, S. 92–126.

Becker, Sascha O./Wößmann, Ludger (2008), Luther and the Girls: Religious Denomination and the Female Education Gap in 19th Century Prussia, *Scandinavian Journal of Economics*, Jg. 110, H. 4, S. 777–805.

Becker, Sascha O./Wößmann, Ludger (2009), Was Weber Wrong? A Human Capital Theory of Protestant Economic History, *Quarterly Journal of Economics*, Jg. 124, H. 2, S. 531–596.

Borchardt, Knut (1972), *Die Industrielle Revolution in Deutschland*, München: Piper.

Broadberry, Stephen N. (1998), How Did the United States and Germany Overtake Britain? A Sectoral Analysis of Comparative Productivity Levels, 1870–1990, *Journal of Economic History*, Jg. 58, H. 2, S. 375–407.

Chapman, Bruce (2006), Income Contingent Loans for Higher Education: International Reforms, in: Eric A. Hanushek und Finis Welch (Hg.), *Handbook of the Economics of Education*, Band 2, Amsterdam: North-Holland, S. 1435–1503.

Dwenger, Nadja/Storck, Johanna/Wrohlich, Katharina (2012), Do Tuition Fees Affect the Mobility of University Applicants? Evidence from a Natural Experiment, *Economics of Education Review*, Jg. 31, H. 1, S. 155–167.

Easterlin, Richard A. (1981), Why Isn't the Whole World Developed?, *Journal of Economic History*, Jg. 41, H. 1, S. 1–19.

Flora, Peter (1983), *State, Economy, and Society in Western Europe 1815–1975: A Data Handbook in Two Volumes*, Frankfurt: Campus.

Galor, Oded (2005), From Stagnation to Growth: Unified Growth Theory, in: Philippe Aghion und Steven N. Durlauf (Hg.), *Handbook of Economic Growth*, Band 1A, Amsterdam: North-Holland, S. 171–293.

Goldin, Claudia (2001), The Human-Capital Century and American Leadership: Virtues of the Past, *Journal of Economic History*, Jg. 61, H. 2, S. 263–292.

Hanushek, Eric A./Wößmann, Ludger (2008), The Role of Cognitive Skills in Economic Development, *Journal of Economic Literature*, Jg. 46, H. 3, S. 607–668.

Hanushek, Eric A./Wößmann, Ludger (2012), Do Better Schools Lead to More Growth? Cognitive Skills, Economic Outcomes, and Causation, *Journal of Economic Growth*, Jg. 17, H. 4, S. 267–321.

Lindert, Peter H. (2004), *Growing Public: Social Spending and Economic Growth since the Eighteenth Century*, Two Volumes, Cambridge: Cambridge University Press.

Luther, Martin (1888) [1520], An den christlichen Adel deutscher Nation von des christlichen Standes Besserung, in: *Dr. Martin Luthers Werke: Kritische Gesamtausgabe*, Band 6, Weimar: Böhlaus Nachfolger, S. 381–469.

Luther, Martin (1899) [1524]. An die Ratsherren aller Städte deutschen Landes, dass sie christliche Schulen aufrichten und halten sollen, in: *Dr. Martin Luthers Werke: Kritische Gesamtausgabe*, Band 15, Weimar: Böhlaus Nachfolger, S. 27–53.

Mankiw, N. Gregory/Romer, David/Weil, David (1992), A Contribution to the Empirics of Economic Growth, *Quarterly Journal of Economics*, Jg. 107, H. 2, S. 407–437.

Mitch, David (1999), The Role of Education and Skill in the British Industrial Revolution, in: Joel Mokyr (Hg.), *The British Industrial Revolution: An Economic Perspective*, 2. Auflage, Boulder: Westview, S. 241–279.

Mokyr, Joel (1990), *The Lever of Riches*, Oxford: Oxford University Press.

Nelson, Richard R./Phelps, Edmund S. (1966), Investment in Humans, Technological Diffusion, and Economic Growth, *American Economic Review*, Jg. 56, H. 2, S. 69–75.

OECD (2010a), *PISA 2009 Results: What Students Know and Can Do – Student Performance in Reading, Mathematics and Science*, Band 1, Paris.

OECD (2010b), *Education at a Glance 2010: OECD Indicators*, Paris.

Pierenkemper, Toni/Tilly, Richard H. (2004), *The German Economy during the Nineteenth Century*, New York: Berghahn Books.

Romer, Paul M. (1990), Endogenous Technological Change, *Journal of Political Economy*, Jg. 99, H. 5/II, S. 71–102.

Schneeweis, Nicole (2011), Educational Institutions and the Integration of Migrants, *Journal of Population Economics*, Jg. 24, H. 4, S. 1281–1308.

Tilly, Richard H. (1996), German Industrialization, in: Mikulas Teich und Roy Porter (Hg.), *The Industrial Revolution in National Context: Europe and the USA*, Cambridge: Cambridge University Press, S. 95–125.

Vandenbussche, Jérôme/Aghion, Philippe/Meghir, Costas (2006), Growth, Distance to Frontier and Composition of Human Capital, *Journal of Economic Growth*, Jg. 11, H. 2, S. 97–127.

Waldinger, Fabian (2010), Quality Matters: The Expulsion of Professors and the Consequences for Ph.D. Student Outcomes in Nazi Germany, *Journal of Political Economy*, Jg. 118, H. 4, S. 787–831.

Waldinger, Fabian (2012), Bombs, Brains, and Science: The Role of Human and Physical Capital for the Creation of Scientific Knowledge, CAGE Working Paper 78, University of Warwick: Centre for Competitive Advantage in the Global Economy.

West, Martin R./Wößmann, Ludger (2010), »Every Catholic Child in a Catholic School«: Historical Resistance to State Schooling, Contemporary School Competition and Student Achievement across Countries, *Economic Journal*, Jg. 120, H. 546, F229–F255.

Wößmann, Ludger (2007), *Letzte Chance für gute Schulen: Die 12 großen Irrtümer und was wir wirklich ändern müssen*, München: Zabert Sandmann.

Wößmann, Ludger (2008), Zentrale Abschlussprüfungen und Schülerleistungen: Individualanalysen anhand von vier internationalen Tests, *Zeitschrift für Pädagogik*, Jg. 54, H. 6, S. 810–826.

Wößmann, Ludger (2009a), Bildungssystem, PISA-Leistungen und volkswirtschaftliches Wachstum, *ifo Schnelldienst*, Jg. 62, H. 10, S. 23–28.

Wößmann, Ludger (2009b), International Evidence on School Tracking: A Review, *CESifo DICE Report*, Jg. 7, H. 1, S. 26–34.

Wößmann, Ludger (2011a), Aktuelle Herausforderungen der deutschen Bildungspolitik: Ordnungspolitischer Rahmen und konkrete Handlungsfelder, *Ordo – Jahrbuch für die Ordnung von Wirtschaft und Gesellschaft*, Jg. 62, S. 145–175.

Wößmann, Ludger (2011b), Die Bedeutung von Bildung für die Wirtschaftsentwicklung: Eine neue wirtschaftshistorische Forschungsagenda anhand preußischer Kreisdaten, Teil 2, *ifo Schnelldienst*, Jg. 64, H. 1, S. 41–47.

Wößmann, Ludger (2011c), Wettbewerb durch öffentliche Finanzierung von Schulen in freier Trägerschaft als wichtiger Ansatzpunkt zur Verbesserung des Schulsystems, *ifo Schnelldienst*, Jg. 64, H. 1, S. 9–18.

Wößmann, Ludger/Lüdemann, Elke/Schütz, Gabriela/West, Martin R. (2009), *School Accountability, Autonomy and Choice around the World*, Cheltenham: Edward Elgar.

Wider den Fachkräftemangel:
Bildung und Migration

Silke Übelmesser

José Manuel Barroso, Präsident der Europäischen Kommission hat es schon 2007 so formuliert: »Wir [die Länder der Europäischen Union] sind attraktiv für viele. Aber wir sind nicht gut genug darin, die Hochqualifizierten anzuwerben. Gleichzeitig sind wir aber auch nicht jung und zahlreich genug, um unsere Gesellschaft und Wirtschaft alleine am Laufe zu halten.«[1]

Diese Beobachtung gilt für Deutschland in besonderem Maße. Ein Blick auf die Statistik zeigt, dass die Deutschen immer älter, aber auch immer weniger werden (Vereinte Nationen 2012). Die Gruppe der Bürger im erwerbsfähigen Alter schrumpft – in absoluten Zahlen und noch mehr im Verhältnis zu den älteren, nicht mehr erwerbstätigen Menschen. Ein Rückgang der Personen im erwerbsfähigen Alter kann aber nicht ohne Folgen für den Arbeitsmarkt bleiben, besonders wenn dadurch ein gleichzeitig steigender Bedarf an hochqualifizierten Arbeitskräften nicht mehr gedeckt werden kann. Diese Situation, bekannt unter dem Begriff Fachkräftemangel (siehe Bundesministerium für Arbeit und Soziales 2011; Expertenkommission Forschung und Innovation 2012), ist je nach Branche oder Region schon gegenwärtig oder wird für die nächsten Jahre prognostiziert. Dies gilt für Ärzte und Pflegekräfte, sowie speziell im MINT-Bereich (Mathematik, Informatik, Naturwissenschaften, Technik) (Bundesministerium für Bildung und Forschung 2007). So klagt die Industrie über mehrere Tausend fehlende Ingenieure und weist auf die negativen Folgen für das Wachstum hin (siehe zum Beispiel Institut der Deutschen Wirtschaft Köln 2008).

Engpässe bedeuten nun aber nicht automatisch, dass staatliches Eingreifen gerechtfertigt ist. Wenn zu wenige Fachkräfte vorhanden sind, dann sollte diese Knappheit dazu führen, dass die Löhne, die die Unter-

---

1 Barroso (2007), eigene Übersetzung.

nehmen zu zahlen bereit sind, steigen und sich dadurch zumindest mittelfristig mehr Menschen für eine der gefragten Ausbildungen entscheiden. Höhere Löhne verringern gleichzeitig den Bedarf der Unternehmen, da der Einsatz von Fachkräften teurer wird. Beide Marktseiten gleichen sich somit von alleine an. Dies gilt zumindest, wenn die Löhne flexibel sind (OECD 2011a).

Löhne können aber oft nicht in ausreichendem Maße reagieren. Tarifbindungen und Mindestlöhne machen zum Beispiel eine Anpassung besonders nach unten schwierig. Ebenso können Sozialleistungen implizit zu einer Lohnuntergrenze führen (Sinn u.a. 2006). Eine Anpassung nach oben scheint dagegen einfacher möglich zu sein. Sieht man sich aber die Bruttostundenlöhne der Fachkräfte an, dann lässt sich nach der amtlichen Erhebung der Arbeitnehmerverdienste kein besonders starker Anstieg beobachten. Die Fachkräfte konnten seit 2009 keine bessere Lohnentwicklung für sich verbuchen als die übrigen Arbeitnehmer (Brenke 2010). Es scheint also (noch) ausreichend viele Fachkräfte zu geben. Dies gilt zumindest im Durchschnitt über die relevanten Branchen. Diese Beobachtung schließt jedoch nicht aus, dass bereits heute bestimmte Experten in einzelnen Regionen fehlen; und diese Beobachtung bedeutet auch keinesfalls, dass es nicht in den nächsten Jahren zu einer angespannten Lage auf dem Arbeitsmarkt kommt, wenn die Alterung der Gesellschaft noch stärker spürbar wird.

Um die Notwendigkeit staatlichen Eingreifens beurteilen zu können, müssen noch weitere Aspekte berücksichtigt werden. So kann ein Mehr an hochqualifizierten Beschäftigten positive Effekte für andere (heimische) Faktoren haben. Produktionsprozesse erfordern im Normalfall – neben Kapital – Beschäftigte mit unterschiedlichen Qualifikationen. Das heißt dann aber, dass Hochqualifizierte nicht einfach und vor allem nicht vollständig Beschäftigte mit anderen, sprich niedrigeren Qualifikationen ersetzen können. Zusätzliche, sehr gut ausgebildete Arbeitskräfte erhöhen so die Nachfrage nach gering qualifizierten Personen. Die Folgen können höhere Beschäftigung und auch höhere Löhne im Niedriglohn-Sektor sein und so helfen, die Situation dort zu verbessern.[2] Zusätzlich lässt sich noch anführen, dass qualifizierte Arbeitskräfte auch als Steuerzahler einen wich-

---

2 Zum Beispiel sind die Arbeitslosenraten für Niedrigqualifizierte im Durchschnitt deutlich höher als für höher Qualifizierte (siehe Daten aus DICE 2012 auf Basis von OECD Daten).

tigen Beitrag zur Finanzierung der öffentlichen Aufgaben leisten. Dies gilt in gleichem Maße für ihre Zahlungen in die sozialen Sicherungssysteme. Das Thema Fachkräftemangel verlangt also aus unterschiedlichen Gründen nach Lösungen. Da einer der Gründe für das zu erwartende Ungleichgewicht auf dem Arbeitsmarkt der Rückgang der Geburtenrate ist, könnte man dort ansetzen. Allerdings sollte man sich davon nicht zu viel versprechen. So ist es unwahrscheinlich, dass selbst bei einem Programm mit großzügigen finanziellen Anreizen die Geburtenzahlen deutlich ansteigen würden. Zum Beispiel hat das 2007 eingeführte Elterngeld, das für zwölf bis 14 Monate immerhin zwei Drittel des Nettogehalts ersetzt, zu keinem sichtbaren Sprung in den Statistiken geführt. Daneben ist zu berücksichtigen, dass selbst im Erfolgsfall mehr Geburten heute frühestens in 20 bis 25 Jahren zu mehr Beschäftigten führen würden.

Eine Politik, die eine bessere Vereinbarkeit von Beruf und Familie ermöglicht, könnte auch ein Weg zu mehr Geburten sein. Noch wichtiger ist jedoch, dass eine besser ausgebaute Betreuungsinfrastruktur mehr Frauen dazu bewegen könnte, nach einer Familienpause (schneller) in den Arbeitsmarkt zurückzukehren. Die Bundesregierung verspricht sich davon kurzfristig fast eine halbe Million zusätzliche Erwerbstätige.[3]

Ein anderer Ansatzpunkt wäre, die Ausbildung der Kinder und Jugendlichen so zu gestalten, dass die erworbenen Qualifikationen und die auf dem Arbeitsmarkt nachgefragten Kenntnisse besser übereinstimmen. Ebenso kann durch die Weiterbildung von bereits Erwerbstätigen dem Mangel an bestimmten Qualifikationen begegnet werden. Aber auch hier muss ein gewisser zeitlicher Vorlauf in Kauf genommen werden, bis die Maßnahmen Wirkung auf dem Arbeitsmarkt zeigen. Zudem ist es natürlich unrealistisch anzunehmen, dass allein durch ein entsprechendes Bildungsprogramm aus jedem ein Ingenieur oder eine Ärztin werden kann. Selbst eine gute Ausbildung kann nur Begabungen sichtbar machen und fördern, aber nicht vermehren. Außerdem besteht die Gefahr, über das Ziel hinaus zu schießen. In der Vergangenheit konnte man immer wieder den sogenannten Schweinezyklus beobachten. Erst gibt es zum Beispiel zu wenige Ingenieure, daraufhin entscheiden sich viele junge Leute für eine entsprechende Ausbildung. Wenn diese Absolventen aber schließlich auf den Arbeitsmarkt kommen, gibt es zu wenige freie Stellen. Dies führt dazu, dass in den nächsten Jahren diese Ausbildungsrichtung weniger attraktiv

---

3 Konzept Fachkräftesicherung der Bundesregierung (Bundesministerium für Arbeit und Soziales 2011).

ist, was früher oder später wieder zu einem Mangel an Ingenieuren führt (siehe zum Beispiel Neugart 2000).

Je nachdem wie flexibel die Löhne sind, werden sie helfen, die stillen Reserven zu mobilisieren, und werden den jungen Erwachsenen bei ihrer Ausbildungsentscheidung Orientierung geben, welche Qualifikationen gerade besonders gefragt sind. Aber selbst, wenn Löhne Knappheiten abbilden, also bei einem Mangel an passenden Arbeitskräften ansteigen, ist es möglich, dass das Ungleichgewicht nicht sofort verschwindet. Vielleicht gibt es einfach so schnell nicht genügend Personen mit den gewünschten Qualifikationen, jedenfalls nicht im Inland.

In einer Zeit der weltweiten Kommunikation und Mobilität besteht nun aber die Möglichkeit, durch eine gut gestaltete Migrationspolitik dem prognostizierten Fachkräftemangel wenigstens zum Teil zu begegnen. Auch wenn für die Bundesregierung die »Nutzung und Förderung inländischer Potenziale [...] Vorrang in der Fachkräftesicherungspolitik [hat]«, so sieht sie auch die Notwendigkeit, zusätzlich auf qualifizierte Zuwanderung zu setzen (Bundesministerium für Arbeit und Soziales 2011: 32).[4] Dafür ist es erforderlich, zu überlegen, wie die Zuwanderungspolitik am besten ausgestaltet werden sollte, damit die *richtigen* Zuwanderer kommen. Im Folgenden sollen deshalb unterschiedliche Szenarien dahin gehend betrachtet werden, ob und mit welchem Aufwand sie helfen, die Mangelqualifikationen und die Personen mit diesen Qualifikationen zu identifizieren, und wie die Verfahren selbst die Qualifikationsstruktur der Zuwanderer beeinflussen.

Einige Fakten

In der Tat ist Deutschland seit vielen Jahren ein Einwanderungsland. Allein im Jahr 2010 zogen 128.000 Personen mit deutscher und ausländischer Herkunft mehr nach Deutschland als diesem Land den Rücken kehrten (Bundesministerium des Inneren 2012). Diese Zahl liegt etwas über dem Durchschnitt der letzten zehn Jahre mit 93.000 Zuwanderern netto und stellt gegenüber den Jahren 2008 und 2009 mit jeweils einem negativen Wandersaldo einen deutlichen Anstieg dar. Hinter den 128.000 Zuwande-

---

4 Siehe dazu auch die »Sechs-Säulen-Strategie« des Bayerischen Wirtschaftsministeriums (Zeil 2011).

rern verbirgt sich bei einem genaueren Blick auf die Statistik eine Zuwanderung von 154.000 Ausländern und eine Abwanderung von 26.000 Deutschen.

Sieht man sich speziell die Personen mit eigener Migrationserfahrung an, so lebten im Jahr 2010 in Deutschland 10,6 Millionen Migranten der ersten Generation, was 12,9 Prozent der Bevölkerung entspricht (darunter 3,3 Millionen Spätaussiedler und 1,8 Millionen Personen, die mittlerweile eingebürgert sind, Statistisches Bundesamt 2011a). Berücksichtigt man zusätzlich die Bewohner mit Migrationshintergrund, also Menschen, die in Deutschland als Deutsche oder Ausländer geboren wurden und mindestens ein zugewandertes oder als Ausländer in Deutschland geborenes Elternteil haben, dann erhöht sich der Anteil auf 19,3 Prozent. Anders ausgedrückt hat jeder fünfte in Deutschland lebende Mensch direkt oder indirekt über seine Eltern oder Großeltern ausländische Wurzeln.

Bei der Zusammensetzung der Bevölkerung mit einem ausländischen Pass fällt auf, dass im Jahr 2010 fast 80 Prozent der in Deutschland lebenden Zuwanderer aus Europa kamen und davon wiederum etwas weniger als die Hälfte aus den anderen EU-Ländern (Statistisches Bundesamt 2011b). Dass die Länder der Europäischen Union zahlenmäßig eine besondere Rolle spielen, ist aus vielerlei Gründen nicht verwunderlich. Neben der geographischen Nähe, gibt es kulturelle und teils auch sprachliche Gemeinsamkeiten. Von noch größerer Bedeutung ist aber, dass für Bürger der Europäischen Union das Prinzip der Freizügigkeit gilt. Jeder Unionsbürger hat das Recht, sich innerhalb der Europäischen Union frei zu bewegen, also in jedes andere Mitgliedsland einzureisen und sich dort aufzuhalten. Das schließt die Teilnahme am Wirtschaftsleben mit ein. Das Prinzip der Freizügigkeit bedeutet aber auch, dass Deutschland die Zuwanderung derjenigen, für die das Prinzip Anwendung findet, nicht steuern und lenken kann. Eine Ausnahme davon hat es lediglich für die Bürger der Länder gegeben, die erst 2004 bzw. 2007 der Europäischen Union beigetreten sind. Deutschland hat von der Möglichkeit Gebrauch gemacht, die Arbeitnehmerfreizügigkeit übergangsweise einzuschränken. Seit Mai 2011 gilt die Freizügigkeit aber auch für Polen, Tschechen, Ungarn, Esten, Letten, Litauer, Slowenen und Slowaken (EU-8-Staaten).[5] Rumänen und Bulgaren genießen noch nicht die volle Arbeitnehmerfreizügigkeit, werden diese aber spätestens 2014 erhalten.

---

5 Alleine Arbeitnehmer aus Zypern und Malta durften sofort in Deutschland beschäftigt werden.

Bei allen Zuwanderern, die Beschränkungen unterliegen, ist es aufschlussreich, die rechtlichen Grundlagen des Zuzugs genauer zu betrachten. So lässt sich einschätzen, ob die Rahmenbedingungen für eine gesteuerte Zuwanderung in der Vergangenheit bereits vorhanden waren und wie sie eingesetzt wurden. Nach dem Ausländerzentralregister (AZR) kamen im Jahr 2010 232.007 Menschen aus Drittstaaten, also aus Nicht-EU Ländern, nach Deutschland (Bundesamt für Migration und Flüchtlinge 2011).[6] Wie Tabelle 1 verdeutlicht, erhielt mit über 60.000 Personen gut ein Viertel von ihnen eine Aufenthaltserlaubnis aus familiären oder humanitären Gründen. Etwas weniger, nämlich gut 45.000 Personen, kamen aus Drittstaaten für eine Ausbildung im weiteren Sinn (das heißt für Sprachkurs, Schule, Studium etc.). Eine Erwerbstätigkeit begründete schließlich für fast 30.000 Personen einen Aufenthaltstitel.[7]

Aber für wie viele Personen war letztlich deren Qualifikation entscheidend? Von den im Jahr 2010 zur Ausübung einer Beschäftigung eingereisten Drittstaatenangehörigen nahmen fast zwei Drittel eine Tätigkeit auf, die eine qualifizierte Berufsausbildung voraussetzt. Dieses galt auch für die 219 Zuwanderer, die als Hochqualifiziert eingestuft wurden. Dazu zählen Wissenschaftler mit besonderen fachlichen Kenntnissen, aber auch Spezialisten und leitende Angestellte mit besonderer Berufserfahrung, die ein Gehalt von mindestens 67.200 Euro (Stand 2012) jährlich beziehen.[8] Ihre Qualifikation war darüber hinaus indirekt für 211 Zuwanderer das entscheidende Kriterium, die eine Aufenthaltserlaubnis als Forscher erhielten. Arbeitsmarktüberlegungen spielten letztlich auch bei den gut 1.000 zugewanderten Selbständigen eine Rolle. In der Regel sind für deren Aufenthaltserlaubnis eine Investitionssumme von 250.000 Euro und die Schaffung von fünf Arbeitsplätzen erforderlich.

---

6 Zu beachten ist, dass die Zuwanderungszahlen des AZR um etwa ein Drittel unter den in der Wanderungsstatistik des Statistischen Bundesamtes verzeichneten Zuzugszahlen von Ausländern liegen. Ein Grund dafür ist, dass Zuwanderer im AZR erst dann registriert werden, wenn sie sich nicht nur vorübergehend in Deutschland aufhalten (siehe Bundesamt für Migration und Flüchtlinge 2011).

7 Weitere, nicht aufgeführte Aufenthaltsrechte umfassen zum Beispiel Aufenthaltsgestattung und Duldung mit 33.602 Personen. Auch kommen noch Personen dazu, die vom Erfordernis eines Aufenthaltstitels befreit sind oder die erst einen Antrag gestellt haben.

8 Die Gehaltsgrenze bezieht sich auf eine Arbeitsaufnahme in den alten Bundesländern und entspricht der Beitragsbemessungsgrenze für die gesetzliche Rentenversicherung. In den neuen Bundesländern liegt die Beitragsbemessungsgrenze und somit das Mindestgehalt bei 57.600 Euro.

Tabelle 1: Zuzüge von Ausländern aus Drittstaaten nach ausgewählten Aufenthalts-zwecken (gemäß Aufenthaltsgesetz, AufenthG).

Gründe	Anzahl	Gesetzliche Grundlage
Humanitäre Gründe	8.242	§§22–26 AufenthG
Familiäre Gründe	54.034	§§27–36 AufenthG
Ausbildung	46.030	§§16–17 AufenthG
Erwerbstätigkeit[9]	29.486	
– davon qualif. Beschäftigung	17.889	§18 Abs. 4 AufenthG
– davon sonstige Beschäftigung	10.409	§18 AufenthG (außer Abs. 4)
– davon als Hochqualifizierte	219	§19 AufenthG
– davon als Forscher	211	§20 AufenthG
– davon als Selbständige	1.040	§21 AufenthG

Quelle: Ausländerzentralregister (siehe auch Bundesamt für Migration und Flüchtlinge 2011).

Es gab also Möglichkeiten für gut ausgebildete Personen aus Drittstaaten, nach Deutschland zu kommen. Das Aufenthaltsgesetz sah hierfür bereits eine Steuerung vor. Dafür waren allerdings einige Voraussetzungen zu erfüllen: Die Bundesagentur für Arbeit musste für abhängig Beschäftigte feststellen, dass die Besetzung der offenen Stellen mit ausländischen Bewerbern arbeitsmarktpolitisch verantwortbar war, es sei denn das Bundesministerium für Arbeit und Soziales hatte durch Rechtsverordnung generelle Regelungen getroffen (vergleiche Paragraph 42 Aufenthaltsgesetz, AufenthG). Auch wenn es in den letzten Jahren einige Lockerungen gab, wie zum Beispiel die Aussetzung der Vorrangprüfung für Mangelberufe, so blieben doch noch viele Hürden, die tatsächlich oder in der Wahrnehmung der Zuwanderer existierten.

---

9 Die Differenz zwischen der Gesamtzahl der Erwerbstätigen und den aufgeführten Untergruppen erklärt sich dadurch, dass auch einige wenige Angehörige aus EU-Staaten darunter erfasst werden, die aber wegen fehlender Detailinformationen nicht herausgerechnet werden können.

Unter Berücksichtigung des Verfahrensaufwands zur Erlangung eines Aufenthaltstitels für die Erwerbstätigkeit ist es vielleicht nicht so überraschend, dass von den 232.007 zugezogenen Drittstaaten-Angehörigen nur bei 8 Prozent deren Qualifikation die Basis für den Aufenthaltstitel darstellte. Natürlich ist nicht ausgeschlossen, dass unter den anderen Zuwanderern aus Drittstaaten auch sehr gut qualifizierte Männer und Frauen sind, und natürlich kann auch ein Zuzug nach Deutschland zum Zweck der Ausbildung dazu führen, dass die Absolventen später in Deutschland ihr Wissen anwenden. Trotzdem kann man diese Zahlen auch so interpretieren, dass in der Vergangenheit in Deutschland Zuwanderung keine große Rolle spielte, um Ungleichgewichte auf dem Arbeitsmarkt zu beheben und insbesondere zu erwartenden bzw. schon vorhandenen Qualifikationslücken zu begegnen.

Seit dem 1. August 2012 sind die bestehenden Regelungen durch die Einführung der Blue Card bzw. der *Blauen Karte EU* wesentlich gelockert worden. Diese ermöglicht Drittstaaten-Angehörigen mit einem Hochschulabschluss den Zuzug, wenn sie ein Beschäftigungsverhältnis mit einem Mindestbruttojahresgehalt vorweisen können. Die bereits bestehende Grenze von 67.200 Euro wurde dazu auf 44.800 Euro gesenkt bzw. für Mangelberufe, also Berufe aus dem MINT-Bereich sowie der Humanmedizin, auf knapp 35.000 Euro.[10] Es muss abgewartet werden, inwieweit dies zu einem größeren Zuzug von Hochqualifizierten führen wird.

Offene Grenzen

Wer würde denn nach Deutschland kommen, wenn Zuwanderung aus Drittstaaten überhaupt nicht reguliert wäre, ähnlich zu den Einwandermöglichkeiten von EU-Bürgern? Zur Beantwortung helfen die folgenden Überlegungen: Wenn jemand sein Heimatland verlässt und in ein anderes Land geht, weil es zwischen beiden Ländern (Brutto-) Lohnunterschiede gibt, die Produktivitätsunterschiede wiederspiegeln, dann ist Migration gut. Die Arbeitskräfte wandern dorthin, wo sie den größten Wert schaffen, was für beide Länder in der Summe mehr Wachstum bedeutet. Die Lohndiffe-

---

10 Die Höhe des Mindestbruttojahresverdienstes liegt somit jetzt bei zwei Dritteln der jährlichen Beitragsbemessungsgrenze in der allgemeinen Rentenversicherung bzw. bei 52 Prozent für Mangelberufe.

renzen sind allerdings nicht nur das Ergebnis der unterschiedlichen Produktivitäten. Für das, was man tatsächlich als Lohn für seine Arbeit (netto) erhält, sind auch die Steuern, die man zahlt, und die Transferleistungen, die man erhält, wichtig. Letztere können familienpolitische Leistungen wie das Kindergeld umfassen, aber auch Lohnzuschüsse und Wohnungsgeld bei geringem Lohn. Die Migrationsentscheidung wird darüber hinaus durch die Leistungen des Sozialstaates verzerrt, die man bei Erwerbslosigkeit erhält. Es kann somit sein, dass jemand nur wegen der Geschenke des Sozialstaats die Kosten und Mühen der Wanderung auf sich nimmt. Wenn für die Wanderungsentscheidung die sozialen Leistungen entscheidend sind, dann spricht man vom Wohlfahrtstaat auch als Magnet (Borjas 1999).

Ob und für wen Deutschland eine anziehende Wirkung hat, hängt, wie Borjas (1987) festgestellt hat, davon ab, wie sich die Einkommensverteilung (nach Steuern und Transfers) im Heimatland von der Einkommensverteilung in Deutschland unterscheidet. Unterstellen wir dazu für einen Moment, dass in beiden Ländern das Einkommen im Durchschnitt gleich ist. Vielleicht gibt es im Heimatland aber sehr viele reiche und sehr viele arme Personen, das heißt eine große Ungleichheit; und vielleicht ist dazu im Vergleich das Einkommen in Deutschland viel gleichmäßiger verteilt. Dann wäre es vor allem für die ärmeren Gruppen lohnenswert, nach Deutschland zu ziehen, da sie besonders vom umverteilenden Steuer- und Transfersystem profitieren. In der Tat ist der Wohlfahrtsstaat in Deutschland im Vergleich zu weniger entwickelten Ökonomien stark umverteilend.[11] Dies macht Deutschland möglicherweise besonders für ärmere Zuwanderer attraktiv, die in den meisten Fällen über geringe berufliche Qualifikationen verfügen (Sinn 2004). Zumindest gilt dies, wenn Ansprüche gegen den Sozialstaat ohne Einschränkungen geltend gemacht werden können. Reichere Personen mit normalerweise höheren Qualifikationen würden dagegen Deutschland eher meiden.

Lässt man jetzt Unterschiede auch in den Durchschnittseinkommen zu, dann beeinflusst das noch einmal die Wanderungsentscheidung. Wenn das Vor-Steuer-Einkommen von Hochqualifizierten zum Beispiel sehr stark durch die Zuwanderung ansteigt, ist die Wirkung eines gegebenen Steuer-

---

11 Ein mögliches Maß für Einkommensungleichheit ist der sogenannte Gini-Koeffizient. Vergleicht man mit Hilfe dieses Koeffizienten die Einkommensungleichheit mit und ohne Steuer-Transfer-System, dann liefert die Differenz der jeweiligen Gini-Werte einen Hinweis auf den Umfang der in einem bestimmten Land getätigten Umverteilung (siehe für Daten zum Beispiel OECDStats zu »Income distribution – Inequality«).

Transfer-Systems unter Umständen insgesamt weniger stark. Wie Qualifikationen in Deutschland entlohnt werden, hängt zum einen davon ab, wie produktiv sie eingesetzt werden können. Dafür ist die vorherrschende Technologie, natürlich auch im Vergleich zum Heimatland, ein wichtiges Kriterium. Zum anderen spielt aber auch die formale Anerkennung der im Ausland erworbenen Abschlüsse eine entscheidende Rolle dafür, dass überhaupt ein Ingenieur und eine Ärztin ihrer Qualifikation entsprechend beschäftigt werden können. Gerade was die Anerkennung von Abschlüssen betrifft, besitzt die Politik weitreichende Gestaltungsmöglichkeiten. Das am 1. April 2012 in Kraft getretene *Gesetz zur Verbesserung der Feststellung und Anerkennung im Ausland erworbener Berufsqualifikationen* geht in diese Richtung. Es soll für nachvollziehbare und bundesweit möglichst einheitliche Bewertungen von Auslandsqualifikationen sorgen.

Zuwandern sollten also aus Sicht Deutschlands diejenigen, deren Einkommen vor Steuern und Transfers besonders steigt. Die Zuwanderer selbst haben jedoch vor allem das Einkommen nach Steuern und Transfers im Blick. Damit sich auch Zuwanderer bei offenen Grenzen mehr an ihrem Bruttolohn orientieren, wenn sie ihre Wanderungsentscheidung treffen, muss man die Bedeutung des Steuer-Transfer-Systems für sie verringern. Eine Option ist, den Anspruch für unterschiedliche Transfers zunächst einzuschränken. Nach dem Prinzip der verzögerten Integration (Richter 2002; Sinn 2002) wäre es zum Beispiel wünschenswert, Zuwanderern aus Drittstaaten erst nach ein paar Jahren die gleichen Ansprüche auf Unterstützung wie Einheimischen (oder Bürgern anderer EU-Staaten) zu gewähren. Dies würde dazu führen, dass für die Wanderungsentscheidung die Transferleistungen keine so große Rolle mehr spielen würden.

Besonders die Entscheidung gering qualifizierter Personen würde dadurch weniger verzerrt werden. Wegen ihres geringen Lohns im Falle einer Beschäftigung werden sie nicht besonders hohe Steuern zahlen; erhalten sie auf der anderen Seite auch nur wenige Transferzahlungen, dann werden sie tatsächlich stark auf ihr zu erwartendes Bruttoeinkommen sehen. Das heißt nicht, dass niemand mehr nach Deutschland kommen würde, der über keine hohen Qualifikationen verfügt. Tatsächlich gibt es in Deutschland, zum Beispiel im Pflegebereich, auch einen großen Bedarf an solchen Arbeitskräften. Diejenigen, die sich entschließen zu kommen, müssen sich davon aber einen Gewinn versprechen. Sie müssen also davon ausgehen, dass sie eine Beschäftigung finden. Zudem werden sie wohl auch vorhaben, länger in Deutschland zu bleiben, da sie dann bessere Möglichkeiten haben, sich gut (im Arbeitsmarkt) zu integrieren. Das würde vor allem für jüngere Personen sprechen bzw. grundsätzlich für Personen, die ihre mittel- und langfristige Zukunft in Deutschland sehen.

Großbritannien hatte zum Beispiel die Ansprüche von Zuwanderern aus den EU-8-Staaten bei einem Teil der Transferprogramme eingeschränkt (Vargas-Silva 2011). Nur diejenigen, die ohne Unterbrechung ein Jahr lang in Großbritannien gearbeitet hatten, konnten Ansprüche geltend machen. Es zeigt sich, dass auch nach diesem einen Jahr die Zuwanderer in geringerer Zahl als die einheimische Bevölkerung soziale Leistungen beantragten. Es wäre jetzt aber falsch, daraus zu schließen, dass diese Restriktionen überflüssig waren. Plausibel ist, dass vornehmlich diejenigen kamen, die sich hohe Chancen auf eine Beschäftigung ausrechneten.

Für Zuwanderer mit einer höheren Qualifikation sollten die Transfers in ihren Überlegungen nur eine untergeordnete Rolle spielen. Dies gilt zumindest dann, wenn eine Zuwanderung mit der Erwartung verknüpft ist, auch in Deutschland einer qualifizierten Tätigkeit nachgehen zu können. Schränkt man den Anspruch auf soziale Leistungen für die erste Zeit ein, würde sich also für diese Gruppe in dieser Hinsicht nicht viel ändern. Allerdings würden auf das zu erwartende höhere Einkommen nach wie vor Steuern zu zahlen sein. Eine Verzerrung der Wanderungsentscheidung würde sich also mit dem Prinzip der verzögerten Integration bei Zuwanderern mit einem zu erwartenden hohen Einkommen nicht vermeiden lassen.

Neben den Lohnunterschieden beeinflussen aber auch noch andere institutionelle Determinanten die Wanderungsentscheidung. Dies können Arbeitsmarktinstitutionen wie zum Beispiel der Kündigungsschutz sein, die einen Hinweis darauf geben, wie einfach es für jemanden ist, im regulären Arbeitsmarkt Fuß zu fassen. Dies kann sich aber auch auf die Qualität der Bildungseinrichtungen und des Gesundheitswesens beziehen (vergleiche Geis u.a. 2008).

Grundsätzlich gilt, dass bei offenen Grenzen die potentielle Freizügigkeit auch Rückwirkungen auf die Bildungsentscheidung im Heimatland haben kann. Wenn eine Russin und ein Bulgare zum Beispiel wissen, dass ein Ingenieurstudium in Deutschland besonders gut entlohnt wird und wenn sie außerdem eine Vorstellung davon haben, wie wahrscheinlich es ist, dass sie tatsächlich den Sprung nach Deutschland schaffen, dann könnten sie sich eher zu diesem Studium entschließen, als wenn sie nur die im Vergleich dazu geringe Entlohnung ihres Heimatlands für die Entscheidung berücksichtigen. Und diejenigen, die sonst auch studiert hätten, strengen sich möglicherweise etwas mehr an. Voraussetzung dafür ist natürlich, dass Deutschland unter allen möglichen Zielländern eine ausreichend wichtige Rolle für potentielle Zuwanderer spielt. Dies wird deshalb eher für Länder zutreffen, für die schon in der Vergangenheit Deutschland ein wichtiges Zuwanderland war, als für Personen zum Beispiel aus dem asiatischen oder mittelamerikanischen Raum. Umgekehrt gilt dies allerdings auch, zum Beispiel für deutsche Ärzte und Ärztinnen, die über eine Auswanderung in die Schweiz oder nach Norwegen nachdenken. In beiden Fällen würde freie Zuwanderung unter den genannten Voraussetzungen die durchschnittliche Qualifikation der Zuwanderer beeinflussen und insbesondere dazu führen, dass Zuwanderer, die erwarten, von der höheren Wertschätzung ihrer Qualifikation im Zielland zu profitieren, (zum Teil) mehr in ihre Ausbildung investieren und somit über eine höhere Qualifikation verfügen (Stark u.a. 1998).

Insgesamt lässt sich festhalten, dass bei offenen Grenzen nur zufällig eine Migrantengruppe nach Deutschland kommt, die dem Wunschbild aus Sicht des Arbeitsmarktes entspricht. Dies gilt, solange die Bedeutung des Steuer- und Transfersystems und die institutionellen Faktoren für die Wanderungsentscheidung nicht neutralisiert werden. Dem gegenüber gestellt werden müssen aber die positiven Effekte auf die Bildungsanreize.

Punktesystem

Vergegenwärtigt man sich die Debatten um Zuwanderung der letzten Jahre, dann scheint in naher Zukunft völlig freie Zuwanderung für Deutschland kein realistisches Szenario zu sein; es kann lediglich als Vergleichsszenario verstanden werden. Wie bereits dargelegt wurde, ist die Zuwanderung aus Drittstaaten nach Deutschland stark reglementiert, wenn auch nur ansatzweise im Hinblick auf die Qualifikationen der Migranten. Mit einer selektiven Politik auf der Basis eines Punktesystems ließe sich die Zusammensetzung der Zuwanderer deutlich besser beeinflussen. Damit die Qualifikationen möglichst genau zum Bedarf in Deutschland passen, müssten dafür zunächst die Anforderungen an die Zuwanderer konkretisiert werden. Als nächster Schritt wären diese Anforderungen dann in ein Punktesystem zu übersetzen. Als Orientierung könnten dafür die klassischen Zuwanderungsländer Kanada, Australien und Neuseeland dienen, aber auch einige EU-Länder wie zum Beispiel Großbritannien und Dänemark, die ein Punktesystem für Nicht-EU-Bürger eingeführt haben (siehe Tabelle 2). Ob jemand nach Deutschland kommen darf, könnte dann zum Beispiel vom Bildungsabschluss und der Berufserfahrung abhängen, aber auch vom Lebensalter und den Sprachkenntnissen. Die Qualifikationsstruktur der Zuwanderer ließe sich so beeinflussen. Auch bietet ein Punktesystem die Möglichkeit, die Situation auf dem Arbeitsmarkt insgesamt und für bestimmte Branchen zu berücksichtigen. Je nach wirtschaftlicher Lage kann die Punkteverteilung oder die Zahl der erforderlichen Mindestpunkte angepasst werden.

Ein Punktesystem hat sicherlich den Vorteil, dass Zuwanderer passgenauer ausgewählt werden können. Zumindest gilt dies, sofern dafür Faktoren herangezogen werden können, die sich einfach erfassen und kostengünstig überprüfen lassen und sofern diese Faktoren über die Zeit konstant sind oder aber von den zuständigen Behörden zeitnah identifiziert und angepasst werden können. Sind all diese Voraussetzungen erfüllt, dann kann die Punkteverteilung potentiellen Zuwanderern eine gute Orientierung dafür geben, welche Wertschätzung die eigenen Qualifikationen erfahren.

Als noch wichtiger einzuschätzen ist, dass die Gewichtung der einzelnen Kriterien, wenn diese jeweils nachvollziehbar erfolgt, den interessierten Drittstaatenangehörigen ermöglicht, eine Vorstellung davon zu erhalten, wie sie ihre Zuwanderungschancen erhöhen können. Das Alter kann hier natürlich schlecht verändert werden. Anders sieht es aber aus, wenn man Sprachkenntnisse oder Qualifikationen und Berufserfahrung betrachtet.

*Tabelle 2: Punkteverteilung in ausgewählten EU-Ländern
(skaliert auf 100 = erforderliche Punkte; obligatorische Kriterien in grau).*

Kriterien	Däne-mark	Nieder-lande	Österreich (Progr. 1: Hochquali-fizierte)	Österreich (Progr. 2: Mangel-qualifikation)	Vereinigtes Königreich[12]
Arbeitsangebot erforderlich?	Nein	Nein	Nein	Nein	Ja
Charakteristika der angestrebten Beschäftigung					
Arbeitsangebot oder Beschäftigung im Zielland					42
Qualifiziert für/ Arbeitsangebot für qualif. Beschäftigung				0	28
Qualifiziert für/ Arbeitsangebot in Mangelberuf	10			0	63
Berufserfahrung					
Berufserfahrung (allgemein)	5		3–29	4–20	
Zusätzlich: Erfahrung in speziellen Tätigkeiten	5–11				
Zusätzlich: Erfahrung im Zielland	5–12	14	14	8–20	
Akademische Qualifikation					
Akademische Qualifikation (allgemein)	30–80	71–86	29–57	40–60	

12 Diese Aufstellung bezieht sich auf das sogenannte *Tier-2*-Programm. Im Rahmen des *Tier-1*-Programms können darüber hinaus jedes Jahr bis zu 1.000 *außergewöhnliche Talente* einwandern.

Zusätzlich: Akad. Qualifikation in Zielregion/ -land	5–10	0–14	7–14		
Zusätzlich: Akad. Qualifikation von Top-Universität	5–15	0			
Sprachkenntnisse[13]	5–25 (+5–10)	14	7–14	20–30	14
Alter	10–15	14	14–29	30–40	
Finanzielle Mittel					
Ausreichende Mittel für Anfang	0				14
Vorheriger Verdienst			29–43	0	
Zukünftiger Verdienst					31–69
Erforderliche Punkte	100	100	100	100	100

Quelle: OECD (2011b) – siehe dort auch für weitere Details.

Unter der wichtigen Voraussetzung, dass sich die Kriterien und ihre relative Gewichtung nicht sehr stark und vor allem nicht unvorhersehbar von einem Jahr zum anderen verändern, kann man von einer gesteuerten Migrationspolitik auf der Basis eines Punktesystems sogar erwarten, dass sie positive Bildungsanreize für diejenigen setzt, die gerne nach Deutschland kommen würden. Gleichzeitig lässt sich die Zusammensetzung der Migrantengruppe im Hinblick auf die Arbeitsmarktsituation beeinflussen. Allerdings darf nicht übersehen werden, dass ein Punktesystem einen Katalog an Kriterien erfordert und anhand dieses Katalogs die Bewerber zu beurteilen sind. Die Festlegung von Kriterien sowie die anschließende Auswahl von Bewerbern sind aber mit finanziellem und zeitlichem Aufwand verbunden.

---

13 (Kleine) Länder mit Sprachen, die außerhalb des Landes nicht sehr verbreitet sind, vergeben auch Punkte für andere Sprachen. So kann man sich in den Niederlanden auch Englischkenntnisse anrechnen lassen. In Dänemark zählen neben Englisch Deutsch, Schwedisch und Norwegisch, auch wenn es für dänische Sprachkenntnisse Extrapunkte gibt.

Selbstselektion mit *Zuwandersteuer*

Warum überlässt ein Land dann nicht einfach die Auswahl den Zuwanderern selbst und beschränkt sich darauf, die Rahmenbedingungen entsprechend zu gestalten? Was wäre zum Beispiel, wenn Deutschland eine spezielle Steuer oder auch eine Art Eintrittsgebühr erhöbe, die Zuwanderer zahlen müssten (siehe den Vorschlag von Becker 2011)? Eine solche Steuer ließe sich dadurch rechtfertigen, dass so die einheimische Bevölkerung an den Gewinnen der Zuwanderer partizipieren könnte. Diese Gewinne müssen ja vorhanden sein, da sonst niemand in Erwägung zöge, sein Heimatland zu verlassen und die Kosten des Umzugs, die monetär, aber auch nicht-monetär sein können, in Kauf zu nehmen.

Erhebt man eine Extra-Steuer auf die im Inland erzielten Löhne, dann würde das für alle die Wanderungsentscheidung weniger vorteilhaft machen. Anders gesagt würden sich nur noch diejenigen zu diesem Schritt entscheiden, die sich einen besonders großen Gewinn von der Migration erwarten. Das sind umso mehr die Personen, an deren Qualifikationen Mangel herrscht und die somit mit einer entsprechend guten Entlohnung auch im Vergleich zum Heimatland rechnen können. Dazu sollten aber wiederum auch Personen gehören, die für sich in Deutschland eine mittel- bis langfristige Perspektive sehen.

Allerdings darf man nicht übersehen, dass eine Extra-Lohnsteuer für Zuwanderer, wie jede andere nicht-pauschale Steuer auch, zu Verzerrungen führt. Es ist dann eben insgesamt nicht mehr ganz so attraktiv, nach Deutschland zu kommen. Falls Deutschland diesen Weg gehen wollte, müssten die Vor- und Nachteile sorgfältig gegeneinander abgewogen werden. Die Vorteile der Steuer, also eine bessere (Selbst-)Selektion der Migranten mit geringerem administrativem Aufwand, aber natürlich genauso auch die dadurch generierten Einnahmen, die durchaus gewaltig sein könnten, müssten den Nachteilen in Form von negativen Verhaltenseffekten gegenüber gestellt werden (Stark u.a. 2012). Besonders wenn es darum geht, mit dieser selektiven Politik Deutschland attraktiv für Hochqualifizierte zu machen, stellt eine mögliche negative Rückwirkung der Politik auf die Qualifikation der Zuwanderer eine ernste Schwäche dar.

Allerdings muss hier angemerkt werden, dass Zuwanderer bereits de facto eine Zuwandersteuer zahlen, wenn sie Mitglieder der gesetzlichen Rentenversicherung sind. Nur ein Teil der Beitragszahlungen kann als Ersparnis angesehen werden, während der andere Teil wie eine (implizite)

Steuer zu beurteilen ist. Dies gilt natürlich umso mehr, wenn Zuwanderer bei einem nur kurzen Aufenthalt überhaupt keine eigenen Rentenansprüche erwerben. Mit dieser Steuer beteiligen sich die Zuwanderer dann an der Bedienung der impliziten Schuld, das heißt an der Begleichung aller bestehenden Ansprüche (siehe Sinn 2001).[14]

Selbstselektion mit *Zuwanderzuschuss*

Die bis hierhin angestellten Überlegungen legen den Schluss nahe, dass eine gesteuerte Zuwanderung einer ungesteuerten überlegen ist, wenn es dadurch (besser) gelingt, die Personen anzuziehen, die in Deutschland besonders gebraucht werden. Gut ist es dabei, wenn die Politik größtenteils auf Instrumenten basiert, die zu einer Selbstselektion der Zuwanderer führen; und gut ist es außerdem, wenn diese Instrumente nicht gleichzeitig einen negativen Einfluss auf die Bildungsentscheidung der Zuwanderer haben oder auf andere Weise ihre Wanderungsentscheidung verzerren. Eine Regelung der Zuwanderung über eine Zusatzsteuer oder eine Eintrittsgebühr entspricht diesem Ideal so noch nicht.

Manche Länder verfolgen deshalb eine im Grundsatz ähnliche, in der Ausgestaltung aber gegensätzliche Politik. Zuwanderer erhalten, wenn sie bestimmte Voraussetzungen erfüllen, eine bevorzugte steuerliche Behandlung (OECD 2011a). In Dänemark gibt es zum Beispiel spezielle Regelungen für Bezieher sehr hoher Einkommen. Übersteigt das monatliche Einkommen 8.500 Euro (63.800 Dänische Kronen, DKK), dann beträgt, je nach Wahl, während der ersten drei Jahre der Steuersatz nur 25 Prozent oder während der ersten fünf Jahre nur 33 Prozent, anstelle des sonst progressiv verlaufenden Steuertarifs mit Steuersätzen zwischen 39 und 59 Prozent (siehe Tabelle 3). Ähnlich verhält es sich in Finnland, wo anstelle einer progressiven Besteuerung ein reduzierter Steuersatz von 35 Prozent für vier Jahre bei einem Mindesteinkommen von 5.800 Euro anfällt.

Der erforderliche Selektionsaufwand dürfte dafür nicht allzu hoch sein, wird das Einkommen zum Zweck der Besteuerung doch sowieso erfasst. Gleichzeitig kann man davon ausgehen, dass eine Qualifikation, die entsprechend gut honoriert wird, auch zu einer entsprechenden zusätzlichen Wertschöpfung führt. Etwas anders verhält es sich bei vergleichbaren Pro-

---

14 Natürlich beteiligen sie sich auch an der Bedienung der expliziten Schuld, wenn sie entsprechend (explizite) Steuern zahlen.

grammen in anderen Ländern, die die Zielgruppe stärker über ihre Qualifikationen und ihre Beschäftigungen definieren wie zum Beispiel in Portugal. Im Ausland erworbene Qualifikationen richtig zu beurteilen, bedeutet einen deutlich größeren Aufwand.

Daneben gibt es ähnliche Regelungen, nach denen ein Teil des Einkommens von der Besteuerung ausgenommen wird. In Italien werden zum Beispiel für drei Jahre 90 Prozent des Einkommens von Forschern, die für mindestens zwei Jahre nachweisbar forschend tätig waren, nicht besteuert, in Korea 50 Prozent für zwei Jahre, wenn eine hoch qualifizierte High-Tech-Tätigkeit nachgewiesen werden kann. Dagegen nimmt sich der Freibetrag von 30 Prozent, den qualifizierte Beschäftigte in den Niederlanden in Anspruch nehmen können, eher bescheiden aus. Der administrative Aufwand hängt davon ab, inwieweit Programme auf eine Selbstselektion der Zuwanderer setzen oder doch eher darauf basieren, dass die Auswahl der Bewerber auf behördlichem Weg erfolgt.

In Deutschland war ein ähnlicher Vorschlag zu Steuervergünstigungen für hoch qualifizierte Zuwanderer vom damaligen hessischen Ministerpräsidenten Roland Koch im Jahr 2005 von vorne herein auf wenig Begeisterung gestoßen. Gerechtigkeitsbedenken dominierten damals die Debatte, vor allem als in dem Vorschlag (fälschlicherweise) eine *Lex Ackermann* vermutet wurde.[15]

Die steuerliche Sonderbehandlung ist sicherlich eine erfolgversprechende Politik, wenn man ein Land für Hoch-Einkommensbezieher attraktiv(er) machen möchte. Oft werden diese Regeln durch die positiven Effekte auf andere Arbeitsmarktteilnehmer gerechtfertigt, wenn zum Beispiel die Produktivität der Kollegen steigt oder neue Stellen dank der qualifizierten ausländischen Arbeitskraft geschaffen werden können. In diesem Zusammenhang ist auch das Ziel zu sehen, einem zu beobachtenden oder zu erwartenden Fachkräftemangel mit diesen Vergünstigungen zu begegnen. Niedrigere Steuersätze oder sonstige Steuervergünstigungen bedeuten zwar zunächst weniger Steuereinnahmen. Trotzdem leisten die meisten Hocheinkommensmigranten bereits in der kurzen Frist einen positiven Beitrag zu den öffentlichen Finanzen einschließlich der sozialen Sicherungssysteme. Außerdem bedeutet eine geringere Besteuerung der Arbeitskraft geringere Verzerrungen der Migrationsentscheidung, aber eventuell

---

15 Siehe Focus Money Online (2005). Die Regelung sollte nur für das Jahr des Zuzugs und die beiden folgenden Jahre greifen. Josef Ackermann lebte zu diesem Zeitpunkt schon länger in Deutschland.

auch der vorgelagerten Bildungsentscheidung. Im besten Fall kommen also besser ausgebildete und qualifizierte Zuwanderer ins Land.

Tabelle 3: Steuervergünstigung für hochqualifizierte Beschäftigte (Auswahl).

Reduzierte Steuersätze			
	Steuersatz	Zeitl. Beschränkung	Voraussetzung
Dänemark	25% oder 33%	3 Jahre 5 Jahre	Ausl. Forscher o.ä. mit Monatseinkommen > 8.500 Euro
Finnland	35%	4 Jahre	Ausl. Experten mit Monatseinkommen > 5.800 Euro
Portugal	20%	10 Jahre	Ausl. Experten in bestimmten Branchen und Rückkehrer
Reduzierte Steuerbasis			
	Steuerbasis (Lohneinkommen)	Zeitl. Beschränkung	Voraussetzung
Belgien	25%	-	Ausl. Forscher
Italien (1)	10%	3 Jahre	Ausl. Forscher oder Rückkehrer
Italien (2)	20% (Frauen) 30% (Männer)	3 Jahre	Rückkehrer (Italiener oder EU-Bürger), Hochschulabschluss, Berufserfahrung oder Auslandsstudium
Korea	50%	2 Jahre	Ausl., hochqualifizierte Beschäftigte (High-Tech-Branche)
Niederlande	70%	10 Jahre	Ausl., hochqualifizierte Beschäftigte
Schweden	75% (auch Sozialversicherungsbeiträge)	3 Jahre	Ausl. Experten

Quelle: OECD (2011a).

Die meisten Programme sind zeitlich befristet (siehe Tabelle 3). Das bedeutet, dass nach zwei bis zehn Jahren die Steuerprivilegien wegfallen und das Einkommen den normalen Steuertarifen zu unterwerfen ist. Dies wird zum Teil dadurch begründet, dass mit diesen Vergünstigungen die erhöhten Kosten am Anfang ausgeglichen werden sollen. Nach einer gewissen Zeit sind die Zuwanderer dann so gut integriert, dass eine Sonderbehandlung aus Gleichheits- und Gerechtigkeitsgründen nicht mehr vertretbar ist. Einige Migranten beziehen diese Befristung in ihre Wanderplanung mit ein und verlassen deswegen unter Umständen das Land nach Ablauf der Frist wieder.[16] Dies bedeutet dann aber auch, dass diese Politik die Bildungsentscheidung der zukünftigen Migranten, wenn überhaupt, dann nur bedingt positiv beeinflusst. Dies gilt vor allem, wenn die zeitlichen Beschränkungen sehr restriktiv sind. Die möglicherweise produktivere Nutzung und entsprechend bessere Entlohnung einer Ausbildung im Einwanderland verändert das Kosten-Nutzen-Kalkül, das der Bildungsentscheidung zugrunde liegt, eben weniger stark, wenn zu erwarten ist, dass man sich dort nur temporär niederlässt.

Schlussfolgerungen für Deutschland

Deutschland sieht sich demografischen Veränderungen gegenüber, die nicht ohne Folgen für den Arbeitsmarkt bleiben werden. Zumindest kurzfristig kann es zu Engpässen besonders bei qualifizierten Arbeitskräften aufgrund von Anpassungsproblemen kommen. Staatliche Maßnahmen, die auf die inländische Bevölkerung abzielen, sind erforderlich. Dazu zählen Qualifikationsmaßnahmen, aber auch das Mobilisieren *stiller Reserven* (Mütter, ältere Personen). Gleichzeitig sollte man aber auch die Möglichkeit nutzen, ausländische Fachkräfte ins Land zu holen. Dazu bedarf es allerdings einer Zuwanderpolitik, die daraufhin ausgerichtet ist. In der Vergangenheit gab es bereits einige Ansätze. Zwischen 2000 und 2004 konnten so zum Beispiel IT-Fachkräfte aus Drittstaaten mit einer sogenannte Green Card für einen auf fünf Jahre befristeten Aufenthalt nach Deutschland kommen. In den letzten Jahren bestanden verschiedene Möglichkeiten für Hochqualifizierte, nach Deutschland einzuwandern (vergleiche Tabelle 1). Die Einführung der Blue Card 2012 hat die Zuwanderung für Hochqualifizierte aus Drittstaaten weiter erleichtert.

---

16 Eine interessante Studie, die das für Dänemark untersucht, ist Kleven u.a. (2011).

Die voran gehenden Betrachtungen haben gezeigt, dass eine Zuwanderungspolitik, die bei Drittstaatenangehörigen den Schwerpunkt auf familiäre und humanitäre Gründe legt, den langfristigen Erfordernissen des Landes möglicherweise nicht gerecht wird. Neben der Beibehaltung wichtiger humanitärer Gründe erscheint eine aktivere Steuerung unabhängig von einem prognostizierten Fachkräftemangel angebracht und die Einführung der Blue Card zeigt klar in diese Richtung.

Das eine System gibt es nur nicht. Ein Punktesystem hat aber offenkundige Vorteile. Bei entsprechender Gestaltung kann es als Rahmen dienen, um darin unterschiedliche Programme mit unterschiedlichen Zielsetzungen übersichtlich darzustellen. Die Länder mit einem Punktesystem nutzen dieses Instrument vornehmlich für qualifizierte Zuwanderung. Mit den entsprechenden zusätzlichen Kriterien und Gewichtungen ließen sich aber damit auch andere Zuwanderwege abbilden, zum Beispiel für Familienangehörige, aber auch für Bewerber mit gefragten Kenntnissen und Fähigkeiten, die nicht als hoch qualifiziert eingestuft werden können (Kriterium Mangelberuf, siehe Tabelle 2).

Aufbauend auf diesem ersten Schritt müssten alle Kriterien in einem zweiten Schritt einer Überprüfung unterzogen werden. Zu detaillierte Kriterien erfordern einen unverhältnismäßig großen administrativen Aufwand. Zum einen müssen sie sehr zeitnah an sich verändernde Umstände angepasst werden, damit sie auch tatsächlich ihren Zweck einer genauen Steuerung erfüllen; zum anderen geht damit eine sehr umfangreiche Überprüfung jedes einzelnen Bewerbers einher. Besser ist es sicherlich, allgemeine Kriterien zu formulieren und soweit wie möglich auf Selbstselektion zu setzen.

Gerade im Bereich der hoch qualifizierten Zuwanderer sollte es gut möglich sein, ein erforderliches Mindesteinkommen bzw. bei Selbständigen eine Mindestinvestitionssumme als alleiniges Kriterium festzusetzen. Bei Talenten, die noch nicht sofort ein ausreichend hohes Einkommen erzielen, könnte man zudem noch stärker auf die Selektion durch den Arbeitgeber vertrauen. Das Punktesystem würde dann weniger zur Auswahl der Hocheinkommensbezieher eingesetzt werden, die oft auch hochqualifiziert sind, sondern um die übrige Zuwanderung im Hinblick auf arbeitsmarktliche, aber auch familiäre, humanitäre und sonstige Gründe zu steuern.

Zwei wichtige Einschränkungen gibt es aber: Mit der skizzierten Zuwanderungspolitik kann nur aus denjenigen ausgewählt werden, die überhaupt ein Interesse daran haben, nach Deutschland zu kommen. Deutschland darf sich also nicht auf die Gestaltung der Zuwanderungspolitik verlassen, um die Zuwanderer mit den begehrten Qualifikationen zu gewinnen. Der institutionelle Rahmen insgesamt muss passen. Dies umfasst die Arbeitsmarktinstitutionen ebenso wie die sozialen Sicherungssysteme, die Bildungs- und Familienpolitik und vieles mehr. Aber auch die Gesellschaft an sich muss bereit sein, eine Willkommenskultur zu entwickeln. Zuwanderer sind eine Bereicherung, die neue Ideen, neue Kenntnisse und neue Kontakte mitbringen und so Deutschland helfen, mit den Herausforderungen durch den demografischen Wandel und die Globalisierung besser zurecht zu kommen.

Zudem ist es wichtig, die Zahl der potentiellen Zuwanderer realistisch einzuschätzen, vor allem auch im Verhältnis zur möglichen Fachkräftelücke aufgrund des demografischen Wandels. Deutschland bräuchte jedes Jahr 344.000 mehr Zuwanderer als Auswanderer (Vereinten Nationen 2000), um die Bevölkerung bis 2050 konstant zu halten. Damit das Verhältnis der Erwerbsfähigen (15- bis 64-Jährige) zu den 65-Jährigen und Älteren konstant bleibt, müssten jedes Jahr 3,6 Millionen Menschen zuwandern. Auch wenn hier nichts über die Größe des zukünftigen Fachkräftebedarfs gesagt wird, so machen diese Zahlen deutlich, dass sich die demografische Entwicklung nicht alleine durch Zuwanderung ausgleichen lässt. Zuwanderung kann nur eine Politik neben anderen Maßnahmen sein, die darauf abzielen, die Geburtenrate zu erhöhen, die Vereinbarkeit von Beruf und Familie zu fördern und die Qualifikation der im Inland lebenden Bevölkerung zu verbessern. Dabei sollte Zuwanderung aber als gleich wertige und gleich wichtige und nicht als nachrangige Politik angesehen werden.

Literatur

Barroso, Jose Manuel (2007), *Opening Remarks of President Barroso – Legal Immigration*, Pressekonferenz – Straßburg, 23. Oktober 2007, Zugriff: 24.04.2012, *http://europa.eu/rapid/pressReleasesAction.do?reference=SPEECH/07/650.*
Becker, Gary S. (2011), *The Challenge of Immigration – a Radical Solution*, IEA Occasional Paper, 145, London.
Bundesamt für Migration und Flüchtlinge (2011), *Das Bundesamt in Zahlen 2010 – Asyl, Migration, ausländische Bevölkerung und Integration*, Nürnberg.

Bundesministerium des Inneren (2012), *Migrationsbericht des Bundesamtes für Migration und Flüchtlinge im Auftrag der Bundesregierung*, Berlin.

Bundesministerium für Arbeit und Soziales (2011), *Fachkräftesicherung – Ziele und Maßnahmen der Bundesregierung*, Berlin.

Bundesministerium für Bildung und Forschung (2007), *Bericht zur technologischen Leistungsfähigkeit Deutschlands 2007*, Berlin.

Borjas, George J. (1987), Self-Selection and the Earnings of Immigrants, *American Economic Review*, Jg. 77, H. 4, S. 531–553.

Borjas, George J. (1999), Immigration and Welfare Magnets, *Journal of Labor Economics*, Jg. 17, H. 4, S. 607–637.

Brenke, Karl (2010), Fachkräftemangel kurzfristig noch nicht in Sicht, DIW-Wochenbericht, Nr. 46/2010, Berlin.

DICE (2012), Unemployment Rates by Level of Educational Attainment for Populations 25 to 64 Years of Age, 1991–2009, Zugriff: 30.07.2012, *http://www.cesifo-group.de/de/ifoHome/facts/DICE/Labour-Market-and-Migration/Labour-Market/Unemployment/unemploy-rate-all-education-91_09.html*.

Expertenkommission Forschung und Innovation (2012), *Gutachten zu Forschung, Innovation und Technologischer Leistungsfähigkeit Deutschland*, Berlin.

Geis, Wido/Übelmesser, Silke/Werding, Martin (2008), How Do Migrants Choose Their Destination Country? An Analysis of Institutional Determinants, CESifo Working Paper, Nr. 2506, München.

Institut der deutschen Wirtschaft Köln (2008), Wachstums- und Fiskaleffekte von Maßnahmen gegen Fachkräftemangel in Deutschland – Bildungsökonomische Analyse und politische Handlungsempfehlungen insbesondere im MINT-Bereich, Endbericht an das Bundesministerium für Wirtschaft und Technologie, Köln.

Kleven, Henrik J./Landais, Camille/Saez, Emmanuel/Schultz, Esben (2011), Taxation and International Migration of Top Earners: Evidence from the Foreigner Tax Scheme in Denmark, mimeo, University of Stanford.

Koch, Roland (2005), Steuer-Nachlass für Ausländer, Focus Money Online, 03.03.2005, *http://www.focus.de/finanzen/steuern/roland-koch_aid_92153.html*.

Neugart, Michael (2000), The Supply of New Engineers in Germany, Discussion Paper, FS I 00-209, Wissenschaftszentrum Berlin für Sozialforschung.

OECD (2011a), *Taxation and Employment*, Paris.

OECD (2011b), *International Migration Outlook: SOPEM 2011*, Paris.

Richter, Wolfram (2002), Social Security and Taxation of Labour Subject to Subsidiarity and Freedom of Movement, *Swedish Economic Policy Review*, Jg. 9, S. 47–74.

Sinn, Hans-Werner (2001), The Value of Children and Immigrants in a Pay-as-you-go Pension System: A Proposal for a Transition to a Funded System, *ifo Studien*, Jg. 47, H. 1, S. 77–94.

Sinn, Hans-Werner (2002), EU Enlargement and the Future of the Welfare State, Stevenson Lectures on Citizenship, *Scottish Journal of Public Economy*, Jg. 49, H. 1, S. 104–115.

Sinn, Hans-Werner (2004), Wohlfahrtsmagnet Deutschland, ifo Standpunkt Nr. 54, München.

Sinn, Hans-Werner/Holzner, Christian/Meister, Wolfgang/Ochel, Wolfgang/Werding, Martin (2006), *Redesigning the Welfare State*, Cheltenham: Edward Elgar.

Stark, Oded/Helmenstein, Christian/Prskawetz, Alexia (1998), Human Capital Depletion, Human Capital Formation, and Migration: a Blessing or a »Curse«?, *Economics Letters*, Jg. 60, H. 3, S. 363–367.

Stark, Oded/Casarico, Alessandra/Übelmesser, Silke (2012), The Downside of Gary Becker's Proposal of a Migration Entry Price, mimeo, University of Jena.

Statistisches Bundesamt (2011a), *Bevölkerung und Erwerbstätigkeit: Bevölkerung mit Migrationshintergrund – Ergebnisse des Mikrozensus 2010*, Fachserie 1, Reihe 2.2, Wiesbaden.

Statistisches Bundesamt (2011b), *Bevölkerung und Erwerbstätigkeit: Ausländische Bevölkerung – Ergebnisse des Ausländerzentralregisters*, Fachserie 1, Reihe 2, Wiesbaden.

Vargas-Silva, Carlos (2011), *The Fiscal Impact of Immigration in the UK*, Briefing, University of Oxford: Migration Observatory.

Vereinte Nationen (2000), Replacement Migration: Is it a Solution to Declining and Aging Populations?, Working Paper (ESA/P) 160, New York.

Vereinte Nationen (2012), World Population Prospects: The 2010 Revision, Population Division of the Department of Economic and Social Affairs of the United Nations Secretariat, Zugriff: 24.04.2012, *http://esa.un.org/unpd/wpp/index.htm*.

Zeil, Martin (2011), Wachsender Fachkräftemangel als eine neue Aufgabe für unsere Soziale Marktwirtschaft, *ifo Schnelldienst*, Jg. 64, H. 6, S. 14–18.

Ein Mindestlohn für Deutschland?

Ronnie Schöb / Marcel Thum[1]

1. Die aktuelle Mindestlohndebatte

Wir befinden uns im Jahre 2012 n. Chr. Ganz Europa hat Mindestlöhne eingeführt ... Ganz Europa? Nein! Ein von unbelehrbaren Marktradikalen bevölkertes Land hört nicht auf, der Regulierung des Arbeitsmarktes Widerstand zu leisten. Doch wie lange noch?

Mindestlöhne sind in Deutschland mittlerweile salonfähig. Eine breite Mehrheit der Bevölkerung befürwortet einen flächendeckenden Mindestlohn und außer der FDP wollen mittlerweile auch alle Parteien im Bundestag einen Mindestlohn. Die SPD und die Grünen verlangen einen einheitlichen, flächendeckenden Mindestlohn von 8,50 Euro und werden dabei von den Gewerkschaften unterstützt. Die CDU hat auf ihrem Bundesparteitag im November 2011 einer allgemeinen Lohnuntergrenze zugestimmt, die sich an den Lohnuntergrenzen orientieren soll, die tariflich vereinbart und für allgemein verbindlich erklärt wurden. Mittlerweile sind in einigen Branchen bereits Mindestlöhne eingeführt worden. In den aktuellen Wahlkämpfen wird deshalb nicht mehr um das »Ob«, sondern nur noch um das »Wie hoch« debattiert.

Doch warum gehört Deutschland immer noch zu den wenigen Ländern ohne Mindestlohn und warum wird der Mindestlohn jetzt plötzlich auch in Deutschland populär? Lange Zeit sahen weder Politiker noch Gewerkschaften die Notwendigkeit, einen gesetzlichen Mindestlohn einzuführen. Im Gegenteil. Noch 2004 hielt der damalige Vizevorsitzende der IG Metall, Bertold Huber, »gesetzlich festgelegte Mindestlöhne nach wie vor für problematisch, da sie eine Gefahr für die Tarifautonomie bedeuten« (IGM-

---

1 Unser besonderer Dank gilt Andreas Knabe, der uns bei der Aktualisierung der Daten, die wir für die Simulationen verwendet haben, unterstützt hat sowie den Text umfassend kommentiert hat. Weiterer Dank für hilfreiche Kommentare geht an Clemens Hetschko, Katherina Jenderny und Christoph Skupnik.

Pressemitteilung 2004). Löhne wurden von Arbeitgeberverbänden und Gewerkschaften in Tarifverhandlungen gemeinsam festgelegt und es war allgemeiner Konsens, dass der Staat in die Tarifautonomie nicht eingreifen sollte. In der deutschen Wachstumswirtschaft bis Anfang der 1970er Jahre partizipierten alle Lohngruppen vom steigenden Wohlstand. Eingriffe des Staates durch Mindestlöhne waren nicht erforderlich. Doch als in den 1970er Jahren die Nachfrage im Niedriglohnsektor – unter anderem durch den technischen Wandel – stark zurückging, verhinderte die starre Lohnstruktur in Deutschland eine entsprechende Anpassung der Niedriglöhne. Zwar blieb die Lohnstruktur durch die regelmäßige Anhebung der unteren Lohngruppen in den Tarifverhandlungen bis Mitte der 1990er Jahre relativ stabil (Prasad 2004; Gernandt/Pfeiffer 2009; Dustmann u.a. 2009), jedoch führten die besonders starken Lohnanstiege am unteren Ende der Lohnskala zugleich zu einem massiven Anstieg der Arbeitslosigkeit bei Geringqualifizierten. 2005 betrug die offizielle Arbeitslosenrate unter Arbeitskräften ohne Berufsabschluss 24 Prozent im Westen und 42 Prozent im Osten Deutschlands (Reinberg/Hummel 2007).

Es ist daher wenig verwunderlich, dass sich die Politik primär auf die Bekämpfung der Arbeitslosigkeit und nicht so sehr auf die Einkommenssicherung im Niedriglohnsektor konzentrierte. Zwischen 2003 und 2005 führte die deutsche Regierung drastische Arbeitsmarktreformen durch, um eine stärkere Flexibilität insbesondere im unteren Lohnbereich zu erzielen (die sogenannten Hartz-Reformen). Diese Reformen in Verbindung mit geschwächten Gewerkschaften und der wachsenden Niedriglohnkonkurrenz aus Mittel- und Osteuropa übten einen beträchtlichen Druck auf das Niedriglohnsegment aus. Eine steigende Lohnungleichheit war der Preis, den Deutschland für die Bekämpfung der Massenarbeitslosigkeit bezahlen musste.

Die Bereitschaft, die steigende Lohnungleichheit hinzunehmen, ließ jedoch nach, als infolge der guten Wirtschaftslage und der Wirksamkeit der Hartz-Reformen die Arbeitslosenrate in Deutschland von 11,6 Prozent in 2005 auf 7,6 Prozent in 2008, dem Jahr vor der Finanzkrise, sank. Obwohl endlich – erstmals seit dreißig Jahren – die Zahl der Langzeitarbeitslosen in erheblichem Maße zurückging, verabschiedeten sich immer mehr Sozialdemokraten und Grüne von ihren eigenen Reformen und unterstützten die Forderung der Linken nach einem gesetzlichen Mindestlohn. Ende 2011 folgte nach längeren internen Debatten auch die CDU auf diesem Weg, wenngleich sie von einer Lohnuntergrenze und nicht von einem Mindestlohn spricht.

Was macht die Attraktivität des Mindestlohns aus? Es sind im Wesentlichen zwei Gründe, die immer wieder zugunsten der Mindestlöhne ins Feld geführt werden.

1. Mindestlöhne halten den Abwärtstrend im Niedriglohnbereich auf, wirken der Lohnungleichheit und somit der *Armut in Arbeit* entgegen.
2. Der Mindestlohn entlastet die Staatskassen. Es ist Aufgabe der Unternehmen und nicht des Staates, existenzsichernde Löhne zu zahlen. Durch die höheren Löhne kann der Staat seine Ausgaben für ergänzende Sozialleistungen senken.

Das erste Argument zielt auf Gerechtigkeit auf dem Arbeitsmarkt ab. Wer arbeitet, soll von seiner Arbeit auch leben können. Das zweite Argument zielt ebenfalls auf Gerechtigkeit ab, insbesondere wenn es mit Verweis auf die hohen Gewinne der Unternehmen vorgebracht wird. Doch es betont zugleich die daraus resultierenden Vorteile eines Mindestlohns für die Sozialkassen. Wenn der Staat die sozialpolitische Aufgabe einer gerechten Einkommensverteilung auf die Unternehmen überträgt, dann entlastet dies seine klammen Kassen.

Neben den verteilungspolitischen Zielen und den Kosten für die Sozialkassen spielen in der Diskussion jedoch auch die Beschäftigungswirkungen eine entscheidende Rolle. Vor allem die Mindestlohngegner werden nicht müde zu betonen, dass der Mindestlohn die Arbeitskosten, also die Lohnkosten inklusive aller Lohnnebenkosten, in die Höhe treibt und damit Arbeitsplätze vernichtet. Dieses Argument lassen die Befürworter jedoch nicht gelten und kontern immer wieder mit drei Einwänden.

1. Unsere Nachbarn haben schon lange Mindestlöhne, ohne dass Arbeitsplätze vernichtet worden sind.
2. Die ökonomische Theorie erlaubt keine klaren Aussagen über negative Arbeitsplatzeffekte des Mindestlohns.
3. Die empirische Forschung belegt, dass Mindestlöhne keine Arbeitsplätze vernichten.

Mindestlohnbefürworter und Mindestlohngegner reden häufig aneinander vorbei, da sie oft einzelne Aspekte – Verteilungsgerechtigkeit, fiskalische Einsparungen und Schaffung von Arbeitsplätzen – im Auge haben, ohne auf die völlig andere Zielsetzung der Gegenseite einzugehen. Dieser Beitrag versucht, die einzelnen Argumente ernst zu nehmen, aber gleichzeitig zu überprüfen, inwiefern die einzelnen Argumente für die Einführung eines Mindestlohns in Deutschland quantitativ bedeutsam sind. Beginnen wollen wir mit einem Blick über die Grenzen und fragen, was wir aus den Erfahrungen anderer Länder lernen können. Danach zeigen wir, dass empirische Befunde und die ökonomische Theorie hinsichtlich der möglichen Arbeitsplatzeffekte eines Mindestlohns in der Tat nicht eindeutig sind. Daraus darf man aber nicht schließen, dass ein gesetzlicher Mindestlohn von 8,50 Euro in Deutschland keine nennenswerten Nachteile mit sich bringt. Betrachtet man den gegenwärtigen Niedriglohnsektor Deutschlands im Detail, so zeigt sich, dass der politisch diskutierte Mindestlohn Branchen und Regionen betreffen würde, in denen Beschäftigungsverluste praktisch unvermeidbar sind.

2. Ein Blick nach Frankreich: Warum vorschnelle Vergleiche gefährlich sind

Die Befürworter des Mindestlohns verweisen gerne auf die Erfahrungen in unseren Nachbarländern. Frankreich wird oft als Beleg dafür angeführt, dass selbst ein hoher Mindestlohn nicht zu einem Beschäftigungsabbau führen muss. Doch das französische System besteht nicht nur aus einem Mindestlohn, sondern auch aus einem recht hohen Lohnzuschuss, der den Unternehmen vom Staat bezahlt wird und der die Auswirkungen des Mindestlohns auf die Arbeitskosten abfedert. Seit Januar 2005 erhält der Arbeitgeber einen Zuschuss in Höhe von 26 Prozent, wenn er einen Arbeiter zum Mindestlohn beschäftigt. Bei Löhnen über dem Mindestlohn wird dieser Zuschuss langsam abgebaut. Für Arbeitnehmer, die mehr als das 1,6-fache des Mindestlohns erhalten, bekommt der Arbeitgeber keinen Zuschuss mehr. Beim aktuellen Mindestlohnsatz (2012) in Höhe von 9,19 Euro pro Stunde erhält der Arbeitgeber rund 2,40 Euro pro Arbeitsstunde als Zuschuss. Bei einem Stundenlohn von 14,70 Euro ist die staatliche Unterstützung dann vollständig abgeschmolzen.

Dies hat bedeutsame beschäftigungspolitische Konsequenzen, die in der politischen Diskussion in Deutschland jedoch keine Beachtung finden. So würde beispielsweise eine Anhebung des Mindestlohns von aktuell 9,19 Euro auf 10 Euro nicht nur die Arbeitskosten erhöhen, sondern auch den

Lohnzuschuss. Für einen Arbeitgeber, der immer genau den Mindestlohn zahlt, steigen die Arbeitskosten durch den erhöhten Mindestlohn um 8,8 Prozent. Ein Arbeitgeber, der bisher schon 10 Euro bezahlt hat, ist von der Erhöhung der Mindestlohns direkt gar nicht betroffen. Er profitiert aber indirekt, weil seine Arbeitskosten nun vom Staat um rund 4 Prozentpunkte höher bezuschusst werden. Weil die Erhöhung des Mindestlohns zugleich den Zuschuss erhöht, fallen die Arbeitskosten für alle Bruttolöhne zwischen 9,70 Euro und 16 Euro. In einem weiten Bereich der Lohnskala – von circa 9,70 Euro bis 14,70 Euro – ist die Senkung der Arbeitskosten um 5 bis 6 Prozent sogar ganz erheblich. Hier kommt es tendenziell zu einer Beschäftigungsausweitung. Nur bei Arbeitsverträgen auf oder knapp über dem Mindestlohnniveau steigen die Arbeitskosten und nur in diesem Bereich ist überhaupt mit einem Beschäftigungsabbau zu rechnen.

Simulationsrechnungen zeigen, dass eine Mindestlohnanhebung um 10 Prozent im Jahr 1997 langfristig 290.000 Arbeitsplätze gekostet, die Ausweitung der Zuschüsse jedoch gleichzeitig rund 500.000 neue Arbeitsplätze geschaffen hätte (Laroque/Salanié 2000). Die Arbeitsplatzverluste trafen dabei insbesondere die Jugend (so zum Beispiel Sachverständigenrat 2006).[2] Denn gerade Jugendliche ohne Ausbildung beziehen häufig nur den Mindestlohn, ihre Arbeit wird daher durch die Anhebung des Mindestlohns am ehesten verteuert.

Ein einfacher Blick über die Grenzen, bei dem nur die Beschäftigungsentwicklung nach einer Erhöhung des Mindestlohns betrachtet wird, ohne dabei die länderspezifischen und teilweise recht komplexen institutionellen Rahmenbedingungen zu beachten, erlaubt keine seriösen Schlussfolgerungen, geschweige denn solide wirtschaftspolitische Empfehlungen für den deutschen Arbeitsmarkt. Im Folgenden wollen wir uns deshalb den deutschen Arbeitsmarkt mit seinen spezifischen institutionellen Gegebenheiten näher anschauen und die Wirkungen einer Mindestlohneinführung simulieren. Um dabei beiden Seiten, den Mindestlohnbefürwortern wie den Mindestlohngegnern gerecht zu werden, haben wir ihre Argumente in den Simulationen mitberücksichtigt. Wie – das beschreiben wir im folgenden Abschnitt, wobei wir dabei etwas stärker auf die ökonomische Theorie des Arbeitsmarktes eingehen. Leser, die sich für die theoretische Fundierung

---

2 Jugendarbeitslosigkeit bezieht sich auf Beschäftigte zwischen 18 und 25 Jahren. Der Einwand, dass der Mindestlohn für Jugendliche nicht gelte, greift hier nicht, da nur Jugendliche unter 18 Jahren vom Mindestlohn ausgenommen sind.

weniger interessieren, können diesen Abschnitt gerne auslassen und zum vierten Abschnitt springen.

3. Arbeitsplatzeffekte eines flächendeckenden Mindestlohns

In der empirischen Literatur sind negative Arbeitsplatzeffekte eines Mindestlohns nach wie vor stark umstritten. Während in der akademischen Diskussion methodische Fragen zur richtigen Messung von Mindestlohneffekten im Vordergrund stehen, werden die einzelnen Studien im politischen Raum stark instrumentalisiert. Ungeachtet der methodischen Innovationen oder Schwächen einzelner Forschungsarbeiten werden in Politik und Medien immer nur diejenigen Studien selektiv herausgegriffen, die der eigenen politischen Position genehm sind.

Mindestlohngegner beziehen sich gerne auf das Buch von Neumark und Wascher (2008). Deren Metastudie analysiert über 100 verschiedene Schätzungen zu den Arbeitsplatzeffekten von Mindestlöhnen. Mehr als zwei Drittel aller Studien finden negative (wenn auch nicht immer statistisch signifikante) Arbeitsplatzeffekte; das heißt der Mindestlohn reduziert die Beschäftigung. Von den 33 Schätzungen, die von Neumark und Wascher als sehr zuverlässig eingestuft werden, finden sogar 85 Prozent negative Arbeitsplatzeffekte, die in vielen Studien besonders stark bei niedrig qualifizierten Beschäftigten ausfallen.

Die Mindestlohnbefürworter berufen sich hingegen gerne auf eine neuere Studie von Dube, Lester und Reich (2010), die für die USA zwischen 1990 und 2006 keine negativen lokalen Arbeitsplatzeffekte von Mindestlöhnen feststellen kann. Die Autoren der Studie vergleichen die Beschäftigungsentwicklung im amerikanischen Gaststättengewerbe zwischen benachbarten Landkreisen mit unterschiedlichen Mindestlöhnen. Das Gaststättengewerbe wird in der empirischen Literatur zu Mindestlöhnen sehr gerne als Untersuchungsobjekt gewählt, weil dort besonders niedrige Löhne, oft auch nur Mindestlöhne, gezahlt werden. Die eigentliche Innovation der Studie steckt in der Größe der Fallzahl. Während frühere Untersuchungen meist nur einzelne Fallstudien zu regionalen Variationen des Mindestlohns vorlegten, werden hier rund 300 solcher Landkreispaare zugleich untersucht. Selbstverständlich ist auch diese Studie nicht das letzte empirische Wort zur Debatte. Kritiker bemängeln beispielsweise, dass die

Untersuchung die Arbeitsplatzeffekte des Mindestlohns beinahe zwangsläufig unterschätzen muss (Sen u.a. 2011), denn die Mindestlöhne werden im Wesentlichen dort erhöht, wo sie nicht wehtun. In Regionen, wo viele Menschen bei einer Mindestlohnerhöhung den Job verlieren könnten, unterlässt die Politik die Anpassungen eher. Die untersuchten Mindestlohnerhöhungen sind eben gerade keine zufälligen Ereignisse oder natürlichen Experimente.

Dass die empirische Literatur noch zu keinem Konsens bei den Arbeitsplatzeffekten des Mindestlohns gefunden hat, ist vielleicht gar nicht so überraschend, denn erstens ist es – wie die Diskussion zeigt – enorm schwer, empirisch den Effekt einer Mindestlohnerhöhung sauber zu isolieren, und zweitens ist auch aus Sicht der ökonomischen Theorie unklar, ob jede Mindestlohnerhöhung zu Arbeitsplatzverlusten führen muss. Im Folgenden wollen wir die möglichen, alternativen Funktionsweisen des Arbeitsmarktes, die in der akademischen Debatte immer ins Feld geführt werden, so einfach wie möglich darstellen.

Der Mechanismus für die Mindestlohngegner (Wettbewerbsszenario)

Die ökonomische Standardtheorie eines perfekt funktionierenden Arbeitsmarktes sagt für Mindestlöhne oberhalb bestehender Marktlöhne Arbeitsplatzverluste voraus. Ohne Mindestlöhne würde ein Unternehmen so lange Arbeitskräfte anheuern, bis der Vorteil, den ein weiterer Arbeitnehmer für ein Unternehmen erzeugt, durch die Lohnkosten aufgewogen wird. Abbildung 1 zeigt stilisiert das Kalkül eines Unternehmers. Die senkrechten Balken geben die Wertschöpfung, also die im Unternehmen geschaffenen Werte, an, die sich auf dem ersten, zweiten, dritten und vierten Arbeitsplatz in dem Unternehmen erzielen lassen. Dass sich die Wertschöpfung zwischen den Arbeitsplätzen unterscheidet, muss nichts mit der Qualifikation der darauf eingesetzten Arbeitskräfte zu tun haben. Die Unterschiede liegen meist vielmehr in den Unternehmen selbst begründet. Zum Beispiel werden andere Produktionsfaktoren mit steigender Beschäftigung knapper. So sind Straßenkehrer mit Laubbläsern produktiver als Straßenkehrer, die nur mit einem Laubrechen ausgestattet sind. Vernünftigerweise besetzt der Unternehmer erst die besonders produktiven Arbeitsplätze, ehe er Arbeitskräfte an weniger produktivem Gerät einstellt.

Der Wettbewerbslohn in Abbildung 1 gibt an, wie viel ein Unternehmer im Arbeitsmarkt bieten muss, um Arbeitskräfte anzuwerben. Die Besetzung der ersten drei Arbeitsplätze ist für den Unternehmer offensichtlich lukrativ, weil er daraus eine Wertschöpfung erzielt, die die Kosten des Wettbewerbslohns übersteigt. Die Besetzung der vierten Stelle lohnt dagegen nicht. Denn hier würden die Lohnkosten die Wertschöpfung übersteigen.

Abbildung 1: Mindestlohn, wenn der Lohn durch den Arbeitsmarkt vorgegeben ist.

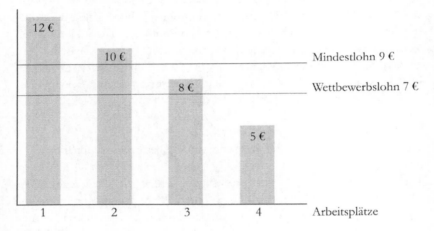

Quelle: Eigene Darstellung.

Welche Effekte hätte nun ein Mindestlohn? Ein Mindestlohn unter dem Wettbewerbslohn ist offensichtlich irrelevant, da im Markt ohnehin ein höherer Lohn bezahlt wird. Interessant wird die Sache erst, wenn der Mindestlohn – wie in der Abbildung – den bisherigen Wettbewerbslohn übersteigt. Jetzt lohnt sich für den Unternehmer zwar noch die Besetzung der ersten beiden Stellen, für die dritte Stelle müsste er jedoch einen Lohn bezahlen, der über der Wertschöpfung liegt. Die Stelle wird auf Dauer nicht mehr besetzt: Der Mindestlohn vernichtet Arbeitsplätze.

Der Mechanismus für die Mindestlohnbefürworter (Marktmachtszenario)

Das obige Modell eines perfekt funktionierenden Arbeitsmarktes wird von den Mindestlohnbefürwortern heftig kritisiert. Der Direktor des Instituts für Arbeitsmarkt- und Berufsforschung Joachim Möller erklärt es schlicht zur »Ökonomen-Folklore« (Möller 2011). Arbeitsmärkte seien nicht so perfekt wie oft behauptet wird, vielmehr spiele Marktmacht von Unternehmen eine große Rolle. Im Extremfall steht vielen Arbeitnehmern nur ein einziger Arbeitgeber gegenüber, der dann die Löhne diktieren kann. Das ist natürlich auf realen Arbeitsmärkten kaum der Fall. Doch die Arbeitgeber haben auch dann Spielräume bei der Lohnsetzung, wenn der Markt nicht hinreichend transparent ist und das Lohnniveau für die konkrete Tätigkeit nicht allgemein bekannt ist. Joachim Möller beschreibt prägnant einige der Mechanismen: »Das ist etwa der Fall, wenn sich eine Arbeitnehmerin sagt: ›Die zahlen zwar nicht so gut, aber ich muss nicht so lange pendeln und habe es nicht so weit zum nächsten Kindergarten.‹ Oder: ›Ich akzeptiere den schlechteren Verdienst, weil die Arbeitszeiten flexibel sind.‹« (Möller 2011). Solche Probleme treten durchaus auch bei einfachen Tätigkeiten auf (Card/Krueger 1995: 373).

Der wesentliche Unterschied zum perfekt funktionierenden Arbeitsmarkt ist, dass die Unternehmen nur dann dauerhaft ihre Beschäftigung ausweiten können, wenn sie den Lohn erhöhen. Mit einem höheren Lohn sprechen sie tendenziell mehr Bewerber an und verbessern damit ihre Chance, einen geeigneten Arbeiter zu finden. Gleichzeitig macht ein höherer Lohn den Verbleib im Unternehmen attraktiver.

Nun können Unternehmen höhere Löhne nicht nur für Neueingestellte zahlen, sie müssen bei Neueinstellungen den Lohn für alle Beschäftigten erhöhen. Damit übersteigt der Aufwand für eine Neueinstellung den Lohn des zusätzlichen Arbeiters. Der Mechanismus lässt sich an Abbildung 2 gut erkennen. Neben den Balken, die die Wertschöpfung eines Arbeitsplatzes messen, ist nun mit den grauen Balken auch noch angegeben, wie viel das Unternehmen bieten muss, um den jeweils nächsten Arbeitnehmer für das Unternehmen zu gewinnen. Wenn der Unternehmer bisher zwei Arbeitnehmer zu jeweils 4 Euro beschäftigt, lohnt es sich nicht mehr, den dritten Arbeitnehmer einzustellen, obwohl der eine Wertschöpfung von 8 Euro generiert und nur 6 Euro Lohn verlangt. Denn um die dritte Stelle zu besetzen, müsste der Arbeitgeber nicht nur den Lohn von 6 Euro für den letzten Arbeitnehmer aufwenden, sondern auch den ersten beiden Arbeitskräften jeweils 2 Euro mehr zahlen. Der gesamte Aufwand von 10 Euro (6+2+2) für die Neueinstellung übersteigt die zusätzliche Wertschöpfung von 8 Euro.

In einer solchen Situation kann der Mindestlohn die Beschäftigung erhöhen. Setzt der Staat den Mindestlohn beispielsweise auf 7 Euro fest, muss der Arbeitgeber den ersten beiden Arbeitskräften ohnehin diesen Lohn zahlen. Für die Besetzung der dritten Stelle ist dann nur noch der Vergleich von Wertschöpfung (8 Euro) und Entlohnung des dritten Arbeiters (7 Euro) relevant. Die Einstellung lohnt sich: Der Mindestlohn erhöht die Beschäftigung.

Abbildung 2: Mindestlohn, wenn ein Arbeitgeber Spielräume bei der Lohnsetzung hat.

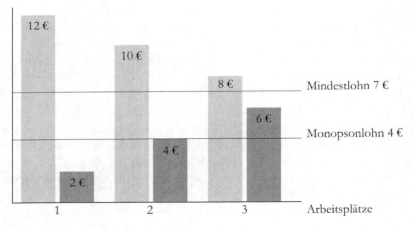

Quelle: Eigene Darstellung.

Der Mindestlohn steigert die Beschäftigung jedoch nur, solange er den Lohn nur wenig über die ursprüngliche Bezahlung anhebt. Steigt der Mindestlohn in unserem Beispiel über 8 Euro, lohnt sich die Besetzung der dritten Stelle nicht mehr. Steigt er auf 11 Euro, so wie in Abbildung 1 unterstellt, vernichtet er sogar weitere Stellen. Ob der Mindestlohn am Ende Beschäftigung schafft oder vernichtet, hängt von der Höhe des Mindestlohns ab und lässt sich letztendlich nur im Rahmen von Simulationsrechnungen abschätzen. Generell gilt: Je mehr der Mindestlohn den herrschenden Marktlohn übersteigt, desto wahrscheinlicher ist es, dass Beschäftigung verloren geht. Die Argumentation über die Marktmacht der

Arbeitgeber ist damit höchstens für moderate Lohnerhöhungen durch einen Mindestlohn gerechtfertigt. Doch zeigt die Abbildung 2 sehr deutlich, dass selbst in einem solchen Markt, der durch Marktmacht der Unternehmen gekennzeichnet ist, bei massiven Lohnerhöhungen der Markt nicht anders reagiert als bei perfekt funktionierenden Arbeitsmärkten.

4. Ein flächendeckender Mindestlohn für Deutschland

Was bedeuten die vorangegangenen Ausführungen konkret für den deutschen Arbeitsmarkt? Hilft oder schadet ein Mindestlohn der Beschäftigung in Deutschland? Neben der Höhe des Mindestlohns ist für die Antwort die gegenwärtige Lohnverteilung im deutschen Arbeitsmarkt entscheidend. Wie viele Leute verdienen überhaupt Löhne in Höhe der diskutierten Mindestlöhne? Die aktuelle Situation auf dem Arbeitsmarkt, insbesondere im Niedriglohnbereich, lässt sich mit Daten aus dem deutschen Sozio-Ökonomischen Panel (SOEP) sehr gut erfassen. Im Rahmen des SOEP werden jedes Jahr circa 20.000 Personen ausführlich über ihre Lebenssituation befragt, so etwa zu ihrer Arbeitszeit und zu ihrem Arbeitseinkommen, woraus sich dann Bruttostundenlöhne berechnen lassen. Wir haben die neuesten verfügbaren Zahlen aus dem Jahr 2010 verwendet, die Lohnverteilung auf die gesamte Erwerbsbevölkerung hochgerechnet und die Löhne mit Hilfe der durchschnittlichen Lohnzuwächse der letzten zwei Jahre für das Jahr 2012 extrapoliert, um so den Niedriglohnbereich im Jahr 2012 analysieren zu können.

Wer könnte von einem Mindestlohn profitieren?

Bei einem deutlich unter den aktuellen Forderungen liegenden Mindestlohn von 6 Euro würden potentiell 5 Prozent aller Arbeitnehmer von der Einführung profitieren, das heißt bislang erzielen 5 Prozent der Arbeitnehmer Stundenlöhne unter 6 Euro. Bei einem Mindestlohn von 8,50 Euro wären es bereits knapp 17 Prozent und bei einem Mindestlohn von 10 Euro über 25 Prozent.

Vollbeschäftigte erhalten in der Regel höhere Löhne als Teilzeitbeschäftigte und insbesondere auch als Minijobber. Abbildung 3 zeigt, wel-

RONNIE SCHÖB/MARCEL THUM

cher Anteil aller Vollzeitbeschäftigten und Minijobber je nach Höhe des Mindestlohns potentiell profitieren würde.

Ein Mindestlohn von 6 Euro könnte in Deutschland gerade einmal 1,1 Prozent der Vollzeitbeschäftigten nützen, bei den Minijobbern wären es hingegen fast 30 Prozent. Bei einem Mindestlohn von 8,50 Euro kämen potentiell 7,5 Prozent aller Vollzeitbeschäftigten und zwei von drei Minijobbern für eine Lohnerhöhung in Frage, bei einem Mindestlohn von 10 Euro wären es 13 Prozent der Vollzeitbeschäftigten und 87 Prozent der Minijobber.

Abbildung 3: Potentielle Nutznießer eines Mindestlohns.

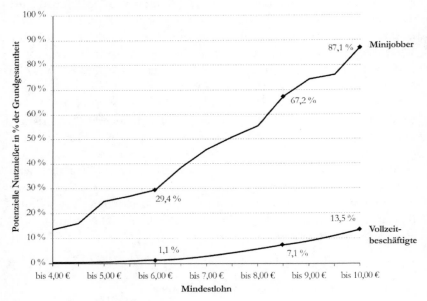

Quelle: SOEP; eigene Berechnungen.

Es gibt jedoch starke regionale und branchenspezifische Unterschiede. So liegt der Anteil der Vollzeitbeschäftigten in den neuen Bundesländern, die weniger als 6 Euro verdienen, bei 3,1 Prozent, im Vergleich zu 0,7 Prozent in den alten Bundesländern. Bei einem Mindestlohn von 6 Euro wären in den neuen Bundesländern prozentual mehr Vollzeitbeschäftigte von einem Mindestlohn betroffen als beispielsweise in Großbritannien (2,0 Prozent) und in den Niederlanden (2,2 Prozent), allerdings deutlich weniger als in

Frankreich (9,0 Prozent).[3] Besonders niedrige Tariflöhne finden sich derzeit etwa im Friseurhandwerk, im privaten Transport- und Verkehrsgewerbe, im Fleischerhandwerk, im Sanitär-, Heizungs- und Klimahandwerk, bei Gebäudereinigern und im Bewachungsgewerbe.

Einige Ökonomen, wie der frühere Sachverständigenratsvorsitzende Bert Rürup und das amtierende Mitglied des Sachverständigenrats Peter Bofinger, sprechen sich in der öffentlichen Diskussion immer wieder für die Einführung eines *moderaten Mindestlohns* aus. Doch was ist moderat? Für einen Arbeitnehmer, der 4 Euro pro Stunde verdient, bedeutet ein vermeintlich moderater Mindestlohn von 6 Euro eine Lohnerhöhung von 50 Prozent, bei einem Mindestlohn von 8,50 Euro läge die Lohnerhöhung für ihn bereits deutlich über 100 Prozent. So sehr er sich über die Aussicht auf eine satte Lohnerhöhung auch freuen mag, so sehr wird ihm in diesem Falle auch bange um seinen Arbeitsplatz werden. Die Folgen des Mindestlohns für die Beschäftigung wollen wir uns nun näher ansehen.

Die Arbeitsplatzeffekte

Die Arbeitsplatzeffekte eines Mindestlohns in Deutschland hängen nicht nur von der Lohnverteilung selbst, sondern auch von der Funktionsweise des Arbeitsmarktes ab. Wir hatten im vorherigen Abschnitt bereits zwei einfache Arbeitsmarktmodelle skizziert, die von Befürwortern bzw. Gegnern eines Mindestlohns immer wieder ins Feld geführt werden. Die Mindestlohnbefürworter berufen sich gerne auf das Marktmachtszenario, die Mindestlohngegner gerne auf das Wettbewerbsszenario. Wir werden die Arbeitsplatzeffekte für beide Szenarien simulieren.

Wir unterstellen, dass die Wertschöpfung eines zusätzlichen Arbeitnehmers um 10 Prozent sinkt, wenn die Beschäftigung um 7,5 Prozent ausgeweitet wird.[4] Verdient ein Arbeitnehmer bereits einen Stundenlohn nahe am neuen Mindestlohn, fällt die Lohnerhöhung prozentual nur gering aus. Entsprechend klein ist dann auch das Risiko eines Arbeitsplatzverlus-

---

3 Zahlen für Großbritannien und Frankreich beziehen sich auf 2007, für die Niederlande auf 2005 (Eurostat, Minimum Wages, http://epp.eurostat.ec.europa.eu/portal/page? pageid=1996,45323734&_dad=portal&_schema=PORTAL&screen=welcomeref&open =/labour/earn/earn_minw&language=de&product=EU_MASTER_labour_market&ro ot=EU_MASTER_labour_market&scrollto=0; 2008).

4 Mit anderen Worten: Die Arbeitsnachfrageelastizität beträgt 0,75 (siehe Ragnitz/Thum 2007).

tes. Je größer die prozentuale Lohnerhöhung ausfällt, desto größer ist auch der Anteil der langfristig eingesparten Stellen. Im Szenario mit Marktmacht der Arbeitgeber unterstellen wir zusätzlich, dass die Wertschöpfung um 20 Prozent über dem bezahlten Bruttolohn liegt (vgl. Knabe/Schöb 2009).

Im Wettbewerbsszenario, das den im dritten Abschnitt beschriebenen perfekt funktionierenden Arbeitsmarkt simuliert, führt ein gesetzlicher Mindestlohn von 8,50 Euro zum Verlust von knapp einer Million Arbeitsplätzen; 2,9 Prozent aller Beschäftigten würden demnach also durch den Mindestlohn ihre Arbeit verlieren. Mehr als ein Drittel dieser Verluste entstünden im Osten Deutschlands, dort fiele die Beschäftigung um 5,8 Prozent.

Abbildung 4 zeigt die absoluten Beschäftigungsverluste für die Vollzeitbeschäftigten und die Minijobber, wobei die mit Rauten gekennzeichneten Linien für das Szenario der Mindestlohngegner stehen.

Abbildung 4: Beschäftigungsverluste infolge eines Mindestlohns von 8,50 Euro.

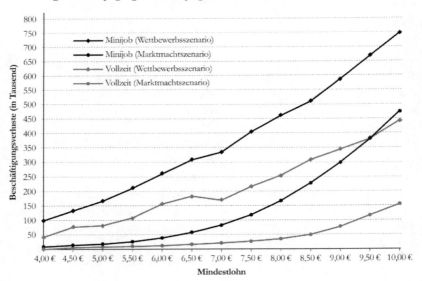

Quelle: SOEP; eigene Berechnungen.

Im Wettbewerbsszenario würden bei einem Mindestlohn von 8,50 Euro unter den Vollzeitbeschäftigten circa 228.000 oder knapp 1 Prozent ihren Arbeitsplatz verlieren – wobei in diesem Fall die Arbeitsplatzverluste in

Ostdeutschland absolut höher wären als in Westdeutschland. Knapp 2,7 Prozent der ostdeutschen Vollzeitbeschäftigten würden ihren Arbeitsplatz verlieren und besonders stark wären mit über 13 Prozent die ostdeutschen Aufstocker betroffen. Unter den Minijobbern würden bei einem Mindestlohn von 8,50 Euro mehr als 500.000 ihren Arbeitsplatz verlieren, das heißt mehr als die Hälfte aller Arbeitsplatzverluste ginge zu Lasten der Gruppe der Minijobber. Besonders hart sind die Aufstocker in Ostdeutschland betroffen. Über 40 Prozent von ihnen laufen in diesem Szenario Gefahr, durch einen bundeseinheitlichen Mindestlohn von 8,50 Euro ihre Hinzuverdienstmöglichkeiten wieder zu verlieren.

Joachim Möller plädiert – mit Verweis auf das Marktmachtszenario – für einen moderaten Mindestlohn, der keine Jobs kosten würde. Er kritisiert die Fachkollegen, die sich gegen einen Mindestlohn stemmen und die die Besonderheiten des Arbeitsmarktes nicht zur Kenntnis nehmen wollen: »Viele haben das Modell aus dem ersten Semester von Angebot und Nachfrage im Kopf: Wird der Lohn über den Marktlohn gehoben, gehen Jobs verloren. Nur passt dieses Modell nicht, weil der Arbeitsmarkt unvollkommen ist.«[5] Schauen wir uns dieses Marktmachtszenario in den Simulationen näher an.[6] Die mit Kreisen gekennzeichneten Linien in Abbildung 4 geben die Arbeitsplatzverluste für Vollzeitbeschäftigte und Minijobber in diesem Szenario an. Unsere Simulationen zeigen, dass auch unter Berücksichtigung der Marktunvollkommenheit ein Mindestlohn negative Arbeitsplatzeffekte zeitigt. Die Arbeitsplatzverluste insgesamt sind nur rund halb so groß wie im Szenario der Mindestlohngegner. Bei den Vollzeitbeschäftigten betragen sie sogar weniger als ein Viertel. Insgesamt würden hier 1,3 Prozent aller Beschäftigten – 8,6 Prozent der Minijobber und 0,2 Prozent der Vollzeitbeschäftigten – ihre Arbeit verlieren. Der Grund ist einfach: Selbst niedrige Mindestlöhne stellen für einzelne Berufsgruppen, wie etwa Friseure in Sachsen, die derzeit auf einen Tariflohn von 4 Euro kommen, eben keinen moderaten Mindestlohn dar. Ein Mindestlohn von 8,50 Euro würde ihren Lohn mit einem Schlag mehr als verdoppeln. Bei einer Verdoppelung des Lohnes sind die Vorteile, die der Mindestlohn bei der Bekämpfung der Marktmacht ausübt, längst durch die Nachteile der reduzierten Arbeitsnachfrage aufgefressen.

---

5 Siehe: *http://www.sueddeutsche.de/geld/reden-wir-ueber-geld-joachim-moeller-millionen-menschen-verdienen-so-viel-wie--1.1096729.*

6 Zu den Annahmen für die Simulation dieses Szenarios siehe Knabe/Schöb (2009).

Bert Rürup, ehemaliger Wirtschaftsweiser, bestreitet auch nicht, dass zu hohe Mindestlöhne Arbeitsplätze vernichten können: »Mir geht es darum, einen moderaten Mindestlohn zu finden, der keine relevanten negativen Arbeitsplatzeffekte hat. Und ich will ihn gegebenenfalls so vorsichtig erhöhen, dass keine Arbeitsplätze verschwinden.«[7] In der Modellwelt der Mindestlohnbefürworter dürfte der Mindestlohn in West- wie Ostdeutschland dann jedoch nach den Simulationsrechnungen nicht über 3,30 Euro hinausgehen. Ansonsten wären die Arbeitsplatzverluste von Arbeitnehmern mit besonders niedrigen Löhnen unter 3 Euro bereits so groß, dass sie durch die leichten Beschäftigungsgewinne in den darüber liegenden Bereichen nicht mehr wettgemacht werden können.

Wie man es auch dreht und wendet: Bei Einführung eines Mindestlohns in Höhe von 7,50 Euro oder mehr sind Beschäftigungsverluste unvermeidbar. Selbst wenn man das von den Mindestlohnbefürwortern favorisierte Arbeitsmarktszenario heranzieht, sagen die Simulationen für alle relevanten Parameterkonstellationen und Mindestlohnhöhen erhebliche Arbeitsplatzverluste voraus.

5. Verhindern Mindestlöhne Lohnarmut?

Wenden wir uns nun der Frage zu, inwieweit der Mindestlohn denjenigen, die im Niedriglohnbereich arbeiten, ein höheres Einkommen sichert. Vielleicht sind wir bereit, die eben diskutierten Arbeitsplatzverluste in Kauf zu nehmen, wenn wir damit für die übrigen Arbeitnehmer deutlich bessere Einkommensverhältnisse schaffen. Der Mindestlohn würde dann die Bedürftigsten in die Lage versetzen, mit ihrer eigenen Arbeit ein existenzsicherndes Einkommen zu erzielen. Das Motto, das leicht variiert immer wieder in der politischen Diskussion zu hören ist, lautet: »Menschen, die Vollzeit arbeiten, müssen von ihrer Arbeit menschenwürdig leben können.«

Wer den Mindestlohn aus diesem Grund fordert, übersieht, dass das bestehende System der Grundsicherung für Bedürftige bereits sicherstellt, dass man mit eigener Arbeit immer ein Einkommen über dem Existenzminium hat. Beispielsweise kommt ein alleinstehender Arbeitnehmer, der

---

7 Siehe: *http://www.zeit.de/wirtschaft/2010-11/mindestlohn-streitgespraech.*

zurzeit für einen Bruttostundenlohn von 5 Euro Vollzeit arbeitet, auf ein sehr bescheidenes Bruttomonatseinkommen von 800 Euro. Zieht man hiervon die 2012 geltenden Arbeitnehmerbeiträge zur Sozialversicherung ab, so würde er ohne weitere staatliche Unterstützung netto 633 Euro verdienen. Das ist weniger als das durch die Grundsicherung definierte sozio-kulturelle Existenzminimum, das 2012 bei knapp 700 Euro liegt.

Das deutsche System der Grundsicherung sieht jedoch vor, dass ein solcher Beschäftigter, sofern er keinen gut verdienenden Partner hat oder über andere Einkommensquellen verfügt, Anspruch auf ergänzendes Arbeitslosengeld II (Alg II) hat. Nimmt er diesen Anspruch wahr, so ändert sich die Berechnung seines Nettoeinkommens. Wäre er arbeitslos, so würde er im Jahr 2012 ein Grundeinkommen von 693 Euro im Monat erhalten, das sich aus der Regelleistung und den Mietkosten zusammensetzt. Erhält er ein zusätzliches Bruttoarbeitseinkommen von 800 Euro, darf er davon nach geltendem Recht 240 Euro zusätzlich zum Grundeinkommen behalten, so dass sein monatliches Nettoeinkommen bei 933 Euro liegt und damit deutlich über dem Existenzminimum bzw. 300 Euro über dem Einkommen, das er ohne staatliche Transfers erhalten hätte.[8]

Was bewirkt nun ein gesetzlicher Mindestlohn, der seinen Lohn von 5,00 Euro auf 8,50 Euro anhebt? Das monatliche Bruttoarbeitseinkommen steigt in diesem Fall um 70 Prozent auf 1.360 Euro an. Auch bei diesem Bruttoeinkommen hätte er nach den geltenden Sätzen noch Anspruch auf ergänzendes Alg II. Da er von dem monatlichen Einkommen zwischen 800 Euro und 1.000 Euro nur 20 Prozent, zwischen 1.000 Euro und 1.200 Euro sogar nur 10 Prozent und darüber hinaus gar nichts behalten darf – der Rest wird gegen das ergänzende Alg II aufgerechnet –, steigt sein Nettoeinkommen gerade einmal um 60 Euro auf 993 Euro monatlich an. Eine Anhebung des Bruttolohns durch den Mindestlohn um 70 Prozent führt somit lediglich zu einem Anstieg des Nettolohneinkommens um 6,4 Prozent.

Bei einer 70-prozentigen Erhöhung der Arbeitskosten sind jedoch unabhängig von den unterstellten Arbeitsmarktbedingungen viele Arbeitsplätze gefährdet. Entsprechend finden sich bei der Einführung eines ge-

---

8 Dieser Betrag ergibt sich aus den gesetzlich festgelegten Transferentzugsraten. Danach darf ein Alg II-Empfänger die ersten 100 Euro, die er brutto verdient, ohne Abzüge behalten. Von den nächsten 900 Euro, die er brutto verdient, muss er jeweils 80 Prozent mit den Alg II-Leistungen verrechnen. Bei einem Bruttoeinkommen von 800 Euro darf er also 240 Euro zusätzlich zu dem bisherigen Alg II behalten.

setzlichen Mindestlohns von 8,50 Euro unter den Arbeitnehmern nicht nur Gewinner, sondern auch viele Verlierer. Wird ein Beschäftigter mit Anspruch auf ergänzendes Alg II arbeitslos, verliert er die ihm bisher aus seinem Bruttolohn verbleibenden zusätzlichen 240 Euro. Sein monatliches Nettoeinkommen würde auf 693 Euro fallen. Dies entspricht einer Einkommenssenkung von 25,7 Prozent.

Verhindert der Mindestlohn Lohnarmut? Von Lohnarmut wird gesprochen, wenn das Einkommen unterhalb der sogenannten Armutsgefährdungsgrenze liegt, die nach EU-Definition bei einem Nettoeinkommen in Höhe von 60 Prozent des Median-Nettoeinkommens liegt. In Deutschland lag diese Grenze im Jahr 2010 laut Statistischem Bundesamt für Alleinstehende bei 826 Euro (*www.amtliche-sozialberichterstattung.de/Tabellen/tabelleA2*, abgerufen am 26.07.2012). Ein gesetzlicher Mindestlohn von 8,50 Euro würde keinen Vollzeitbeschäftigten über diese Armutsgefährdungsgrenze heben, da ein Vollzeitbeschäftigter mit einem Stundenlohn von 5 Euro mit Anspruch auf ergänzendes Alg II bereits auf ein Nettoeinkommen kommt, das knapp 68 Prozent des Durchschnittseinkommens entspricht. Was jedoch das Armutsrisiko vergrößert, ist der Verlust des Arbeitsplatzes. Ein Alleinstehender, der seinen Arbeitsplatz verliert und Anspruch auf Alg II hat, würde auf lediglich 50 Prozent des Durchschnittseinkommens fallen und damit deutlich unter die Armutsgefährdungsgrenze rutschen. Das hat bereits der 3. Armuts- und Reichtumsbericht der Bundesregierung aus dem Jahr 2008 (Bundesministerium für Arbeit und Soziales 2008), der sich allerdings auf die Daten des Jahres 2005 bezieht, sehr deutlich gemacht. Nur 6 Prozent aller Arbeitnehmer fallen unter die Armutsgefährdungsgrenze, im Vergleich zu 43 Prozent aller Arbeitslosen. Ein gesetzlicher Mindestlohn trägt demnach eher dazu bei, die Armut in Deutschland zu vergrößern: In dem Maße, in dem der gesetzliche Mindestlohn Arbeitsplätze im Niedriglohnsektor gefährdet, erhöht er das Risiko für Geringverdiener, unter die Armutsgefährdungsgrenze zu rutschen.

6. Profitiert der Steuerzahler vom Mindestlohn?

Wenn der Mindestlohn weder dem Beschäftigungs- noch dem Verteilungsziel dient, entlastet er vielleicht wenigstens die staatlichen Sozialkassen? Befürworter betonen immer wieder, dass durch Mindestlöhne die Menschen von ihrer eigenen Arbeit leben können und keine weitere Unterstützung vom Staat benötigen.

Allerdings ist überhaupt nicht klar, ob der Mindestlohn den Staat wirklich entlastet. Zwar sorgt der Mindestlohn von 8,50 Euro dafür, dass das Nettoeinkommen eines Vollzeitbeschäftigten bis auf einen kleinen Restbetrag nun vom Arbeitgeber kommt. Aber gleichzeitig muss der Staat nun wieder im vollen Umfang für diejenigen aufkommen, die aufgrund des Mindestlohns ihre Arbeit verloren haben. Das monatliche Alg II steigt in unserem Beispiel um 410 Euro, wenn jemand arbeitslos wird. Hinzu kommen noch die Beiträge, die anstatt von Arbeitgeber und Arbeitnehmer nun von der Bundesagentur für Arbeit für den Arbeitslosen in die Sozialkassen einbezahlt werden müssen. Das belegen auch unsere Simulationsrechnungen, die bei einem Mindestlohn von 8,50 Euro – unabhängig von den Annahmen bezüglich des Arbeitsmarktes – zeigen, dass die öffentlichen Kassen nicht ent-, sondern belastet würden.

So schön es wäre, die Unternehmer für existenzsichernde Löhne in die Pflicht zu nehmen, so unrealistisch ist dieser Wunsch. Unternehmen können sich der Aufgabe immer entziehen, indem sie zu teuer gewordene Arbeiten ins Ausland auslagern, indem sie langfristig Menschen durch Maschinen ersetzen oder indem sie gänzlich auf diese Leistungen verzichten. In all diesen Fällen entziehen sich Unternehmen der ihnen zugedachten sozialpolitischen Aufgabe durch Entlassung der Betroffenen.

Es ist eine fundamentale Erkenntnis der ökonomischen Forschung, dass der Markt nicht in der Lage ist, für Verteilungsgerechtigkeit oder auch nur für existenzsichernde Einkommen zu sorgen. Das ist die originäre Aufgabe des Sozialstaates. Es ist daher schon etwas erstaunlich, dass ausgerechnet die Mindestlohnbefürworter hier plötzlich der Privatisierung der Sozialpolitik das Wort reden. Der Mindestlohn macht umverteilende Maßnahmen letztendlich von privaten Entscheidungen abhängig und gefährdet gerade damit das sozialpolitische Ziel, das sich der Staat selbst gesetzt hat.

7. Schlussfolgerungen

Der Mindestlohn ist ein riskantes sozialpolitisches Instrument. Weder in der empirischen noch in der theoretischen Literatur zu Mindestlöhnen gibt es überzeugende Argumente dafür, dass der Mindestlohn keine Arbeitsplätze vernichtet. Diejenigen, die sich auf empirische und theoretische Belege stützen, übersehen allzu gerne, dass ihre Argumente zwar für moderate Lohnanhebungen gelten mögen, aber nicht für die beträchtlichen Lohnerhöhungen, die mit der Einführung eines gesetzlichen Mindestlohns in Deutschland verbunden wären. Für Menschen, die derzeit für gerade einmal 4 Euro die Stunde arbeiten, bedeutet ein Mindestlohn von 8,50 Euro eine Lohnerhöhung von über 110 Prozent und für ihre Arbeitgeber eine entsprechende Erhöhung der Arbeitskosten. Arbeitsplatzrisiken sind bei solchen Lohnerhöhungen unvermeidlich.

In der deutschen Politik werden gerne die Folgerisiken betont: Risiken neuer Technologien, Risiken des Klimawandels, Risiken atomarer Unfälle … Diese Risikoabwägungen haben ihre Berechtigung. Denn die Menschen scheuen nun einmal Risiken und die Politik tut gut daran, diese mit ins Kalkül zu ziehen. Umso überraschender ist es, dass gerade beim Thema Mindestlohn die gewaltigen Risiken komplett ausgeblendet werden. In praktisch jedem halbwegs vernünftigen Szenario verfehlt der Mindestlohn die politischen Ziele: Er erhöht nicht die Verteilungsgerechtigkeit, er entlastet nicht die Staatskasse und er gefährdet Arbeitsplätze. Allenfalls mit einer sehr, sehr kleinen Wahrscheinlichkeit erzeugt der Mindestlohn in einer dieser Dimensionen Gewinne für die Gesellschaft. Trotz dieser gewaltigen Risiken wollen die meisten Parteien in Deutschland Mindestlohngesetze auf den Weg bringen. Nach unserer eigenen Einschätzung überwiegen die Risiken jedoch bei weitem die Chancen. Es ist daher schlichtweg sozialpolitische Ignoranz, diese Risiken unter den Tisch zu kehren.

Literatur

Bundesministerium für Arbeit und Soziales (2008), *Lebenslagen in Deutschland. Der 3. Armuts- und Reichtumsbericht der Bundesregierung,* Berlin.

Card, David/ Krueger, Alan B. (1995), *Myth and Measurement: The New Economics of the Minimum Wage,* Princeton: Princeton University Press.

Dustmann, Christian/Lundstek, Johannes/Schönberg, Uta (2009), Revisiting the German Wage Structure, *Quarterly Journal of Economics,* Jg. 124, H. 2, S. 843–881.

Gernandt, Johannes/Pfeiffer, Friedhelm (2007), Rising Wage Inequality in Germany, *Jahrbücher für Nationalökonomie und Statistik,* Jg. 227, S. 358–380.

Knabe, Andreas/Schöb, Ronnie (2009), Minimum Wage Incidence: The Case for Germany, *Finanzarchiv: Public Finance Analysis,* Jg. 65, H. 4, S. 403–441.

Laroque, Guy/Salanié, Bernard (2000), Une décomposition du non-emploi en France, *Economie et Statistique*, Jg. 331, H. 1, S. 47–66.

Möller, Joachim (2011), Mythen der Arbeit: Mindestlöhne vernichten Arbeitsplätze – stimmt's?, Spiegel Online, 07.04.2011, *http://www.spiegel.de/karriere/mythen-der-arbeit-mindestloehne-vernichten-arbeitsplaetze-stimmt-s-a-748568.html*.

Neumark, David/Wascher, William L. (2008), *Minimum Wages*, Cambridge, Mass.: MIT Press.

Prasad, Eswar S. (2004), The Unbearable Stability of the German Wage Structure: Evidence and Interpretation, *IMF Staff Papers*, Jg. 51, H. 2, S. 354–385.

Ragnitz, Joachim/Thum, Marcel (2007), The Empirical Relevance of Minimum Wages for the Low-Wage Sector in Germany, CESifo Forum, Jg. 8, H. 2, S. 35–37.

Reinberg, Alexander/Hummel, Markus (2007), Schwierige Fortschreibung: Der Trend bleibt – Geringqualifizierte sind häufiger arbeitslos, IAB-Kurzbericht 18/2007, Nürnberg.

Sachverständigenrat zur Begutachtung der gesamtwirtschaftlichen Entwicklung (2006), *Widerstreitende Interessen – Ungenutzte Chancen*, Jahresgutachten 2006/2007, Stuttgart: Metzler-Poeschler.

Schöb, Ronnie (2011), Soziale Grundsicherung und Beschäftigung, in: Bengt-Arne Wickström (Hg.), *Öffentliche Finanzen, Fiskalwettbewerb, Nachhaltigkeit und soziale Wohlfahrt*, Berlin: Duncker & Humblot, S. 165–205.

Sen, Anindya/Rybczynski, Kathleen/Van De Waal, Corey (2011), Teen Employment, Poverty, and the Minimum Wage: Evidence from Canada, *Labour Economics*, Jg. 18, H. 1, S. 36–47.

V. Soziales Kapital

Die Rolle von nationaler Identität für die öffentliche Wirtschaft

Kai A. Konrad[1]

1. Der moderne Staat in der Finanzierungsfalle

In einem Interview in *Die Zeit* (22.06.2006) beschreibt der inzwischen gealterte »Neue Wilde« Markus Lüpertz die Zukunft Deutschlands:

>»Wenn ich auf die Straßen schaue, sehe ich 20, 25 Prozent Menschen, die sich damit abgefunden haben, dass sie vom Staat leben und auch in Zukunft leben werden. 15 Prozent sind oben, die werden bald gehen und sich in Sicherheit bringen. Und die Mehrheit in der Mitte, die bilden den am stärksten gebeutelten, ausgebeuteten Teil des Volks. Sie werden vom Staat gejagt, aus purer Not, weil die Politiker Geld brauchen, um die sozialen Versprechungen zu halten.«

Der Maler Lüpertz malt schwarz, könnte man denken. Aber seine Analyse trifft: Der Staat steckt in der Klemme. Er hat enorme Schulden angehäuft. Rund 25.000 Euro pro Kopf sind es derzeit. Und nichts deutet darauf hin, dass sich diese Schulden einfach im Schlaf abbauen oder durch das starke allgemeine Wachstum der Wirtschaftskraft an Bedeutung verlieren. Die Lage wird sich eher verschärfen. Angesichts der demografischen Entwicklung muss die gewaltige Schuldenlast von immer weniger Einwohnern getragen werden und die Zinsen für die Schuld müssen von immer weniger Personen im erwerbsfähigen Alter gezahlt werden. Auch die Einheit Europas und die politische Entscheidung, die Eurozone um jeden Preis zu erhalten, kostet Deutschland sehr viel Geld. All das schafft gewaltigen Finanzbedarf.

Auf der anderen Seite wird die staatliche Einnahmenerzielung immer schwieriger. Die Grenzen in Europa sind durchlässig. Der einheitliche europäische Markt ist eine Realität geworden – nicht nur für Rohstoffe und Produkte, sondern auch für Arbeiter und Kapital. Und auch über Europa

1 Für wertvolle Hinweise danke ich Ronnie Schöb und Marcel Thum. Für die Datenrecherche zu Abbildungen 1 und 2 danke ich Salmai Qari. Die wissenschaftliche Verantwortung liegt allein beim Verfasser.

hinaus hat die Mobilität von Talent und Kapital zugenommen. Die Fürstentümer und Königreiche des 19. Jahrhunderts und die Nationalstaaten des 20. Jahrhunderts verfügten über ein Staatsvolk, von dem sie Abgaben einfach einfordern konnten. Die Steuerbürger konnten diesen Forderungen kaum ausweichen, es sei denn durch Einkommensverzicht. Das ist heute anders. Gerade für große internationale Unternehmen ergeben sich im Dschungel der Steuerparagraphen legale Möglichkeiten, ihre zu versteuernden Gewinne nahezu beliebig dorthin zu verlagern, wo die Steuerlast am geringsten ist. Die Versuche der Finanzminister, der Verlagerung des steuerlichen Buchgewinns von Konzernen zu begegnen, stoßen auf praktische Machbarkeitsgrenzen und erfinderische Steuerabteilungen in den Unternehmen. Zugespitzt könnte man sagen, multinationale Unternehmen zahlen in Deutschland genau so viel Steuern, wie sie es selbst für richtig halten. Aber es sind nicht nur die Unternehmen. Auch um gut verdienende Arbeitnehmer ist ein Wettbewerb der Staaten entbrannt. Häufig besteht die Befürchtung, der Wettbewerb um Steuerzahler und deren Steuern könnte für die Staaten ruinös ausgehen. Nicht zuletzt der Präsident des ifo Instituts, Hans-Werner Sinn, hat immer wieder darauf hingewiesen, dass die staatliche Aufgabenstruktur diesem ruinösen Wettbewerb Vorschub leistet: Staaten gehen zunächst in Vorleistung. Sie investieren in die Ausbildung der Kinder oder in öffentliche Infrastruktur und Gebäude. Dann hoffen sie, dass Unternehmen und Steuerbürger im Land bleiben, Steuern entrichten und einen Preis für die Nutzung zahlen. Wenn sich die Steuerzahler dort niederlassen, wo bei gleicher Versorgung mit Infrastruktur die Steuern niedriger sind, unterbieten sich die Staaten gegenseitig in den Steuersätzen (Sinn 1997). Der ehemalige Finanzminister Steinbrück hat es auf den Punkt gebracht mit seiner Feststellung: »25 Prozent Steuern auf einen Betrag von x sind besser als 42 Prozent auf gar nix« (Handelsblatt 2006).

So ist eine gefährliche Gemengelage entstanden: Wenig Bildung und eine schrumpfende und alternde Bevölkerung führen zu niedrigem Wachstum und niedrigen Löhnen. Hohe Verschuldung verteilt sich auf immer weniger leistungsfähige Schultern. Spielräume für staatliches Handeln in der Bildungs- und Wissenschaftspolitik schrumpfen. Ansprüche aus Altersrenten und Sozialtransfers wachsen. Verschärft wird diese Lage durch das Abwandern der Eliten, durch Kapital, das sich der Besteuerung entzieht, und durch Niedriglohnkonkurrenz.

2. Was können Staaten von Unternehmen lernen?

Was kann die Deutschland-AG tun, um den drohenden Bankrott abzuwenden? Kann der Staat von Strategien der Unternehmen lernen, um im Preiswettbewerb zu bestehen? Unternehmen haben jedenfalls eine Reihe von Antworten parat.

Umschuldung und Neustart

Einige Antworten liegen im Bereich der Finanzierung und dem Umgang mit den hohen Schulden. Unternehmen mit einem Schuldenüberhang greifen oft zu extremen Mitteln. Sie setzen ihren Aktionären und Kreditgebern das Messer auf die Brust: entweder Bankrott oder frisches Eigenkapital von den Aktionären und teilweiser Forderungsverzicht von den Kreditgebern. Im Kontext von Staaten würde man nicht von frischem Eigenkapital sondern stattdessen von Sonderopfern sprechen. Solche Sonderopfer wären zum Beispiel eine einmalige Vermögensabgabe, die Entwertung von Geldvermögen durch Inflation, eine Währungsreform oder die Zahlungsverweigerung für Staatskredite.

Solche Formen des Schuldenabbaus durch Zahlungsverweigerung waren und sind Instrumente, deren sich die Politik seit sehr langer Zeit und mit großer Häufigkeit bedient. Carmen Reinhart und Kenneth Rogoff haben ihren Bestseller *Dieses Mal ist alles anders* genau diesem Phänomen gewidmet, wonach die Finanzgeschichte der meisten Staaten in weiten Teilen eine Geschichte der Staatsbankrotte ist (Reinhart/Rogoff 2010). Das vielleicht Überraschendste an dieser fast alle Länder der Erde betreffenden Geschichte ist, dass die Zeitgenossen den Staatsbankrott schnell vergessen oder vergeben, dem Staat neue Kredite geben und glauben, dass Staatsbankrotte in ihrem Land von nun an der Vergangenheit angehören.

Preisabsprachen

Zu den Überlebensstrategien von Unternehmen im Wettbewerb gehören Preisabsprachen. Statt sich gegenseitig durch immer niedrigere Preise gegenseitig in den Ruin zu treiben, mögen Unternehmen diese Form des Wettbewerbs entschärfen, indem sie ihre Preise absprechen und ein Kartell bilden. Von Theoretikern, die den Steuerwettbewerb zwischen Staaten studiert haben, wurden in Analogie dazu häufig Vorschläge zur Steuerharmonisierung gemacht: Staaten sollten sich der ruinösen Konkurrenz um Steuerbürger oder international mobile Unternehmen und ihre Gewinne dadurch entziehen, dass sie sich absprechen und sich gemeinsam auf hohe Steuern und Abgaben einigen.

Tatsächlich sind solche Kartellvereinbarungen zwischen Unternehmen in der Regel verboten, nicht aber zwischen Staaten. Staaten können einfach ein Steuerkartell bilden, und es gibt keine Monopolbehörde, die sie dafür bestrafen könnte. Und trotzdem sind die Staaten nicht sehr erfolgreich darin, die Konkurrenz untereinander durch gemeinsame Absprachen über ihre Besteuerungspraktiken und Steuersätze zu beseitigen. Das hängt nicht zuletzt damit zusammen, dass es für einzelne Länder umso vorteilhafter ist, Unternehmen und Steuerbürger mit attraktiven Steuergesetzen und niedrigen Steuersätzen ins Land zu locken, je mehr andere Länder sich absprechen und hohe Steuern erheben. Steuerkartelle zwischen Staaten sind nicht sehr stabil. Vor allem die vielen Steueroasen, die ihrerseits auch in Konkurrenz zueinander stehen, haben kaum ein Interesse, in ein Steuerkartell einzutreten.

Imagepflege

Zu den Wettbewerbsstrategien von Unternehmen gehören auch Marketingstrategien. Zentrale Stichworte der Marketingwelt sind die unverwechselbaren Charakteristika von Produkten, das Image, das bestimmte Produkte haben oder vermitteln, und die Loyalität von Kunden gegenüber Produkten, Marken oder Unternehmen. Für die Wettbewerbssituation, in der Staaten miteinander stehen, ist Marketing ebenfalls wichtig. Marketingforscher haben beispielsweise Landesnamen als mehr oder weniger starke *Marken* identifiziert. Der Marketingforscher Ying Fan beschreibt die Rolle der Marke Deutschland in den globalen Weltmärkten als eine Art *Übermarke*, die den Produkten des Landes anhaftet und diese in den Augen der Nutzer deutscher Produkte von den Produkten internationaler Wettbewerber abhebt (Fan 2006). Sie haben diesen Übermarken sogar einen Markenwert zugeschrieben, der sich nach dem wirtschaftlichen Vorteil bestimmt, den das Land, seine Bürger und Unternehmen aus dem Markenimage ihres Landes ziehen können.

Die Fragen, die beispielsweise das Unternehmen Anholt im Ausland über ein bestimmtes Land stellt, um dessen Markenimage zu bestimmen und seinen *Anholt Nation Brands Index* zu generieren, berühren sechs unterschiedliche Dimensionen. Zu diesen zählen die Einschätzungen zur Wettbewerbsfähigkeit im Bereich von Wissenschaft und Technologie, die Qualität öffentlicher Institutionen, die Leistungen in Sport und Kultur, die Vorurteile und Einschätzungen über die Mentalität der Bevölkerung bis hin zur Einschätzung des betreffenden Landes als Reiseland. Die Stereotypen, die im Ausland über ein jeweiliges Land existieren, erweisen sich für wirtschaftliche Vorgänge als von großer Bedeutung, beispielsweise für die Bereitschaft des Auslands in einem Land zu investieren (Kalamova/Konrad 2010).

Tabelle 1: Markenwerte einiger Staaten im Jahr 2005.

Staat	Markenwert (Milliarden US-Dollar)	Markenwert als Prozentsatz des BIP (des Jahres 2004 in US-Dollar)	Markenwert pro Kopf der Bevölkerung
USA	17.893	152%	60.963
Japan	6.205	133%	48.566
Deutschland	4.582	167%	55.449
UK	3.475	163%	58.492
Frankreich	2.922	143%	48.714
Italien	2.811	167%	48.821
Spanien	1.758	169%	38.566
Kanada	1.106	111%	34.669
Australien	821	133%	40.785

Quelle: The Anholt Nation Brands Index, Powered by GMI, Q4 Report 2005, S. 3.

Wie das Ausland ein Land und seine Staatsbürger beurteilt, hängt von vielen Ereignissen und Faktoren ab. Glaubt man der Studie der Marketing-Experten Charles M. Lillis und Chem L. Narayana an der Washington State University (Lillis/Narayana 1974), dann vermittelt das Label *Made in Germany* den Produkten die Attribute hochgradig zuverlässig und männlich. Amerikanische Konsumenten denken, Produkte aus Deutschland, so die Studie, seien qualitativ hochwertig und gut verarbeitet und die Käufer seien stolz darauf, solche Produkte zu besitzen. Die Produkte haben das Image, für die Oberklasse gemacht zu sein. Da ist es nicht verwunderlich, dass das Designerlabel *Made in Germany* für Unternehmer in Deutschland den Charakter eines begehrten Qualitätssiegels hat, das sie ihren Produkten gerne aufprägen.

Die Marke Deutschland wurde beispielsweise im Jahr 2006 von Anholt bewertet. Sie war etwa 4.600 Milliarden US-Dollar wert (The Anholt Nation Brands Index 2005). Das war damals etwa das Dreifache der Staatsverschuldung von Bund, Ländern und Kommunen in Deutschland, immerhin mehr als hundert Mal so viel wie der Wert der Marke Coca-Cola. Die Erträge aus dem Markenimage Deutschlands eignen sich beispielsweise die jungen intelligenten Deutschen an, die im Ausland wegen des guten Namens ihres Herkunftslands bessere Jobangebote bekommen. Ein Teil der Erträge fließt der heimischen Tourismusindustrie zu. Ein Teil kommt der deutschen Exportindustrie zu Gute, die das Attribut *Made in Germany* wie eine Art Qualitätssiegel oder ein Designerlabel auf ihre Produkte aufstanzt. Damit kommt ein Teil über den Arbeitsmarkt auch den Arbeitnehmern in Deutschland zu Gute. Nur ein kleiner Teil der Erträge fließt derzeit als Steuereinnahmen in die Kassen des Staats. Gleichzeitig trägt der Staat den Löwenanteil der Investitionskosten, die mit der Pflege und der weiteren Entwicklung des Markenimage des Namens Deutschland verbunden sind. Das mag problematisch erscheinen. Umso wichtiger wird es deshalb zukünftig sein, dass der Staat von den Erträgen aus der Nutzung des Markennamens Deutschland auch finanziell profitieren kann.

Völlig zu Recht vergleichen der Wettbewerbspolitiker und derzeitige Vorsitzende der Monopolkommission Justus Haucap und sein Kollege Christian Wey die hohen Standortkosten mit einer Franchisegebühr für die Nutzung des Markennamens *Made in Germany* (Haucap/Wey 1999). Interessant ist dabei ein Mechanismus, mit dem sich die Marke selbst teilweise davor schützt, ihren Wert zu verlieren. Die Franchisegebühr, von der Haucap spricht, führt dazu, dass nur Produzenten, die bereit sind, diese Gebühr zu entrichten, in Deutschland produzieren. Tendenziell sind das die Anbieter im Premiumsegment, also Anbieter mit teuren aber qualitativ hochwertigen Produkten. So stützt sich das Image der Marke selbst. Billiganbieter, die gerne das Markenimage *Made in Germany* nutzen möchten, um es ihren Produkten mit niedriger Qualität aufzuprägen, scheuen die Franchisegebühr, die nicht nur aus Steuern, sondern auch aus Kosten hoher Qualitätsstandards bestehen kann.

Eine starke Marke ist wichtig für den Wohlstand eines Landes, führt aber nicht unmittelbar zu einer Verbesserung der öffentlichen Finanzen. Investitionen in die Markenstärke werden gerade von öffentlicher Seite geleistet, sie kosten den Staat also Geld. Der moderne Staat muss darauf sehen, dass er einen vernünftigen Anteil dieses Wohlstands als Steuereinnahmen abschöpfen kann. Das kann im internationalen Standortwettbewerb nur gelingen, wenn er von den wirtschaftlichen Leistungsträgern Steuern abschöpfen kann, die höher sind, als die Kosten für die Bereitstellung der genannten Standortfaktoren. Bindung an den Standort ist dafür eine zentrale Voraussetzung. Lüpertz, dessen düsteres Zukunftsbild diesen Beitrag einleitet, gibt im gleichen Interview auch einen Hinweis darauf, wie das gelingen kann: Auf die Frage, ob er selbst daran gedacht habe auszuwandern, gibt er in dem bereits zitierten *Zeit*-Interview die folgende Antwort: »Nein, ich bin von der Sprache abhängig. Ich kann keine andere Sprache gut genug, um im Ausland zu leben. Flucht ist nicht akut.« Markus Lüpertz ein Patriot? Zumindest die Sprache hält ihn in Deutschland gefangen.

Identitätsbildung

Manche Unternehmen überleben im Wettbewerb, weil es ihnen gelingt, einige Kunden an sich zu binden: Solche Kunden kaufen die Produkte eines Unternehmens, auch wenn diese etwas teurer sind als bei der Konkurrenz. Das Äquivalent zu dieser Form der Kundenbindung in der Welt der Staaten ist die Bindung an das eigene Land, die manchmal auch als Patriotismus bezeichnet wird. Die zehnte Auflage von Meyers Konversationslexikon definiert Patriotismus als

»Vaterlandsliebe, die Verehrung, Hingabe und gefühlsmäßige Bindung an Traditionen und Gemeinschaft des eigenen Volkes beziehungsweise der Nation. Der Patriotismus äußert sich u. a. in der Wertschätzung von Symbolen und historisch bedeutsamen Ereignissen sowie dem Respekt vor Institutionen und Personen, die der staatlichen Integration dienen, verbunden mit Dienst- und Opferbereitschaft [...]«.

Anders als der Begriff *Nationalismus*, bei dem in der Regel eine chauvinistische Überhöhung der eigenen Nation, oft durch eine geringschätzige Negativperspektive auf andere Nationen mitschwingt, steht für den Begriff *Patriotismus* die emotionale Bindung und lokale Verwurzelung im Vordergrund.

Schon im Zuge der frühen Kriege der Vereinigten Staaten von Amerika wurde von Ökonomen die These formuliert, dass der Kriegszustand Bürger patriotischer macht; und Patrioten sind eher bereit, sich an der Kriegsfinanzierung zu beteiligen. An den Patriotismus seiner Landsleute appelliert auch der Walt-Disney-Film *The New Spirit,* den der damalige Finanzminister Henry Morgenthau Jr. in Auftrag gegeben hatte. In diesem Zeichentrickfilm appelliert eine Rundfunksendung an die Zuhörer, ihren patriotischen Pflichten nachzukommen. Donald Duck, Patriot vom Scheitel bis zur Sohle, ist sofort zu allen Opfern bereit. Als er dann erfährt, seine patriotische Pflicht bestünde darin, seine Steuern zu zahlen, plagt ihn zunächst die Sorge, das Deklarieren könnte für ihn zu kompliziert sein. Aber dann lässt er sich schnell auch dazu überreden. Zugegeben, vielleicht auch deshalb, weil Donald ohnehin notorisch am finanziellen Abgrund steht und seine Steuerschuld nicht groß gewesen sein dürfte.

Der Zusammenhang zwischen Patriotismus und der Bereitschaft, Steuern zu zahlen, besteht nicht nur in Kriegszeiten. Patriotische Bürger könnten auch in Friedenszeiten gute Steuerzahler sein. Das ist die These, der Salmai Qari und Kai A. Konrad in einer empirischen Studie nachgehen (Konrad/Qari 2012). Sie nutzen dabei Daten, die in einer internationalen Studie mit fast 10.000 Befragten in acht Ländern, dem *International Social Survey Project,* erhoben wurden. Sie nutzen als Maß für diese Opferbereitschaft die Einschätzung der Befragten, für wie akzeptabel sie Steuerflucht halten, und fragen, inwieweit der bekundete Patriotismus der Personen ihre Einstellung zur Steuerflucht erklärt. Menschen sind dabei unterschiedlich patriotisch. In jedem Land gibt es Personen, die kaum eine emotionale Bindung an ihre Heimat entwickelt haben, aber auch glühende Patrioten, und das ganze Spektrum zwischen diesen Extremen. Das Ausmaß an Patriotismus der befragten Personen wird dabei aus den Antworten auf Fragen ermittelt, wie stolz die Befragten auf verschiedene Institutionen und Errungenschaften ihres Landes sind. Gefragt wurden die Personen,

Wie stolz sind Sie auf das Land, in dem Sie leben hinsichtlich ...

... der Art und Weise, wie Demokratie funktioniert
... des politischen Einflusses in der Welt
... der wirtschaftlichen Erfolge
... der wissenschaftlichen und technologischen Leistungen
... der sportlichen Leistungen
... der Leistungen in Kunst und Literatur

... der landeseigenen Streitkräfte
... der landeseigenen Geschichte
... der gerechten und gleichen Behandlung aller gesellschaftlichen Gruppen.

Aus den Antworten wurde ein Index destilliert, den man als individuelles Maß an Patriotismus der betreffenden Person zuweisen kann. Die Studie zeigt, dass die befragten Personen Steuerflucht umso kategorischer ablehnen, je patriotischer sie sind.

Abbildung 1: Der Zusammenhang zwischen Patriotismus und der Einstellung zur Steuerehrlichkeit.

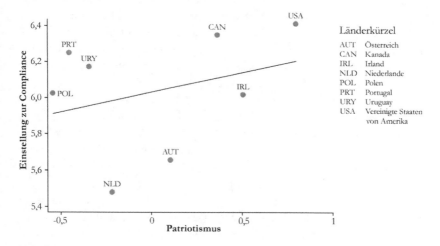

Und die Studie liefert zudem Indizien, die darauf schließen lassen, dass dieser Zusammenhang kausaler Natur ist: Patriotismus ist teilweise ursächlich für die negative Einstellung zur Steuerflucht. Dieser Zusammenhang gilt innerhalb eines Landes, aber auch für den Zusammenhang zwischen dem durchschnittlichen Grad an Patriotismus in einem Land und der Einstellung der Bevölkerung zur Steuerflucht. In der Konsequenz gilt: In einem Land mit einer sehr patriotischen Bevölkerung hat der Finanzminister eine einfachere Aufgabe. Die größere Steuerehrlichkeit der Bürger erleichtert das Eintreiben von Steuern. Das führt zu Einsparungen in der Steuerverwaltung. Zudem kann die Regierung in einem Land voller Patrioten die Steuerschraube weiter anziehen. Die Toleranz einer patriotischen Bevölkerung für höhere Steuern ist größer.

Der ehemalige deutsche Finanzminister Peer Steinbrück hat in einem Interview gegenüber der Bild am Sonntag (2006: 14) die Frage bejaht, ob zur Vaterlandsliebe auch dazugehöre, dass man ehrlich seine Steuern zahlt. Die Bundesrepublik Deutschland-Finanzagentur GmbH spielt ebenfalls die Patriotismuskarte. Ganzseitige Anzeigen in der Wirtschaftswoche im Februar 2006 werben dafür, dass Anleger ihr Geld in deutschen Bundesschatzbriefen anlegen mit dem Slogan »Vaterlandsliebe zahlt sich aus. Mit garantiert steigenden Zinsen.« Die Anzeige erinnert dabei stark an die Umschlagseite eines deutschen Reisepasses (Wirtschaftswoche 2007: 36).

Grundsätzlich hat die Bevölkerung eines Landes verschiedene Möglichkeiten, auf hohe Steuern ausweichend zu reagieren. Legale Steuertricks oder illegale Steuerhinterziehung sind nur zwei mögliche Wege der Flucht vor der Steuer. Eine dritte Alternative, mit der man der hohen Steuer entgehen kann, ist die Flucht über die Landesgrenze. Dabei kann man als Privatperson seinen Lebensmittelpunkt ins Ausland verlagern, als Unternehmer kann man seine Geschäftstätigkeit oder den Unternehmenssitz ins Ausland verlagern. Man könnte deshalb vermuten, dass Patrioten nicht sofort auswandern, wenn die Steuerlast zuhause etwas höher ist als im Nachbarland. Patrioten sind damit gegenüber der Finanzbehörde ihres Heimatlands das, was loyale Kunden für ein Unternehmen sind. Die Existenz in diesem Sinne *loyaler* Bevölkerungsgruppen wirkt sich für die Steuereinnahmen eines Landes positiv aus, auch wenn die Länder versuchen, sich gegenseitig Steuerzahler abzujagen (Konrad 2008).

Der Politikwissenschaftler und Abrüstungsexperte Barry R. Posen vom Massachusetts Institute of Technology sieht die instrumentelle Bedeutung von patriotischen oder nationalen Gefühlen und ihre Kraft als militärische Ressource (Posen 1993). Er vermutet, dass in der schulischen Ausbildung oder während des Militärdiensts hierfür die Grundlagen gelegt werden. Der Patriot ist bereit, sogar als Soldat Opfer für sein Land oder seine Heimat zu bringen. Wenn das für Leib und Leben gilt, dann wohl erst recht für die Bereitschaft, eine höhere Steuerlast als anderswo zu ertragen (Hafeneger/ Fritz 1993: 59-60).

Abbildung 2: Der Zusammenhang zwischen Steuerlast und Patriotismus.

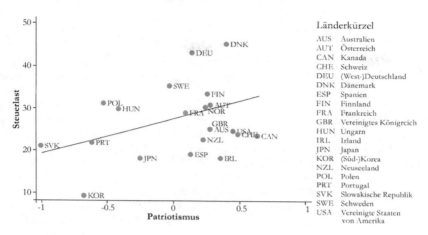

Ob die Finanzminister ihre Steuerforderungen danach ausrichten, wie patriotisch ihre Bevölkerung ist, ist eine empirische Frage, der die Wirtschaftswissenschaftler Salmai Qari, Kai A. Konrad und Benny Geys nachgegangen sind (Qari u.a. 2012). Sie nutzen die Befragungsergebnisse des International Social Survey Project, einer großen internationalen sozialwissenschaftlichen Studie, und finden einen bemerkenswerten Zusammenhang: Die durchschnittliche Steuerlast der Bürger ist in den Ländern höher, deren Bevölkerung patriotischer ist. Illustriert wird das Kernergebnis der Studie in der Abbildung 2. Jeder Punkt in dem Diagramm beschreibt den durchschnittlichen Grad an Patriotismus der Bevölkerung und die durchschnittliche Steuerlast in dem betreffenden Land. Dänemark beispielsweise zeichnet sich durch hohe Steuerlast und ein hohes Maß an Patriotismus aus. In Portugal ist der Patriotismus viel weniger ausgeprägt und auch die durchschnittliche Steuerbelastung ist niedriger. Die Studie vergleicht aber nicht nur solche Länderpaare, sondern schaut auf bestimmte Einkommensgruppen und findet, dass der höhere Patriotismus zumindest teilweise ursächlich ist für die Wahl der höheren Steuerbelastung.

Die beiden Studien zeigen also, dass Patriotismus gleich für zwei Effekte verantwortlich sein kann, die den Finanzminister freuen. Patriotismus erhöht die Steuerehrlichkeit und Patriotismus verringert die Auswanderung. Beide Effekte kann ein Finanzminister nutzen, um höhere Steuereinnahmen durchzusetzen.

Staatlicher Opportunismus in der Bildungsphase

Viele Länder überlassen die Heranbildung patriotischer Gefühle nicht dem Zufall, und das bereits seit langem. Der Professor der schönen Wissenschaft und Moral, Karl Heinrich Ritter von Seibt, gibt in einer Vorlesung 1771 in Prag hierzu zur Beschreibung des idealen Vaters zum Besten (Seibt 1771: 15):

»Mit dieser Moral verbindet unser Vater den Unterricht in den Wissenschaften. Frühzeitig wird er die Fähigkeit und das Genie des Sohns erforschen, und den Stand für ihn wählen, zu welchem er die meiste Anlage entdecken wird. Beyzeiten wird er ihm diejenigen Kenntnisse zu verschaffen suchen, die in diesem Stande die nothwendigsten und nützlichsten, und ihn in den besonderen Pflichten üben, die mit demselben verknüpft sind. Und weil er dabey keine andre Absicht hat, als dem Vaterlande einen brauchbaren Bürger zu erziehn: so wird er nicht weniger bemühet seyn, dem Herzen seines Sohns Empfindungen des wahren Patriotismus einzuflössen.«

Kaiser Wilhelm II. (1889) hat die Bedeutung des staatlichen Bildungsmonopols für die Ausbildung staatsbürgerlicher und patriotischer Gesinnung ebenfalls erkannt und ausgesprochen. In seinem Erlass vom 1. Mai 1889 erklärt er:

»Schon längere Zeit hat mich der Gedanke beschäftigt, die Schule in ihren einzelnen Abstufungen nutzbar zu machen, um der Ausbreitung sozialistischer und kommunistischer Ideen entgegenzuwirken. In erster Linie wird die Schule durch Pflege der Gottesfurcht und der Liebe zum Vaterland die Grundlage für eine gesunde Auffassung auch der staatlichen und gesellschaftlichen Verhältnisse zu legen haben.«

Das nationalsozialistische Regime hat sich besonders intensiv des Erziehungsinstruments zur Beeinflussung der Jugend bedient. Adolf Hitler, in einer Rede am 2.Dezember 1938 in Reichenberg/Sudetenland (Buddrus 2003: XXIX):

»Diese Jugend, die lernt ja nichts anderes als deutsch denken, deutsch handeln. Und wenn nun dieser Knabe oder dieses Mädchen mit ihren zehn Jahren in unsere Organisation hineinkommen und dort nun so oft zum ersten Mal überhaupt eine frische Luft bekommen und fühlen, dann kommen sie vier Jahre später vom Jungvolk in die Hitlerjugend, und dort behalten wir sie wieder vier Jahre, und dann geben wir sie erst recht nicht zurück in die Hände unserer alten Klassen- und Standeserzeuger, sondern dann nehmen wir sie sofort in die Partei und in die Arbeitsfront, in die SA oder in die SS, in das NSKK usw.«

Mit einer erschreckenden Opferbereitschaft haben Kinder in den letzten Kriegstagen mit Panzerfäusten oder Gewehren bewaffnet ihr Leben für den sogenannten Endsieg sinnlos geopfert. Diese Beispiele zeigen, welches mächtige und gefährliche Mittel Staaten zu Gebote steht, wenn sie alles daran setzen, die Loyalität ihrer Bürger mit ihrem Staat zu erzeugen, welchen Einfluss sie dabei ausüben können, wenn sie die Jugend als Zielgruppe ins Auge fassen und welchen Missbrauch sie damit treiben können.

Die Erziehung der Jugend wurde und wird in vielen Staaten dazu genutzt, patriotische Grundüberzeugungen zu vermitteln. Das gilt für die Boy Scouts of America mit ihren rund drei Millionen Mitgliedern in Amerika genauso wie für die Jugendorganisationen der früheren DDR.

Wie erfolgreich diese Versuche in der DDR waren, ist nicht klar. Schüler aus der ersten bis dritten Klasse gehörten jedenfalls den Jungpionieren an und bereiteten sich dabei darauf vor, in den Schuljahren vier bis acht gute Thälmannpioniere zu werden. Eine Feierstunde und das Versprechen, nach den Geboten der Jungpioniere zu handeln, gehörten zur Aufnahmezeremonie für Jungpioniere. Thälmannpioniere legten zu ihrer Aufnahme ein Gelöbnis auf die Gesetze der Thälmannpioniere ab. Das oberste Gebot der Jungpioniere und das erste Gesetz der Thälmannpioniere hatten fast den gleichen Inhalt: Pioniere lieben ihre Deutsche Demokratische Republik. Auch im Schulunterricht gehörte die Vermittlung von Vaterlandsliebe zu den ausdrücklichen, im Lehrplan verankerten Zielen (Börrnert 2004: 142).

Dies sind nur wenige, vielleicht aber erschreckende Beispiele, die zeigen, dass Staaten planmäßig und strategisch ans Werk gehen, wenn es darum geht, die heranwachsenden Staatsbürger zu prägen, eine emotionale Bindung an den Staat auszubilden und damit die Opferbereitschaft der nächsten Generation zu erhöhen.

3. Ausblick

Die Finanzierungsengpässe des modernen Nationalstaats sind erheblich. Und unabhängig von kurzfristigen Entwicklungen werden sich die Engpässe eher verschärfen. Zu erwarten ist, dass die Staaten bei ihren Strategien zur Linderung ihrer Finanznöte nicht wählerisch sein werden. Man wird deshalb mit Staatsbankrotten rechnen können, mit Versuchen, sich unter den Staaten auf höhere Steuersätze zu einigen und Steueroasen zu bekämpfen. Es geht dabei darum, welche Steuerlast man den Steuerbürgern zumuten möchte und welche Vermeidungsstrategien man unterbinden möchte. Zu befürchten ist auch, dass man auf eine vielleicht besonders wirkungsvolle und zugleich sehr gefährliche Politik setzt: Patrioten sind gute Steuerbürger. Sie zahlen gerne etwas mehr, wenn sie in der geliebten Heimat zahlen. Gute Aussichten sind das leider keine, aber die Zukunft ist ein Stück besser, wenn sie nicht überraschend kommt.

Literatur

Bild am Sonntag (2006), Interview mit Peer Steinbrück, 18.06.2006, S. 14.

Börrnert, René (2004), *Wie Ernst Thälmann treu und kühn! Das Thälmann-Bild der SED im Erziehungsalltag der DDR, Studien zur historisch-systematischen Erziehungswissenschaft*, Bad Heilbrunn: Julius Klinkhardt.

Buddrus, Michael (2003), *Totale Erziehung für den totalen Krieg. Hitlerjugend und nationalsozialistische Jugendpolitik*, München: K.G. Saur.

Die Zeit (2006), Das Land ist gelb, Interview mit Markus Lüpertz, durchgeführt von Tina Hildebrand, Nr. 26, 22.06.2006, *http://www.zeit.de/2006/26/Lueppertz-26.*

Fan, Ying (2006), Branding the Nation: What is being Branded?, *Journal of Vacation Marketing*, Jg. 12, H. 1, S. 5–14.

Hafeneger, Benno/Fritz, Michael (1993), *Sie starben für Führer, Volk und Vaterland. Ein Lesebuch zur Kriegsbegeisterung junger Männer*, Frankfurt am Main: Brandes & Apsel.

Handelsblatt (2006), Steinbrück will mit 25 Prozent einsteigen, 19.06.2006, *http://www.handelsblatt.com/politik/deutschland/abgeltungssteuer-steinbrueck-will-mit-25-prozent-einsteigen/2708232.html.*

Haucap, Justus/Wey, Christian (1999), Standortwahl als Franchisingproblem, *Jahrbuch für Neue Politische Ökonomie*, Jg. 18, S. 311–332.

Kaiser Wilhelm II. (1889), Erlaß zur Reform des Schulunterrichts als Mittel zum Kampf gegen den Sozialismus vom 1. Mai 1889, Zugriff: 24.10.2012, *http://germanhistorydocs.ghi-dc.org/sub_document.cfm?document_id=1807&language=german.*

Kalamova, Margarita M./Konrad, Kai A. (2010), Nation Brands and Foreign Direct Investment, *Kyklos*, Jg. 63, H. 3, S. 400–431.

Konrad, Kai A., (2008), Mobile Tax Base as a Global Common, *International Tax and Public Finance*, Jg. 15, H. 4, S. 395–414.

Konrad, Kai A./Qari, Salmai (2012), The Last Refuge of a Scoundrel? Patriotism and Tax Compliance, *Economica*, Jg. 79, H. 315, S. 516–533.

Lillis, Charles M./Narayana, Chem L. (1974), Analysis of »Made in« Product Images – An Explanatory Study, *Journal of International Business Studies*, Jg. 5, H. 1, S. 119-127.

Posen, Barry R. (1993), Nationalism, the Mass Army, and Military Power, *International Security*, Jg. 18, H. 2, S. 80–124.

Qari, Salmai/Konrad, Kai A./Geys, Benny (2012), Patriotism, Taxation and International Mobility, *Public Choice*, Jg. 151, H. 3–4, S. 695–717.

Reinhart, Carmen M./Rogoff, Kenneth S. (2010), *Dieses Mal ist alles anders: Acht Jahrhunderte Finanzkrisen*, München: FinanzBuch Verlag.

Seibt, Karl Heinrich (1771), Von dem Einflusse der Erziehung auf die Glückseligkeit des Staates, Rede von Karl Heinrich Seibt, Prof. der schönen Wissenschaften und der Moral zu Prag, Prag: Verlag der Mangoldischen Buchhandlung.

Sinn, Hans-Werner (1997), The Selection Principle and Market Failure in Systems Competition, *Journal of Public Economics*, Jg. 66, H. 2, S. 247–274.

The Anholt Nation Brands Index (2005), How the World Sees the World, Q4 Report 2005, Powered by GMI.

Verhaltensanreize in einer Gesellschaft mit sich auflösender Privatsphäre

Mikael Priks

1. Einleitung

Zur Bekämpfung der Kriminalität greifen Regierungen zunehmend auf verschiedenste Formen der Überwachung zurück. Sehr verbreitet sind Überwachungskameras in öffentlichen Bereichen. Im Vereinigten Königreich beispielsweise wird jeder Bürger durchschnittlich 300-mal täglich von einer der insgesamt 4,2 Millionen installierten Kameras erfasst (Associated Press 2007). Eine weitere, oft angewandte Methode, ist die Überwachung im Internet. Hier dient der Datenverkehr der Bürger als Informationsquelle. Im Visier stehen illegale Inhalte (zum Beispiel Kinderpornographie) oder potenzielles Beweismaterial wie zum Beispiel der E-Mail-Austausch zwischen verdächtigen Personen. Die britische Regierung speichert zu Überwachungszwecken jedes Telefonat, jede SMS, jede E-Mail und jede besuchte Webseite für den Zeitraum von einem Jahr (Edwards 2009). Auch die Ortung von Mobiltelefonen ist zu einer wichtigen Überwachungsmethode der Polizei avanciert (Lichtblau 2012). Mithilfe spezieller Geräte kann die Polizei den genauen Standort von Mobiltelefonen bestimmen, was sowohl in Notsituationen, etwa bei einer Kindesentführung oder bei Anrufen von Selbstmördern, als auch bei Ermittlungen im Zusammenhang mit Drogendelikten oder Mord hilfreich sein kann.

Jede Überwachungshandlung hat aber auch ihren Preis. In autoritären Regimes können Oppositionelle abgehört werden und die Regierung kann den Zugang zu bestimmten Websites sperren oder Bürger im Internet ausspionieren, um politische Konformität zu erzwingen. Verschlimmert wird die Situation dadurch, dass viele westliche Firmen autoritäre Regimes mit dem zur Überwachung benötigten Equipment ausstatten (vergleiche zum Beispiel Sonne/Coker 2012). In solchen Fällen ist die Überwachung eine Bedrohung für Bürger mit regimegegnerischen Ansichten. Selbst in demokratischen Systemen fürchten viele, dass dadurch die Privatsphäre der

Bürger verletzt wird. Lobbyistische Organisationen werden gegründet mit dem Ziel, die staatliche Überwachung zu stoppen. Ein aktuelles Beispiel aus Deutschland stellt die Organisation *Freedom not Fear* dar (*www.freedom notfear.org*), welche lautstark gegen die staatliche Überwachung protestiert. Überwachungskameras sind im Vereinigten Königreich aber auch in den USA, in Deutschland und vielen anderen europäischen Ländern sowohl im öffentlichen als auch im privaten Bereich weit verbreitet. Die Bevölkerung wird in U-Bahn-Stationen, Bussen, Taxis, Wohnanlagen, Geschäften, auf Parkplätzen, in Banken, Sportstadien oder auf der Straße beobachtet. Dies wirft die im Weiteren genauer behandelte Frage auf, welche Verhaltensanreize von dieser Überwachung ausgehen. Empirische Studien zum Zusammenhang zwischen Überwachung und Kriminalität zeigen: Die Kameraüberwachung reduziert die Zahl von Eigentumsdelikten um 20 Prozent. Trotz dieser positiven Effekte bleiben die Überwachungskameras Gegenstand lebhafter Diskussionen, zum Beispiel im Fall der Unruhen von London im August 2011. Auslöser für die Unruhen war der Tod eines Bürgers aus Tottenham, der bei einem friedlichen Protest von einem Polizeibeamten erschossen wurde. Danach eskalierte die Gewalttätigkeit. In der darauffolgenden Woche waren in London zügellose Plünderungen und Brandanschläge an der Tagesordnung. Mehr als 3.000 Menschen wurden verhaftet. Dafür gab es viel öffentlichen Beifall. Der intensive Einsatz von Überwachungskameras durch die Polizei während und nach den Ausschreitungen löste aber auch eine Debatte aus, auf die ich im Folgenden eingehen werde.

Befürworter betonen, dass Überwachungskameras für potenzielle Täter den Anreiz verringern, Verbrechen zu begehen. Auch würden Überwachungskameras dabei helfen, Täter zu identifizieren und Beweise für die Strafverfolgung zu sammeln. Und die Verhaftungen und Anklagen, zu denen die Aufnahmen während der Unruhen verhalfen, wurden von vielen für gut befunden. Überwachungskameras können auch einen Beitrag im Zusammenhang mit terroristischen Aktivitäten leisten. Die Aufnahmen können helfen, verdächtige Personen zu identifizieren. Dieses Motiv gilt auch als einer der Hauptgründe für den drastischen Anstieg von Überwachungskameras im Vereinigten Königreich (Walby/Greenberg 2006) und in den USA (Murphy 2002) nach dem 11. September 2001. Befürworter von Überwachungskameras betonen auch, dass diese den Bürgern ein Gefühl von Sicherheit geben. Eine aktuelle Studie aus Schweden kann als Beleg dienen. Tatsächlich fühlten sich Frauen, die abends und nachts allein in der Stockholmer U-Bahn unterwegs waren, nach dem Anbringen von Kameras sicherer (AB SL Marknadsanalys 2009). Trotz dieser möglichen Vorteile lehnen viele Menschen Überwachungskameras ab. Wie bereits erwähnt, bestehen erhebliche Bedenken in Bezug auf die Verletzung der Privatsphäre. Kritiker aus den USA verweisen gern auf den vierten Zusatzartikel der amerikanischen Verfassung. Dort heißt es: »Das Recht des Volkes auf Sicherheit der Person, der Wohnung, der Dokumente und des Eigentums vor willkürlicher Durchsuchung, Festnahmen und Beschlagnahme darf nicht verletzt werden [...]«. Diverse Gesetze beschränken aus diesem Grund den Einsatz von Kameras (ausschließliche Nutzung durch die Polizei, das Material darf nur für einen bestimmten Zeitraum gespeichert werden etc.). Erhebliche Unterschiede gibt es auch was die Gesetzgebung der einzelnen Länder betrifft. Die englische Polizei etwa hat größere Verfügungsgewalt und veröffentlicht manchmal Bilder von Verdächtigen. Gegner von Überwachungskameras finden dies besorgniserregend (BBC 2011).

Für eine Abwägung spielen auch die hohen Kosten der Überwachungstechnologie eine Rolle. Insgesamt gab die britische Regierung von 1999 bis 2001 170 Millionen Pfund für Überwachungskameras aus (*Home Office Policing and Reducing Crime Unit*). Die Stadt New York ließ sich die Installation von Kameras in Bussen und U-Bahnen 25 Millionen Dollar kosten (Associated Press 2006). Die Installation von Überwachungskameras in den Stockholmer U-Bahnen wiederum kostete 3,5 Millionen Euro (Priks 2012a). Die liberalen Ideen zugeneigte Organisation *Big Brother Watch* schätzt, dass die Ausgaben in Großbritannien für die Installation und den Betrieb der Kameras zwischen 2007 und 2010 in Höhe von mehr als 300 Millionen Pfund die Gehälter von etwa 4.500 Polizeibeamten pro Jahr abgedeckt hätten (*www.bigbrotherwatch.org.uk*). Andere wiederum argumentieren, dass Kameras zur Aufdeckung von Verbrechen wenig effektiv sind. Dass es in London trotz der hohen Kameradichte zu Ausschreitungen kam, wird als Argument gegen die Überwachung angeführt. Zum einen wird kritisiert, dass die Qualität der Kameraaufnahmen häufig nicht ausreichend sei, um Übeltäter zu identifizieren. Zum anderen wird argumentiert, dass Verbrechen oft bei Nacht geschehen und die Kameras Schwierigkeiten haben, die Täter in der Dunkelheit zu erfassen. Weiterhin könne man aufgrund der hohen Kosten auch nicht flächendeckend überwachen. Zudem ließen sich die Aufnahmen je nach Rechtssystem nicht bei den Ermittlungen einsetzen und das Problem der mangelnden Qualität der Aufnahmen sei Straftätern bekannt und hielte sie folglich nicht von der Durchführung von Straftaten ab.

Schließlich wird argumentiert, dass potentielle Straftäter ihre Aufdeckung verhindern können, selbst wenn sie aufgezeichnet wurden. Während der Ausschreitungen in London beispielsweise verdeckten viele Jugendliche ihr Gesicht, um ihre Identifizierung anhand der Kameraaufnahmen zu erschweren (BBC 2011). Im schlimmsten Falle könnte die Kameraüberwachung sogar dazu führen, dass falsche Personen strafrechtlich verfolgt werden.

In Anbetracht dieser Argumente kommt der Frage besondere Relevanz zu, ob und in welchem Umfang Überwachungskameras Verbrechen reduzieren. Vom klassischen ökonomischen Standpunkt aus gesehen (Becker 1968) sollen Kameras dabei helfen, die Zahl der Straftaten zu reduzieren, da sie die Überführungswahrscheinlichkeit erhöhen. Andere Theorien sehen die Entscheidung, ein Verbrechen zu begehen, als Entscheidung, bei der weniger die erwarteten eigenen Kosten des Verbrechens, als eine Reihe ökonomischer, sozialer und biologischer Faktoren in komplexer Weise eine zentrale Rolle spielen (Cooter/Ulen 2012). Folgt man dieser Argumentation, verändern Kameras die Einflussfaktoren für Verbrechen nicht und verringern nicht zwingend die Anzahl von Straftaten.

Ob Überwachungskameras die Anzahl von Verbrechen reduzieren, lässt sich empirisch viel weniger zuverlässig feststellen als man vielleicht erwartet. Es gibt jedenfalls eine Anzahl von Messproblemen. Kameras werden beispielsweise gern dann und dort installiert, wo man hohe Kriminalität oder einen Anstieg der Kriminalität beobachtet hatte. Eine Veränderung in der Kriminalitätsstatistik nach Installation der Kameras muss dann nicht unbedingt mit der Installation der Kameras zu tun haben. In manchen Fällen sind Überwachungskameras auch nur eine von mehreren, zeitgleich durchgeführten Maßnahmen zum Vorbeugen von Kriminalität, etwa der Verbesserung der Beleuchtungssituation, dem Anbringen von Spiegeln oder einer erhöhten Polizeipräsenz. Werden nach einer solchen Umgestaltung Veränderungen wahrgenommen, kann man den Einfluss der Kameras nicht klar von dem der anderen Maßnahmen unterscheiden. Während der Aufstände in London kamen zum Beispiel 16.000 Polizeibeamte zum Einsatz. War die Präsenz der Polizei oder waren die Überwachungskameras für die abschreckende Wirkung verantwortlich?

Bei der Entscheidung, ob Überwachungskameras installiert werden, müssen Gesetzeshüter und Politiker die Kosten und Nutzen abwägen. Was man sich die Vermeidung einer Straftat kosten lassen darf muss sich an den sozialen Kosten orientieren, die eine Straftat verursacht. Dubourg und Hamed (2005) machen hierzu einen Versuch. Sie schätzen die sozialen Kosten unterschiedlicher Straftaten in England und Wales. Dabei berücksichtigen sie unter anderem Kostenfaktoren wie die Polizeiaktivität, die physischen und psychischen Kosten des Opfers, die Kosten für Strafverfolgung, gesetzliche Vertretung, Inhaftierung. Sie kommen zu einer Durchschnittszahl von rund 10.500 Britischen Pfund für ein gegen Personen gerichtetes Gewaltdelikt. Schließlich sind Überwachungskameras an unterschiedlichen Orten wahrscheinlich unterschiedlich nützlich. Auch dazu benötigen Entscheidungsträger aus der Politik aussagekräftige Studien. In jüngerer Zeit hat es in diesen Fragen empirische Fortschritte gegeben. Besonders interessant sind dabei die Ergebnisse zur Messung der Effekte von Kameraüberwachungen auf das Verhalten von Straftätern. Sie sollen nachfolgend im Vordergrund stehen.

2. Wie viele Verbrechen vereitelt Kameraüberwachung?

Zum Einfluss der Kameraüberwachung auf Straftaten gibt es ein breites Spektrum an kriminologischer Literatur. Auch verschiedene Berichte der britischen Regierung befassen sich mit dieser empirischen Frage. Eine Übersicht über 41 Studien aus verschiedenen Ländern geben Welsh und Farrington (2009). Demnach beschäftigt sich diese Literatur überwiegend mit dem Effekt von Überwachungskameras in vier verschiedenen Umgebungen: in Stadtzentren, in öffentlichen Verkehrsmitteln, auf Parkplätzen und in Wohnhäusern. Fasst man alle Studien zusammen, zeigt sich eine Tendenz: Überwachung führt zu einem leichten Rückgang der Verbrechen in überwachten Gebieten. Das Bild ist indes weniger einheitlich als man vielleicht erwartet hätte. Nur 14 der Studien weisen in diese Richtung, drei zeigen in die entgegengesetzte Richtung, und 24 der Studien messen gar keinen klaren Effekt. Ein genauerer Blick zeigt, dass das Einsatzgebiet für die Wirksamkeit von großer Bedeutung ist. Kameras sind für die Überwachung der meisten Gebiete ineffektiv. Parkplätze bilden eine große Ausnahme. Hier reduzieren Überwachungskameras die Anzahl der Autodiebstähle um bis zu 50 Prozent. Ein weiteres, durch die meisten Studien bestätigtes Ergebnis ist, dass Kameras keinen Einfluss auf Gewaltverbrechen haben.

Methodisch haben viele dieser Studien Schwächen. Sie können in vielen Fällen nicht klären, ob das Verhältnis zwischen Überwachung und Verbrechensrate kausaler Natur ist. Deshalb sind sie für Empfehlungen an die Politik nur bedingt geeignet. Die meisten Studien untersuchten Situationen, in denen die Einführung der Überwachungskameras zeitgleich mit weiteren Maßnahmen einherging, wie zum Beispiel mit einer verbesserten Beleuchtung, Farbanstrich oder Umzäunung, anderen Zahlungssystemen, oder dem erhöhten Einsatz von Sicherheitskräften und Polizeistreifen. Tatsächlich weisen jene Studien, in denen die Überwachungskameras die einzige getroffene Maßnahme darstellten, keinerlei Einfluss derselben auf die Kriminalität auf. Welsh und Farrington (2009) kommen daher zu dem Schluss, dass die Kameras nur in Verbindung mit anderen Interventionsmaßnahmen zur Verbrechensreduktion führen. Es könnte aber auch sein, dass andere Maßnahmen und nicht etwa Kameras zum Rückgang der Verbrechen beitrugen. Wenn gleichzeitig mehrere Maßnahmen durchgeführt werden, lässt der Befund keine eindeutigen Schlüsse zu. Es könnte durchaus sein, dass die Studien, bei denen ausschließlich die Kameras zum Einsatz kamen, richtig liegen: Die Geräte haben vielleicht keinerlei Einfluss.

Damit Kameras mögliche Täter erfolgreich abschrecken, müssen sich potentielle Täter der Kameras bewusst sein und sie müssen daran glauben, dass die Kameras das Risiko gefasst zu werden hinreichend erhöht. In vielen der genannten Studien wurden mögliche Täter auf die Installation von Kameras nicht klar (zum Beispiel durch Schilder) hingewiesen. Waren mögliche Täter sich des erhöhten Risikos, entdeckt zu werden, überhaupt bewusst? Falls nicht, könnte das erklären, dass die Studien nur so eine geringe Wirkung der Überwachungskameras nachweisen konnten.

Methodisch wirklich präzise kann man den Effekt von Überwachungskameras dann messen, wenn diese nicht die Antwort auf einen Anstieg der Kriminalitätsrate in dem betreffenden Gebiet waren. Man kann das aus der Literatur zum Einfluss der Polizei auf die Kriminalitätsrate lernen. Aus dieser Literatur ist bekannt, dass Kriminalität und Polizei in positiver Wechselwirkung stehen (Levitt 1997); häufig mag hohe Polizeipräsenz die politische Antwort auf hohe Kriminalitätsraten sein – der Schluss, dass eine verstärkte Polizeipräsenz zu mehr Verbrechen führt, ginge dann gründlich daneben. Im Falle der Kameraüberwachung stellt sich das gleiche Problem. Nach Welsh und Farrington konnten die meisten Studien keine Umstände untersuchen, in denen die Verteilung der Kameras zufällig, oder jedenfalls keine Antwort auf bestehende Gefahrenlagen waren. Dass die Studien den Einfluss der Kameras unterschätzen, wäre dann darauf zurückzuführen, dass ihr Einsatz genau da erfolgte, wo ein allgemeiner Anstieg der Kriminalität aus anderen Gründen erfolgte. Das mag auch erklären, dass manche Studien sogar einen Anstieg der Kriminalität nach der Installation der Kameras feststellten.

Drei aktuelle Studien gibt es, die nicht unter den beschriebenen drei methodischen Problemen leiden. Die erste Studie untersucht den Einfluss von Kameras in den Straßen von San Francisco. Kürzlich wurde dort ein Programm umgesetzt, bei dem 19 Straßenecken mit Kameras versehen wurden. Ziel der Aktion war, die Zahl der Gewaltverbrechen zu reduzieren; deshalb wurden die Kameras dort installiert, wo diese Straftaten gehäuft vorkommen. Eine Gruppe von Wissenschaftlern aus Berkeley wurde beauftragt, einen Bericht über die Auswertung des Programms zu verfassen (King u.a. 2008). Um den Einfluss der Kameras zu ermitteln, wurde berücksichtigt, dass die Geräte zu verschiedenen Zeitpunkten während der Jahre 2005, 2006 und 2007 installiert wurden. So sollten Einflussfaktoren auf die Kriminalitätsrate, die nicht mit den Kameras zusammenhängen, berücksichtigt werden. Alle Kameras waren mit klar erkennbaren Schildern gekennzeichnet und hoch genug angebracht, um Graffitis zu vermeiden. Den Autoren standen äußerst detaillierte Daten zu den Orten der Verbrechen zur Verfügung. Sie betrachteten alle 59.706 Vorfälle, die in einem Radius von 1.000 Fuß (circa 304 Meter) um die Kamera im Zeitraum Januar 2005 bis Januar 2008 stattfanden und untersuchten, ob sich die Kriminalität in einem Radius von 100 Fuß Entfernung von der Kamera und im Anschluss, ob sie sich in einem erweiterten Radius von bis zu 1.000 Fuß Entfernung von der Kamera abspielte. Zwar fanden zum Zeitpunkt des Kameraeinsatzes auch andere Maßnahmen zur Verbrechensbekämpfung statt, jedoch begründen die Autoren, weshalb diese Faktoren die Ergebnisse ihrer Untersuchung nicht verfälschen.

Die Autoren kamen zu dem Ergebnis, dass Überwachungskameras einen starken Einfluss auf Eigentumsdelikte haben. An Orten mit Kameraüberwachung gingen diese (Taschendiebstahl, Handtaschenraub, Autodiebstahl oder Diebstähle aus Gebäuden) in einer Entfernung von bis zu 100 Fuß von der Kamera, das heißt in dem Bereich, in welchem die Kamera das Verbrechen erfasst, um mehr als 20 Prozent zurück. Der Rückgang ist jedoch stark lokal begrenzt; in weiter entfernten Bereichen wurde kein

Rückgang der Kriminalität verzeichnet. Interessant ist die Ähnlichkeit zu den Ergebnissen von Welsh und Farrington (2008), die einen Rückgang von Verbrechen auf Parkplätzen aufzeigten, deren Fläche vermutlich zu einem großen Teil von den Kameras erfasst wurde. Die Autoren konnten auch klären, dass die Kameras nicht einfach zu einer Verlagerung der Straftaten in angrenzende Gebiete führte. Interessant ist auch, dass viele andere Formen der Kriminalität, wie zum Beispiel Tötungsdelikte, Vandalismus und Drogendelikte oder Prostitution von der Überwachung durch Kameras nicht erkennbar beeinflusst wurden.

Die zweite Studie untersucht die Wirkung von Kameras in der Stockholmer U-Bahn (Priks 2012a). Vor 2006 gab es keine Überwachungskameras im Stockholmer U-Bahn-Netz. Gegen Ende des Jahres 2006 und im Laufe der Jahre 2007 und 2008 installierte die für die U-Bahn zuständige Firma Überwachungskameras in allen U-Bahn-Stationen. Vorrangiges Ziel der Maßnahme war es, die Sicherheitswahrnehmung der Fahrgäste zu erhöhen, nicht die Vereitelung von Straftaten. Es gab keine Hinweise auf eine erhöhte Kriminalität vor Einführung der Kameras. Und ihre Einführung erfolgte auch nicht zeitgleich mit anderen Maßnahmen, die das Messergebnis verfälschen könnten. Das Gesetz in Schweden schreibt vor, dass Überwachungskameras klar gekennzeichnet sein müssen. Folglich wurden sowohl an den U-Bahn-Eingängen, als auch auf dem Bahnsteig neben den Fahrtrichtungsschildern, Hinweisschilder auf die Kameras angebracht. In Abbildung 1 ist ein Beispiel für die Kennzeichnung zu sehen, die Kamera wird links neben dem Text dargestellt.

Wie auch in vielen anderen Städten gibt es im Stockholmer U-Bahn-Netz einige größere Stationen, die als Knotenpunkte für mehrere U-Bahn-Linien dienen und viele kleinere Stationen in den Vorstädten für nur jeweils eine Linie. Die drei Hauptlinien fahren alle über den Hauptbahnhof T-Centralen, den mit Abstand größten Bahnhof. Die Ergebnisse zeigen, dass die Überwachungskameras einen großen abschreckenden Effekt im Innenstadtbereich hatten. Im Außenbereich war keine Wirkung erkennbar. Von den 19 Stationen wurde bei 15 ein Rückgang der Kriminalität, bei drei ein Anstieg und bei einer keinerlei Auswirkung verzeichnet. Eigentumsdelikte gingen um etwa 20 Prozent und Drogenverbrechen sowie Überfälle um mehr als 30 Prozent zurück. Eine Wirkung auf die Häufigkeit von Gewaltverbrechen konnte nicht festgestellt werden. Diese Ergebnisse stimmen gut überein mit denen von King u.a. (2008), was den Rückgang bei Eigentumsdelikten angeht. In meiner Studie (Priks 2012a) ergaben sich auch Hinweise darauf, dass die lokale Überwachung zu einer Verlagerung von Eigentumskriminalität in nicht überwachtes Gebiet führte. Zugleich bestätigte die Studie frühere Ergebnisse, die darauf hindeuten, dass Kameras kaum eine Wirkung auf Gewaltverbrechen haben.

Abbildung 1: Das Bild zeigt einen Bahnsteig der U-Bahn in Stockholm. Schilder weisen dort auf die bestehende Kameraüberwachung hin.

Man kann sich fragen, warum Kameras in Stadtzentren wirken, aber nicht in Vorstädten. Eine Ursache hierfür mag darin liegen, dass im Stadtzentrum Sicherheitskräfte und Polizeibeamte näher an den Bahnhöfen in den Innenstädten stationiert sind und schneller reagieren können. In den Vorstädten dauert dieser Prozess länger; Täter haben mehr Zeit zu entkommen. Taschendiebstähle stellen in den Innenstädten aber auch generell ein größeres Problem dar als in den Vorstädten; Organisierte Kriminalität könnte speziell auf Überwachungskameras achten. U-Bahn-Stationen in der Innenstadt sind zudem für gewöhnlich in Innenräumen und sind gut beleuchtet, Kameras können dort effizienter überwachen. Vorortbahnhöfe sind typischerweise im Freien; Straftäter werden durch die Dunkelheit geschützt. Auch sind die Bahnsteige nur partiell überdacht, die Kameras können somit nicht den gesamten Bahnhofsbereich überwachen. All das mag eine Rolle spielen.

Kommen wir nun zu einer Kosten-Nutzen-Abschätzung. Schätzungen zufolge werden in Bahnhöfen jährlich circa 500 Straftaten dank der Überwachungskameras verhindert. Die Kosten für die Kameras belaufen sich auf circa 3,5 Millionen Euro; alle fünf Jahre müssen die Kameras ersetzt werden. Somit belaufen sich die Kosten zur Vermeidung jeder einzelnen Straftat auf circa 1.800 Euro. In welchem Verhältnis steht dies aber zu den Kosten des Verbrechens für die Gesellschaft? Greift man auf die Schätzungen aus Großbritannien und Wales zurück, liegen die Kosten zur Verhinderung eines Diebstahls bei circa 1.000 Euro. Die Kosten eines Überfalls sind dagegen um einiges höher und liegen bei schätzungsweise 9.000 Euro (Dubourg/Hamed 2005). Für diese Größen ergäbe sich eine positive Kosten-Nutzen-Bilanz der Überwachungskameras in U-Bahn-Stationen.

Weitere, ähnliche Studien zum Einfluss von Überwachungskameras in U-Bahn-Stationen (Burrows 1980; Webb/Laycock 1991; Grandmaison/Tremblay 1997) zeigen, dass die Kameras zwar zu einem feststellbaren aber nicht signifikanten Rückgang der Kriminalität führen. Was die ersten beiden Arbeiten betrifft, fanden zeitgleich zur Einführung der Kameras weitere Interventionsmaßnahmen statt, wie das Anbringen von Spiegeln oder einer Alarmvorrichtung für Fahrgäste. Grandmaison und Tremblay (1997) untersuchen ein Pilotprojekt in Montreal, bei dem eine nicht zufällige Auswahl von 13 aus 54 U-Bahn-Stationen vorgenommen wurde und in dem große Bahnhöfe mit beträchtlichen Kriminalitätsraten überrepräsentiert sind.

In der dritten Studie (Priks 2012b) wurden die Auswirkungen von Kameraüberwachung auf ungebührliches Verhalten in schwedischen Fußballstadien untersucht. In Europa und Lateinamerika ist Rowdytum ein bekanntes Phänomen. Da das Vereinigte Königreich in den achtziger Jahren ein großes Problem mit Hooligans hatte (berüchtigte Beispiele sind die Stadionkatastrophen von Hillsborough und Heysel) und Überwachungskameras in Großbritannien weit verbreitet waren, ist es nicht verwunderlich, dass sie bereits in den achtziger Jahren in den Stadien zum Einsatz kamen. Viele andere Länder folgten dem Beispiel und heutzutage ist Kameraüberwachung eine verbreitete Maßnahme, Gewalt in den Stadien vorzubeugen. Infolge einer neuen Vorschrift des Schwedischen Fußballverbandes, mussten in allen Stadien, in denen Spiele der höchsten Liga ausgetragen werden, in den Jahren 2000 beziehungsweise 2001 Überwachungskameras installiert werden. Diese Regelung trat in Kraft, weil Schweden die Sicherheitsstandards der UEFA nicht erfüllte und nicht etwa, weil es in den Stadien zu einem Anstieg des Rowdytums gekommen wäre. Das macht die Einführung der Kameras zu einem unabhängigen Zufallsereignis und liefert deshalb interessante Daten. Der Zeitpunkt der Anbringung der Kameras in den Stadien in den Jahren 2000 und 2001 variierte aufgrund bürokratischer oder finanzieller Aspekte, oder teils wegen Lieferverzögerung. Im Schnitt betrug die Dauer bis zur Genehmigung des Kameraeinsatzes 30 bis 90 Tage, in einem der Fälle waren es sogar 413 Tage. Folglich erfolgte die Einführung der Kameraüberwachung von Stadion zu Stadion praktisch unabhängig von zeitgleichen oder kurz vorher erfolgten Ausschreitungen.

Die Überwachung durch Kameras musste deutlich gekennzeichnet werden – auf diese gesetzliche Vorschrift in Schweden wurde schon hingewiesen. An allen Stadioneingängen und im Inneren der Stadien wird mit Schildern, auf denen Kameras abgebildet sind, auf die Überwachung hingewiesen. Den Anweisungen des Schwedischen Fußballverbandes zufolge, müssen die Kameras so platziert werden, dass sie »die gesamte Arena abdecken können«. Die Überwachung außerhalb des Stadions ist jedoch nicht genehmigt. Wie bereits erwähnt, können Maßnahmen, die zeitgleich mit der Installation der Kameras erfolgen, die Messergebnisse verfälschen. Solche Maßnahmen waren aber nicht zu verzeichnen.

Zu den Ausschreitungen gehört das Werfen von Gegenständen wie Münzen, Flaschen, Feuerzeugen, Knallkörpern, Batterien und Tabakdosen auf das Spielfeld. Ein solches Verhalten ist illegal und kann sehr gefährlich werden. Solches Verhalten der Zuschauer kann auf zweifache Weise bestraft werden. In schwerwiegenderen Fällen, etwa wenn jemand von einem Gegenstand getroffen wurde, kann der Fall vor Gericht landen. Zudem muss der Verein ein Bußgeld zwischen 10.000 und 25.000 Schwedischen Kronen (rund 1.100 bis 2.700 Euro) zahlen. Für die Studie wurden Daten zu ungebührlichem Verhalten der Zuschauer ausgewertet, die die Schiedsrichter zu jedem Spiel aus den Jahren 1999 bis 2005 berichteten.

Durchschnittlich gab es pro Spiel 0,22 Vorfälle. Davon gingen 0,12 von Fans der Heimmannschaft aus, 0,05 von Fans der Gastmannschaft; 0,05 Vorfälle pro Spiel konnten nicht zugeordnet werden. In Spielen, die ohne Kameraüberwachung stattfanden, gab es 0,26 Vorfälle pro Spiel, in Spielen mit Kameraüberwachung kam es zu 0,21 Vorfällen. Die Zahlen deuten darauf hin, dass der Einsatz von Kameras tatsächlich wirkt. Jedoch hängt das Ausmaß der Ausschreitungen stark davon ab, wo das Spiel stattfindet und welche Mannschaften beteiligt sind. Hält man verschiedene Variablen wie Stadion, beteiligte Mannschaften und Zeit konstant, lässt sich schätzen, dass durch den Einsatz von Überwachungskameras undiszipliniertes Verhalten im Stadion um mehr als 60 Prozent zurückgeht.

Die Kosten für den Einsatz der Kameras summieren sich auf ungefähr 25.000 Euro pro Jahr. Den Schätzungen zufolge können sie jährlich 35 Vorfälle verhindern. Folglich belaufen sich die Kosten zur Verhinderung eines Delikts auf 700 Euro. Die Kameraüberwachung in Fußballstadien hat unter Zugrundelegung dieser Daten eine positive Kosten-Nutzen-Bilanz.

3. Zusammenfassung und Politikempfehlungen

Welche Schlüsse lassen sich aus den empirischen Studien zu Überwachungskameras und Kriminalität ziehen? Viele Studien haben methodische Mängel und sind ungeeignet, tatsächlich den ursächlichen Effekt der Überwachung auf die Kriminalität zu messen. Eine kleine Anzahl jüngerer Studien kann Abhilfe schaffen. Insgesamt entsteht das folgende Bild. Überwachungskameras in offenen Bereichen, in denen sie nicht viel Fläche abdecken können, scheinen weitgehend wirkungslos zu sein. In klar definierten Ballungsräumen wie U-Bahnen, auf Parkplätzen, an Straßenkreuzungen oder in Sportstadien, scheinen Kameras die Rate für bestimmte Delikte zu verringern, insbesondere solcher Delikte, bei denen sorgfältige Planung und Abwägung im Vorfeld der Tat eine Rolle spielt. Eigentumsdelikte beispielsweise scheinen in solchen Umgebungen um 20 Prozent zurückzugehen. Einen ähnlichen Effekt für Gewalttaten scheint es nicht zu geben.

Ein allgemeiner Befund ist: Kameraüberwachung reduziert Eigentumsdelikte, hat aber kaum eine Wirkung auf Gewaltverbrechen. Man kann über die Gründe hierfür spekulieren. Zwei Gründe könnten von besonderer Bedeutung sein. Gewaltverbrechen haben oft einen emotionalen Hintergrund. In einer aufgewühlten Gemütsverfassung gerät die Kamera und die drohende Überführung und Bestrafung aus dem Blick. Zudem erfolgen solche Taten oft in einer enthemmten Stimmung, wenn das Bewusstsein durch den Konsum von Alkohol oder Drogen beeinträchtigt ist.

Die Studie zum Kameraeinsatz in Fußballstadien scheint insofern eine Ausnahme darzustellen, da sie zeigt, dass Gewalttaten durch den Einsatz von Überwachungskameras verhindert werden können. Diese Art von gewalttätigem Verhalten unterscheidet sich indes stark von klassischen Gewaltverbrechen oder einer Schlägerei. Das Verhalten von Hooligans kann das Ergebnis wohlüberlegten strategischen Handelns sein und in dieser Beziehung den Eigentumsdelikten ähnlicher als einer Gewalttat im Affekt. Hooligans mögen sogar gezielt darauf abzielen, das Spiel bzw. dessen Ausgang zu beeinflussen – in einer meiner Studien (Priks 2012c) zeige ich, dass organisierte Gruppen von Heimfans tatsächlich Spiele zugunsten der Heimmannschaft beeinflussen können.

Letztendlich sollten sich politische Entscheidungsträger an Kosten-Nutzen-Abwägungen orientieren. Die Verhinderung von Eigentumsdelikten in der Stockholmer U-Bahn zeigte eher eine negative Bilanz. Die Verhinderung von Raubüberfällen oder Drogenkriminalität ist für die Gesellschaft wichtiger und scheint eher ein Fall für die Kameraüberwachung zu sein. Was die Studie über den Einsatz von Kameras in Fußballstadien betrifft: Die schätzungsweise 700 Euro zur Verhinderung einer Ausschreitung scheinen gerechtfertigt, obwohl es sich meist nicht um Kapitalverbrechen handelt. Zu berücksichtigen ist dabei, dass auch kleinere Delikte zu einer Eskalation führen können. Die Verhinderung von solchen Delikten kann deshalb Ernsterem vorbeugen (*Broken-Window*-Theorie). Wegen der methodischen Probleme zur exakten Bestimmung des Kausalzusammenhangs zwischen Überwachung und Kriminalität, wegen der Kontextabhängigkeit der Wirkung von Kameras und wegen der nur schwer bestimmbaren subjektiven Kosten des Lebens in einer kameraüberwachten Gesellschaft ist es schwierig, konkrete Empfehlungen für die Polizei auszusprechen. Aber die Forschung erlaubt immerhin einige Aussagen. Der Einsatz von Überwachungskameras zur Kriminalitätsbekämpfung im öffentlichen Raum ohne das Anbringen von entsprechenden Hinweisschildern, ist wahrscheinlich nicht empfehlenswert. Wenn die subjektiven Kosten, die der Einzelne durch die Kameraüberwachung empfindet, nicht zu groß sind, lohnt es sich, genau abgegrenzte Bereiche mit Kameras zu überwachen. Um den Abschreckungseffekt der Kameras zu erhöhen, lohnt es sich, zusätzliches Geld für deren Qualität und Abdeckungsradius sowie Hinweisschilder für ihre Sichtbarkeit zu investieren.

Literatur

AB SL Marknadsanalys [Stockholm Public Transport Market Analysis] (2009), *Upplevd kvalitetet i SL-trafiken [Survey on the Quality of Public Transport]*, Stockholm.

Associated Press, The (2006), NYPD Deploys First of 500 Cameras, *The New York Times*, 17.04.2006.

Associated Press, The (2007), U.K. Privacy Watchdog Seeks More Powers, *The New York Times*, 02.05.2007.

BBC (2011), England Riots: Police Release First CCTV Suspect Images, *BBC News*, 09.08.2011.

Becker, Gary S. (1968), Crime and Punishment: An Economic Approach, *Journal of Political Economy*, Jg. 76, H. 2, S. 169–217.

Burrows, John (1980), Closed Circuit Television and Crime on the London Underground, in: Ronald V. Clarke und Pat Mayhew (Hg.), *Designing Out Crime*, London, S. 75–83.

Cooter, Robert/Ulen, Thomas (2012), *Law and Economics*, Boston: Addison Wesley.

Dubourg, Richard/Hamed, Joe (2005), Estimates of the Economic and Social Costs of Crime in England and Wales: Costs of Crime Against Individuals and Households, 2003/04, in: Home Office (Hg.), *The Economic and Social Costs of Crime Against Individuals and Households 2003/04, Home Office Online Report 30/05*, S. 3–15.

Edwards, Richard (2009), Every Phone Call, Email and Internet Click Stored by »state spying« databases, *The Telegraph*, 09.11.2009, *http://www.telegraph.co.uk /news/uknews/law-and-order/6533107/Every-phone-call-email-and-internet-click-stored-by-state-spying-databases.html*.

Grandmaison, Rachel/Tremblay, Pierre (1997), Évaluation des effets de la télésurveillance sur la criminalité commise dans 13 stations du Métro de Montréal, *Criminologie*, Jg. 30, S. 93–110.

Hier, Sean P./Walby, Kevin/Greenberg, Joshua (2006), Supplementing the Panoptic Paradigm: Surveillance, Moral Governance and CCTV, in: David Lyon (Hg.), *Theorizing Surveillance: The Panopticon and Beyond*, Cullompton: Willan, S. 230–244.

King, Jennifer/Mulligan, Deirdre K./Raphael, Steven (2008), *CITRIS Report: The San Francisco Community Safety Camera Program – An Evaluation of the Effectiveness of San Francisco's Community Safety Cameras*, Berkeley: CITRIS.

Levitt, Steven (1997), Using Electoral Cycles in Police Hiring to Estimate the Effects of Police on Crime, *The American Economic Review*, Jg. 92, H. 4, S. 270–290.

Lichtblau, Eric (2012), Police Are Using Phone Tracking as a Routine Tool, *The New York Times*, S. A1, 12.03.2012.

Murphy, Dean E. (2002), As Security Cameras Sprout, Someone's Always Watching, *The New York Times*, S. A1, 29.09.2002.

Priks, Mikael (2012a), The Effects of Surveillance Cameras on Crime: Evidence from the Stockholm Subway, mimeo, Stockholm.

Priks, Mikael (2012b), Do Surveillance Cameras Affect Unruly Behavior? A Close Look at Grandstands, mimeo, Stockholm.

Priks, Mikael (2012c), Social Pressure on the Soccer Field: Do Organized Supporters Generate the Home-Field Advantage?, mimeo, Stockholm.

Rosen, Rebecca J. (2011), London Riots, Big Brother Watches: CCTV Cameras Blanket the UK, *The Atlantic*, 09.08.2011, *http://www.theatlantic.com/technology/ archive/2011/08/london-riots-big-brother-watches-cctv-cameras-blanket-the-uk/243356/*.

Sonne, Paul/Coker, Margaret (2012), Spy-Gear Business to be Sold, *The Wall Street Journal*, 09.03.2012, *http://online.wsj.com/article/SB10001424052970203961204577269391401776590.html*.

Webb, Barry/Laycock, Gloria (1991), Reducing crime in the London Underground: An evaluation of three pilot projects, Crime Prevention Unit series paper 30, London: Home Office Police Department.

Welsh, Brandon C./Farrington, David P. (2009), Public Areas CCTV and Crime Prevention: An Updated Systematic Review and Meta-Analysis, *Justice Quarterly*, Jg. 26, H. 4, S. 716–745.

Die Autoren

Sascha O. Becker ist Professor an der University of Warwick und stellvertretender Direktor des Centre for Competitive Advantage in the Global Economy (CAGE).

Helge Berger arbeitet für den Internationalen Währungsfonds in Washington und ist Honorarprofessor an der Freien Universität Berlin.

Robert Fenge ist Professor für Finanzwissenschaft an der Universität Rostock und Forschungsleiter am Rostocker Zentrum zur Erforschung des demografischen Wandels. Er hat mit Pierre Pestieau das Buch *Social Security and Early Retirement* bei MIT Press (2005) veröffentlicht.

Kai A. Konrad ist Geschäftsführender Direktor am Max-Planck-Institut für Steuerrecht und Öffentliche Finanzen und der Vorsitzende des Wissenschaftlichen Beirats beim Bundesministerium der Finanzen. Gemeinsam mit Holger Zschäpitz ist er Autor des Bestsellers *Schulden ohne Sühne?* (München: C.H. Beck, 2010).

Marko Köthenbürger ist Professor für Öffentliche Finanzen an der ETH Zürich und Vizedirektor der KOF Konjunkturstelle, ETH Zürich. Sein Forschungsinteresse umfasst Fragestellungen der Europäischen Finanzen und der Kommunalfinanzen.

Mikael Priks ist Associate Professor an der Universität Stockholm und Verfasser des Buchs *Hooliganomics* (München: Habilitationsschrift, 2008), in dem er dieses gesellschaftliche Gewaltproblem an konkreten Fällen empirisch untersucht.

Ronnie Schöb ist Professor an der Freien Universität Berlin. Mit seinem Buch *Arbeit ist machbar – Die Magdeburger Alternative: Eine sanfte Therapie für Deutschland* (Dößel: Janos Stekovics, 2006) hat er die Diskussion um Mindesteinkommen und die Einführung von staatlichen Lohnzuzahlungen mitbestimmt.

Marcel Thum ist Professor an der Technischen Universität Dresden und Leiter des ifo Instituts in Dresden. Er leitete die Expertenkommission *Demografischer Wandel*, die eine umfassende Demografiepolitik für den Freistaat Sachsen entwickelte. Seit 2007 ist er Mitglied des Wissenschaftlichen Beirats beim Bundesministerium der Finanzen.

Silke Übelmesser ist Professorin für Finanzwissenschaft an der Friedrich-Schiller-Universität Jena. Sie beschäftigt sich vor allem mit dem demografischen Wandel, Migration und Bildung.

Alfons Weichenrieder ist Professor an der Universität Frankfurt. Er ist ein international führender Experte zu Staatsfinanzen und Berater von Finanzministerien verschiedener Staaten und internationalen Organisationen, darunter der OECD. Er ist Herausgeber der bedeutendsten und ältesten Fachzeitschrift für Finanzwissenschaft in Deutschland, *FinanzArchiv*.

Martin Werding ist Professor an der Ruhr-Universität Bochum. Als langjähriger Bereichsleiter im ifo Institut hat er Reformkonzepte wie die Aktivierende Sozialhilfe oder die Kinderrente mitgestaltet. Er berät die Bundesministerien der Finanzen, für Arbeit und Soziales sowie für Familie, Senioren, Frauen und Jugend.

Frank Westermann ist Professor an der Universität Osnabrück und Leiter des Instituts für Empirische Wirtschaftsforschung. Gemeinsam mit Aaron Tornell ist er Autor von *Boom-Bust Cycles and Financial Liberalization*, MIT Press 2005.

Ludger Wößmann ist Professor an der Ludwig-Maximilians-Universität München und Bereichsleiter am ifo Institut. Er ist einer der international bekanntesten Bildungsökonomen und hat als Verfasser des Buchs *Letzte Chance für gute Schulen* (München: Zabert Sandmann, 2007) die Bildungsdiskussion in Deutschland nachhaltig beeinflusst.